も　く　じ

本書の使い方

本書は，過去に出題された検定試験問題の出題傾向を徹底的に分析し，その傾向に対応した効率的な学習ができるように作成しました。本書の構成や特徴を以下に記しますので，ご使用の際にお役立てください。

1．本書の構成

本書は，「本体」「別冊－解答編」「別冊－級別単語表」「音声データ」（ストリーミング，Webダウンロード，別売CD）「英単語学習アプリ」で構成しています。それぞれの内容は次のとおりです。

＊「音声データ」のWebダウンロードは，弊社ホームページ（https://www.jikkyo.co.jp/）から行うことができます。

2．「本体」について

① 学習項目数を12項目に分けています。 → これは，検定問題の12問構成に対応しています。

② それぞれの項目は，「出題のポイント」「例題」「実践演習」で構成しています。

「出題のポイント」→ 出題形式や習得すべきポイントなどを，箇条書きでまとめています。

「例題」→ 過去の検定問題を扱い，解法のポイントを解説しています。

「実践演習」→ 過去の検定問題とオリジナル問題の両方を扱いました。

③ また，各領域の学習後に「まとめてチェック！」を設けました。

→ 基礎的な知識をまとめています。例題や実践演習とリンクしています。

④ 各項目の学習を終えたら「模擬試験問題」を2回分掲載しています。

→ 検定試験にそなえての実践形式です。習熟度を確認してください。

⑤ 最後に，昨年度の「検定試験問題」を1回分掲載しています。

→ 実際の試験問題ですので，最終の仕上げとして活用してください。

＊なお，「検定試験問題」の「音声」は，各種「音声データ」には収録しておりません。全商のホームページ（http://www.zensho.or.jp/puf/examination/pastexams/english.html）からダウンロードできます。

3．「別冊―解答編」について

解説が充実していますので，知識の整理や，解答の導き方の確認などに活用してください。

4．「別冊―級別単語表」について

単語表は，2級は3級・2級の単語表，1級は3級・2級・1級の単語表というように，下位級の単語をすべて掲載していますので，復習にも使えます。

5．「音声データ」（ストリーミング，Webダウンロード，別売CD）について

収録内容は，問題集の該当箇所にトラック番号で示しています。発音のスピードは，検定試験に合わせるように配慮しています。

6．「英単語学習アプリ」（無料）について

「別冊－級別単語表」に掲載している，英単語学習用のアプリを用意しています。

※ ストリーミングと「英単語学習アプリ」はこちらから

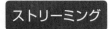

2級 3級

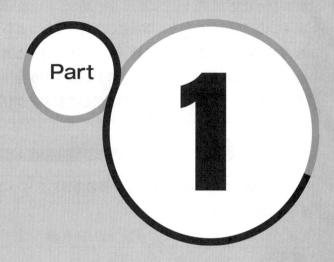

Part 1

Listening・Speaking

1 アクセント

□出題のポイント

- ●4つの選択肢の中から，指定された音節をもっとも強く発音する語を選ぶ問題。
- ●おもに問われるのは第1音節（1番目の部分）と第2音節（2番目の部分）。
- ●出題される単語は，3音節以上からなるものが全体の約6割。
- ●頻出単語については，くり返し音読して第1アクセントの位置を確実に覚えておこう。　▶ p. 31

例題

次の各組の中に，第2音節（2番目の部分）をもっとも強く発音する語が1つずつあります。その語の番号を選びなさい。

a. ① av-er-age　　② ex-cel-lent　　③ spe-cial-ist　　④ tra-di-tion

解説

① average「平均，平均の，平均する」…第1音節がもっとも強く読まれる。-age の語尾を持つ語（ad-vánt-ageなど）はその直前の音節に第1アクセントが置かれることが多いが，average は例外である。

② excellent「すぐれた，優秀な」…第1音節がもっとも強く読まれる。

③ specialist「専門家」…第1音節がもっとも強く読まれる。「スペシャリスト」とカタカナ読みをしてしまうと間違える。カタカナ読みをしそうな単語はくり返し読んで正しいアクセントの位置を覚えよう。

④ tradition「伝統」…第2音節がもっとも強く読まれる。このように -tion の語尾を持つ語は，一般にその直前の音節にアクセントがくる。　▶ p. 31 ②

解答　④

b. ① et-i-quette　　② im-por-tance　　③ prac-ti-cal　　④ var-i-ous

解説

① etiquette「礼儀，作法，エチケット」…通例，第1音節がもっとも強く読まれる。

② importance「重要性」…第2音節がもっとも強く読まれる。派生語の形容詞 important「重要な」も強く読む位置は同じく第2音節である。ただし，派生語でも強く読む位置が変わる場合もある。

③ practical「実際的な，現実的な」…第1音節がもっとも強く読まれる。名詞 practice「実行」も同様。

④ various「さまざまな，多様な」…第1音節がもっとも強く読まれる。

解答　②　　　　　　　　　　　　　　　　　　　　　　（例題 a・b は第65回 改）

コラム

日本語化している英単語のアクセント位置をマスターしよう！

average, delivery, secretary は「アベレージ」「デリバリー」「セクレタリー」というふうにカタカナで日常的に使われるようになっている。このようにカタカナになっている英単語は，アクセント問題で頻出であり，日本語のアクセントに慣れているため注意を要する。ad-více「アドバイス」，ím-age「イメージ」，prí-vate「プライベート」，en-gi-néer「エンジニア」，ví-ta-min「ビタミン」のようにアクセントの位置が日本語のそれと異なる英単語は特に要注意。

実 践 演 習

1 次の各組の中に，第1音節（1番目の部分）をもっとも強く発音する語が1つずつあります。その語の番号を選びなさい。

a．① ap-proach　② con-tain　③ in-stead　④ lei-sure
b．① an-cient　② ef-fect　③ pre-vent　④ re-main

ヒント！　-cient で終わる語のアクセントの位置は？　▶ p. 31 ②

c．① ad-ven-ture　② com-mer-cial　③ char-ac-ter　④ suc-cess-ful
d．① at-ti-tude　② ex-cite-ment　③ ex-pres-sion　④ in-ven-tor
e．① or-di-nar-y　② in-dus-tri-al　③ na-tion-al-i-ty　④ re-mark-a-ble

2 次の各組の中に，第2音節（2番目の部分）をもっとも強く発音する語が1つずつあります。その語の番号を選びなさい。

a．① cli-mate　② ex-it　③ for-tune　④ pre-fer
b．① ad-mire　② own-er　③ ea-ger　④ sur-face
c．① ed-u-cate　② se-ri-ous　③ or-i-gin　④ pro-duc-tion
d．① ap-pear-ance　② ex-cel-lent　③ grad-u-ate　④ en-ve-lope
e．① com-po-si-tion　② e-lec-tric-i-ty　③ ma-te-ri-al　④ dem-o-crat-ic

ヒント！　-ity，-ic で終わる語のアクセントの位置は？　▶ p. 31 ②③

3 次の各組の中に，第1音節（1番目の部分）をもっとも強く発音する語が1つずつあります。その語の番号を選びなさい。　（第68回）

a．① ac-cept　② for-mer　③ in-tend　④ re-view
b．① bat-tle　② de-sire　③ pro-pose　④ un-less
c．① ar-ri-val　② con-ven-ient　③ oc-ca-sion　④ vac-u-um

ヒント！　-sion で終わる語のアクセントの位置は？　▶ p. 31 ②

d．① a-tom-ic　② ex-cite-ment　③ grad-u-al　④ who-ev-er
e．① com-mu-ni-cate　② in-tel-li-gent　③ pho-tog-ra-pher　④ sec-re-tar-y

4 次の各組の中に，第2音節（2番目の部分）をもっとも強く発音する語が1つずつあります。その語の番号を選びなさい。　（第63回）

a．① ap-ply　② back-ward　③ lug-gage　④ pub-lish
b．① com-fort　② free-dom　③ pil-low　④ re-serve
c．① ac-tu-al　② en-e-my　③ fa-mil-iar　④ pow-er-ful
d．① at-ti-tude　② com-mer-cial　③ re-al-ize　④ sal-a-ry
e．① al-to-geth-er　② e-lec-tron-ic　③ dis-cov-er-y　④ pop-u-la-tion

2 英問英答

□出題のポイント □□□

● 「英問」で与えられた状況に合うもっとも適当な答えを「英答」の4つの選択肢から選ぶ問題。

● 「英問」部分は「状況を表す英文」+「あなたなら何と〔どのように〕言いますか」という構成である。

● 「英問」をていねいに読んで与えられた状況をしっかり理解することがもっとも重要。

● 「英答」の選択肢の意味の違いを理解することも大切。

● 「英答」部分は4つの選択肢から成る。

● あいさつ，感謝の気持ち，激励，祝い，依頼，勧誘，提案を表す表現など，会話特有の決まり文句を覚えておくと有利。　　　　　　　　　　　　　　　　　　　　　　　　　▶ p. 32

● テーブルマナーなどの社会常識を身につけることも有効な対策となる。

● 問題量をこなして慣れさえすれば克服しやすいセクションである。

例題

次のa〜cの各問いに対するもっとも適当な答えを①〜④の中からそれぞれ1つずつ選びなさい。

a. There is a very popular drink among the young people in town. It's from Taiwan. You want to try it with your friend. What would you say?

① I'm not so interested in trying something new.

② I've tried it so many times because it tastes good.

③ Please don't forget to try it when you are in town.

④ Why don't we try the new drink that's popular in town?

解説

　英問の「町の若者の間でとても人気のある飲み物があります。それは台湾から来たものです。あなたは友人とそれを飲んでみたいと思っています。あなたは何と言いますか」から，飲み物を飲もうと**相手を誘う内容**になると予測できる。try には「〜を試食〔試飲〕する」という意味があることを確認しておこう。

　状況を押さえたうえで，選択肢の意味を1つ1つ検討していく。正解を選ぶだけでなく，誤答と判断したものも，「なぜ合わないのか」を指摘できるようにしておきたい。

① 「私は新しいものを試すことにはあまり興味がありません」は，新しい飲み物を飲んでみようと友人を誘う状況に合わない。

② 「それはおいしいので，私は何度も試しています」は，You want to try it より，自分はまだ飲んでいないという状況であることがわかるので，合わない。このように，**状況に合うかどうかを判断する**ことが大切である。

③ 「あなたがこの町にいるときに，忘れずにそれを試してください」は，相手に勧める内容だが，「自分も一緒に試す」という状況に合わない。

④ 「町で人気のある新しい飲み物を試してみませんか」は，**Why don't we 〜?「〜しませんか」と勧誘する表現**で，状況に合う。したがって，④が正解。

解答 ④

b . Your father is always busy at work and comes back home late. You want him to come home earlier today because it's your birthday. What would you say?

① Shall I pick you up earlier tomorrow?

② Sorry, I'm coming back home late today.

③ Please finish early today because it's a special day.

④ Don't rush to come back just because it's my birthday today.

解説

　英問の「あなたのお父さんはいつも仕事が忙しくて，家に遅く帰ってきます。今日はあなたの誕生日なので，あなたは彼に早く帰宅してほしいと思っています。あなたは何と言いますか」から，早く帰宅してほしいと**相手に依頼する**内容になると予測できる。

① 「明日はもっと早く車で迎えに行きましょうか」は，Shall I ～?「(私が) ～しましょうか」と申し出るときの表現なので，ここでは合わない。

② 「申し訳ありませんが，今日は帰宅が遅くなります」は，自分の帰宅が遅くなるという内容なので，ここでは合わない。

③ 「今日は特別な日なので，早く終えてください」は，Please ～.「～してください」と**相手にていねいに頼む**ときの表現。a special day「特別な日」が「誕生日」を指すと考えられるので，③がふさわしい。

④ 「今日が私の誕生日だからといって，急いで帰ってこないでください」は，相手に依頼する内容だが，早く帰ってきてほしいという状況に合わない。

解答　③

c . You want to ask your teacher if you can use your ruler during the math exam. How would you ask your teacher about this?

① Please make sure you bring your ruler.

② Are we allowed to use a ruler?

③ Does anybody know where the rulers are?

④ How can we draw lines without a ruler?

解説

　英問の「あなたは，数学の試験中に定規を使ってもいいかどうかを先生に尋ねたいと思っています。あなたはこのことについて先生にどのように尋ねますか」から，数学の試験中に定規を使ってもいいかを**相手に確認する**内容になると予測できる。

① 「定規は必ず持ってきてください」は，先生側が指示するときの発言であり，定規の使用について先生に確認する内容にならない。

② 「定規を使うことを許されていますか」は，**be allowed to ～「～することが許される」**という意味。定規の使用が許可されているかを相手に尋ねる疑問文で，状況に合う。

③ 「定規がどこにあるか誰か知っていますか」は，定規の置き場所を尋ねる疑問文で，状況に合わない。

④ 「定規を使わずにどうやって線を引くのですか」は，相手に尋ねる文だが，定規を使ってもいいかを尋ねるという状況に合わない。

解答　②

（例題 a～c は第65回 改）

実践演習

1　次のa～eの各問いに対するもっとも適当な答えを①～④の中からそれぞれ1つずつ選びなさい。

a．You are visiting a clothing store to buy a sweater.　A clerk at the store shows you a nice one but you think it is a little too expensive.　What would you say to her?

① Do you have another expensive one?

② You look great in that sweater.

③ I'll take it.　How much is it?

④ I do like this, but I cannot afford it.

b．You are trying to use a camera you bought yesterday but you are not sure how to use it.　Your father knows well about cameras.　What would you say to him?

① I'm having trouble with my new camera.

② I wonder if you can buy me a new one.

③ I think this camera is broken.

④ Let me show you how to use it.

c．You are on the school soccer team.　Your team took part in a state contest and won the final.　What would you say to the other members?

① Good luck to you all!

② Can you believe it?　We made it!

③ Don't give up.　We'll win next time.

④ How come we didn't win?

ヒント!　make it は「うまくやり遂げる〔間に合う，たどり着く〕」。

d．Your close friend had been in the United Kingdom for a couple of years.　You see her for the first time after she came back to Japan.　What would you say to her?

① I'm going to miss you.

② You missed class today.

③ I missed you so much.

④ You will miss the plane.

ヒント!　時制に注意。miss は「(人) がいなくて寂しい」「～をしそこなう」。

e．Now you are writing an essay in English in the classroom.　You want to look up some words in a dictionary, but you forgot to bring yours today.　What would you say to your classmate?

① Haven't you seen my dictionary?

② Could you lend me your dictionary?

③ You put my dictionary somewhere.

④ Do you want to use my dictionary?

▶ p. 32 ①

2 次の a ～ e の各問いに対するもっとも適当な答えを①～④の中からそれぞれ 1 つずつ選びなさい。

a . You are visiting a new place. A man comes up to you and asks you how to get to a hotel you have never heard of. What would you say to him?

① Sorry, I am a stranger here myself.

② It's easy. You can walk to the hotel.

③ I'll take you there. Follow me.

④ It's better to have a reservation.

ヒント！ a new place は「不慣れ〔不案内〕の場所」という意味。

b . You are walking on the street and come across an old friend from your elementary school days. You haven't seen her for years. What would you say?

① I'm afraid I don't remember you.

② It's been a long time since we last met.

③ It was nice seeing you.

④ We'll see you again in the near future.

c . There is something wrong with the front tire of your bike. You want to know what is wrong and stop at a bike shop. What would you say to the shopkeeper?

① Do you need a new tire?

② Why should I fix my bike?

③ Where did you find yours?

④ Could you take a look at my bike?

ヒント！ fix は「～を修理する」，take a look at ～ は「～を調べる」。

d . Your friend is going to have a party this weekend. She invites you to the party, but you can't go. You want to refuse in a polite way. What would you say?

① Thanks for inviting me, but I can't make it.

② Why don't you join us?

③ I have nothing to do this weekend.

④ I'd be happy to come.

e . You are having a job interview. You were told to come to an office. You are now in front of the office, whose door is open. What would you say?

① May I come in?

② Did I come to the wrong place?

③ Shall I open the door?

④ May I have your name please?

▶ p. 32 ②④

3　次のa〜eの各問いに対するもっとも適当な答えを①〜④の中からそれぞれ1つずつ選びなさい。

（第66回）

a．You weren't listening when the teacher talked about the work.　Now you want to ask a classmate about it.　What would you say?

   ① I can never do the homework.

   ② What do we need to do?

   ③ Could you do my homework?

   ④ Let me copy your answers.

ヒント！　let me *do*「私に〜させてください」

b．Your friend is driving close to the cars coming in the opposite direction.　You want to advise him not to drive down the middle of the road.　What would you say?

   ① Stay on the left.

   ② Slow down.

   ③ Drive up the middle.

   ④ Stay close to the cars on the other side.

ヒント！　〈advise＋O＋not to *do*〉「Oに〜しないように忠告する」

c．Your friend hasn't been sleeping enough, because she has had so much homework.　She looks tired every day.　What would you say?

   ① You should go to bed later and get up earlier.

   ② You need to eat better to feel better.

   ③ Wake up earlier in the morning.

   ④ Try to go to bed earlier.

d．There is a meeting of a computer club in the middle of the city.　You would like to ask your friend to go with you.　What would you say?

   ① I know you don't like computers, but you like the city.

   ② I really do want to go alone.

   ③ Will you come with me to the meeting?

   ④ Please help me to start a computer club in the city.

e．Your sister is using a pen that looks like one from your pencil case.　You want to ask if she has taken it without asking you.　What would you say?

   ① What kind of pen is that?

   ② Is that my pen?

   ③ I will take this back without asking.

   ④ What are you writing?

4 次のa〜eの各問いに対するもっとも適当な答えを①〜④の中からそれぞれ1つずつ選びなさい。

（第68回）

a．You're in an online meeting.　You want to know if your voice can be heard.　What would you say?

① Can you hear me?

② Please speak more loudly.

③ Can you turn on your camera?

④ Can you see me on your screen?

b．A close friend is moving to another city.　You want to tell her that you will feel sad. What would you say to her?

① See you later.

② I'll leave you.

③ Leave me alone.

④ I'll miss you.

c．You are at a restaurant.　You can't decide what to order.　You want to ask the waiter for advice.　What would you say to him?

① What would you suggest?

② I need some advice about my life.

③ Can you order some food?

④ Can I book a table?

ヒント！　ask 〜 for ... 「〜に…を求める」

d．Your brother looks sick.　You want to check if he has a fever.　What would you say?

① Could you check my temperature?

② Can I take your temperature?

③ You should stay in bed.　I'll call the doctor.

④ You need to take this medicine.

e．You're getting on a bus.　You want to know whether the bus goes to the city museum. What would you say to the bus driver?

① How often does a bus go to the art museum?

② Could you tell me the fastest way to get downtown?

③ Is this the right bus for the city museum?

④ I have to go to the city museum.　How many stops is it?

ヒント！　whether「〜かどうか」

3 聞き方(1) 絵と対話文

□出題のポイント

- ●絵や図表などに関する短い対話文と，続いてその内容に関する質問文が読まれる。
- ●選択肢は絵や図表で与えられ，3つの選択肢の中から質問文の答えとしてもっとも適当なものを1つ選ぶ問題。
- ●対話文と質問文が読みあげられる前に，絵や図表を見て，よく聞きとらなければならないポイントをあらかじめ予想しておくことが重要。
- ●天気，道案内，電話の応対などの日常会話でよく使われる表現を学習しておこう。　▶ p. 32, 46
- ●同じような場面の対話文がくり返し出題されているので，過去問題のスクリプトを何度も音読して，対話文のパターンに慣れておくとよい。

例題

　これからa，bの図表について，英語で会話と問いがそれぞれ2回ずつ読まれます。その問いに対するもっとも適当な答えを①～③の中から1つずつ選びなさい。

a.

Platform No.1	Platform No.2	Platform No.3
Circle Line Express	East Line	East Line Express
①	②	③

[読まれる対話文と質問文]

Question a.　Man : Could you tell me where the Circle Line is ?

Woman : Of course. You need to go to Platform No.1. Where do you want to go ?

Man : To the Science Museum.

Woman : It would be better to take the express on the East Line.

Man : Oh good ! I'll do that.

Question : Which train will the man take ?

(解説)

　対話文と質問文が読みあげられる前に，図表にプラットフォームと路線が書かれているので，列車について，**何番線からどの列車に乗るか**が聞きとりポイントだと予想する。

　質問文は「男性はどの列車に乗るでしょうか」という意味。女性の最初の発言「1番ホームに行く必要があります」からまず①に注意が向くが，その後の男性の発言を聞いた女性は「それなら東線の特急に乗ったほうがいいでしょう」と言っている。男性はこれを聞いて「おや，そうですか！　そうします」と言っているので，男性はEast LineのExpressに乗ると考えられる。このように，**途中で発言を修正するパターン**は注意が必要である。

(解答)　③

全訳

男性：サークル線の場所を教えていただけませんか。

女性：はい。1番ホームに行く必要があります。どこに行きたいのですか。

男性：科学博物館です。

女性：それなら東線の特急に乗ったほうがいいでしょう。

男性：おや，そうですか！ そうします。

質問：男性はどの列車に乗るでしょうか。

b.

National Art Museum

Adult	$16
Child: 12 years old or older	$12
Child: under 12 years old	Free
Family: 2 adults and 2 children	$45

① 45 dollars

② 57 dollars

③ 68 dollars

［読まれる対話文と質問文］

Question b.　　Man : Good morning. How many tickets?

Woman : Two adults and three children, please.

Man : We have a family ticket for two adults and two children. It's 45 dollars. Children don't need a ticket, if they are under 12.

Woman : That sounds great.

Man : OK. So, one family ticket and one child ticket?

Woman : No, I don't need the child one. This boy is only 10 years old.

Question : How much will the woman pay in total?

解説

　対話文と質問文が読みあげられる前に，図表に美術館への入場料金が記されていて，選択肢は金額なので，**大人と子どもの人数を聞きとり，料金を計算する**問題であると予想する。

　質問は「この女性は合計でいくら支払うでしょうか」という意味。女性の最初の発言にある Two adults and three children から，「大人 2 名と子ども 3 名」という情報をつかむ。男性が family ticket を勧めると，女性が That sounds great. と言う。男性が「家族チケット 1 枚と子どものチケット 1 枚ですね」と確認すると，女性が「いいえ，子どものチケットは必要ありません。この男の子はまだ10歳ですので」と答える。以上より，女性が買うのは家族チケットのみで，45ドルとわかる。**No で否定されたあとに情報の更新があることが多いので注意。**

解答 ①

全訳

男性：おはようございます。チケットは何枚ですか。

女性：大人 2 名，子ども 3 名でお願いします。

男性：大人 2 名と子ども 2 名の家族チケットがあります。それは45ドルです。子どもは12歳未満なら，チケットは必要ありません。

女性：それはいいですね。

男性：わかりました。では，家族チケット 1 枚と子どものチケット 1 枚ですね。

女性：いいえ，子どものチケットは必要ありません。この男の子はまだ10歳ですので。

質問：この女性は合計でいくら支払うでしょうか。

（例題 a・b は第65回 改）

実 践 演 習

1 これから a 〜 e の絵や図表などについて，英語で会話と問いがそれぞれ 2 回ずつ読まれます。その問いに対するもっとも適当な答えを①〜③の中から 1 つずつ選びなさい。**CD A 02〜08**

04 a.

05 b.

06 c.

07 d.

08 e.

ヒント！ 戸と窓の位置関係の違いに気をつけよう。

2 これからa～eの絵や図表などについて，英語で会話と問いがそれぞれ2回ずつ読まれます。その問いに対するもっとも適当な答えを①～③の中から1つずつ選びなさい。**CD A** 09～15

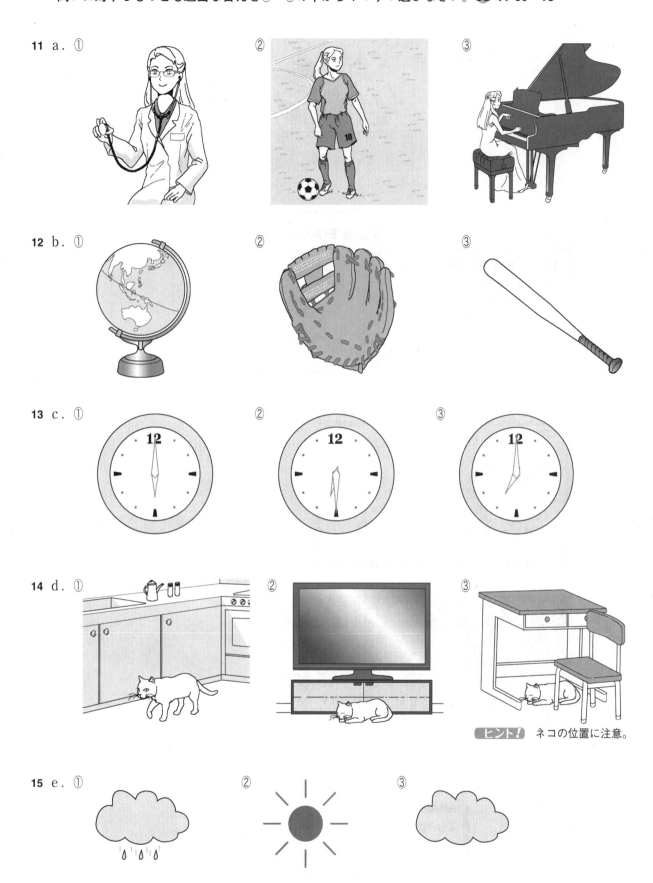

ヒント! ネコの位置に注意。

3　これから a ～ e の絵や図表などについて，英語で会話と問いがそれぞれ 2 回ずつ読まれます。その問いに対するもっとも適当な答えを①～③の中から 1 つずつ選びなさい。**CD** **A** **16～22**　　（第62回）

18　a．

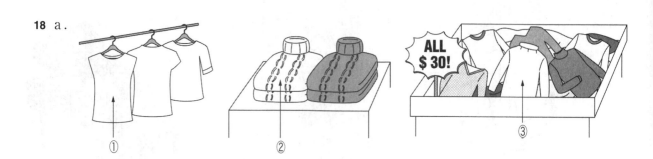

19　b．

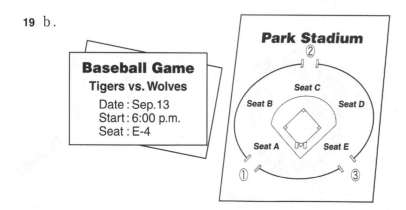

20　c．

= Zensho Café =

#Sandwiches		#Drinks	$2.50-ALL
Beef	$4.00	Coffee	
Ham	$3.50	Tea	
		Apple juice	
#Burgers		Orange juice	
Plain	$3.50		
Cheese	$4.00		

① $10.50

② $12.00

③ $13.00

21　d．

出発		到着	料金
9:07	‥‥‥‥▶	11:43	¥3,350
9:13	‥‥‥‥▶	10:18	¥5,830
9:25	‥‥‥‥▶	12:06	¥4,440

① 9：07

② 9：13

③ 9：25

22　e．

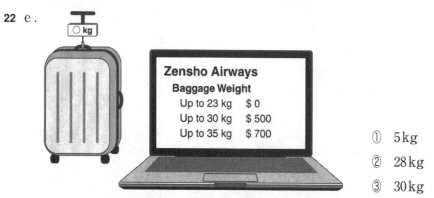

Zensho Airways
Baggage Weight
Up to 23 kg　$ 0
Up to 30 kg　$ 500
Up to 35 kg　$ 700

① 5 kg

② 28 kg

③ 30 kg

ヒント❗　荷物の重さがどれだけ重量制限を超えているか，超過料金はいくらになるかを聞きとる。

4 これからa～eの絵や図表などについて，英語で会話と問いがそれぞれ2回ずつ読まれます。その問いに対するもっとも適当な答えを①～③の中から1つずつ選びなさい。**CD A 23～29** （第64回）

25 a.

Shopping Tour	Food Tour	City Tour
Go to the best markets and shops! Time:11:00a.m.-4:00p.m. Cost:$18	Try original dishes! Time:11:30a.m.-2:30p.m. Cost:$60	Go around the city! Time:1:00p.m.-5:00p.m. Cost:$15

① Shopping Tour
② Food Tour
③ City Tour

26 b.

Mountain

King 501	Queen 502	503	505	506	Queen 507	King 508
King 511	Queen 512	513	515	516	Queen 517	King 518

① 508
② 512
③ 518

Ocean   **ヒント!** ホテルの部屋の向きとベッドのサイズをよく聞きとろう。

27 c.

①   ②   ③

28 d.

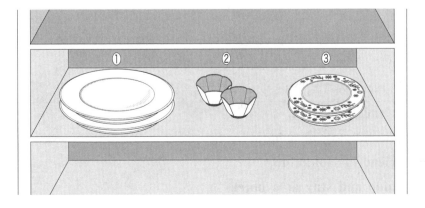

29 e.

4 聞き方(2)　短文

□出題のポイント

- ●30語前後の短い英文と，続いてその内容に関する質問文が読まれる。
- ●4つの選択肢の中から質問文の答えとして適当なものを1つ選ぶ問題。
- ●英文と質問文が読みあげられる前に，選択肢に目を通して読まれる英文の内容を推測しておく。
- ●選択肢に目を通す際には，キーワードや文脈から聞きとりの重要ポイントを意識するとよい。
- ●過去問題を何度も解いて，問題のパターンに慣れておくとよい。

例 題

　はじめに短い英文が読まれます。次にその内容について問いの文が読まれます。同じ英文と問いの文が
もう1回くり返されます。その問いに対するもっとも適当な答えを①〜④の中から1つずつ選びなさい。

a．Daniel will probably
- ① go straight home.
- ② go straight to the cake shop.
- ③ call the cake shop to reserve a cake.
- ④ go home first and then go to the cake shop.

[読まれる英文と質問文]

Question a. Next Wednesday is Daniel's mother's birthday and he wants to buy a cake for her on his way home from the office.　He called his favorite cake shop to reserve a cake.

　　　　　Question : What will Daniel probably do after work next Wednesday?

解説

　英文と質問文が読みあげられる前に，選択肢の「ダニエルはおそらく（①　まっすぐ帰宅する　②　ケーキ店へ直行する　③　ケーキを予約するためにケーキ店へ電話する　④　まず帰宅し，それからケーキ店へ行く）でしょう」から，**ダニエルが行うと考えられる行為**が問われていると予測する。

　質問文は「次の水曜日，ダニエルは仕事のあと，おそらく何をするでしょうか」という意味。「彼は会社からの帰宅途中に母親のためにケーキを買いたいと思っています」から，②が正解とわかる。on *one's* way home は「帰宅途中に」という意味を表す。③は，He called his favorite cake shop ... の called が過去形であることを正しく聞きとることで，誤りと判断できる。**動詞の時制に注意する**ことも大切である。

解答　②

全訳

　次の水曜日はダニエルのお母さんの誕生日で，彼は会社からの帰宅途中に母親のためにケーキを買いたいと思っています。彼はお気に入りのケーキ店に電話してケーキを予約しました。

質問：次の水曜日，ダニエルは仕事のあと，おそらく何をするでしょうか。

b．① To visit their friend in Hawaii.
　② To go to Hawaii and stay at a hotel.
　③ To visit their friend in Hokkaido.
　④ To go to Hokkaido and stay at a hotel.

[読まれる英文と質問文]

Question b. Shohei and Moe live in Tokyo and plan to take a trip during their winter holiday. They would like to go to Hawaii and stay at an expensive hotel. However, they would also like to visit their friend in Hokkaido. If they visited their friend instead, they could stay for free at their friend's house.
Question: Which plan would be the cheapest?

解説

英文と質問文が読みあげられる前に，選択肢の「①　ハワイの友人を訪ねること。　②　ハワイに行き，ホテルに泊まること。　③　北海道の友人を訪ねること。　④　北海道に行き，ホテルに滞在すること。」から，**行くべき場所と滞在場所**について問われていると予測する。

質問文は「どの計画がもっとも安いでしょうか」という意味。まず「ハワイに行って高額なホテルに泊まりたい」と述べられているが，**However** のあとに「北海道に住む友人を訪ねれば，友人の家に無料で泊まれる」とも述べられているので，③が正解となる。このように，however などの〈逆接〉を表す表現のあとでは，それまでに述べられた内容をくつがえす内容が続くことが多い。

解答　③

全訳

ショウヘイとモエは東京に住んでいて，冬休みの間に旅行に行くことを計画しています。彼らはハワイに行って，高いホテルに泊まりたいと思っています。しかし，北海道に住む友人を訪ねたいとも思っています。もし，代わりに友人を訪ねれば，友人の家に無料で泊まれるでしょう。
質問：どの計画がもっとも安いでしょうか。

c. Because Laura wanted to know if they had	① smaller ones.
	② cheaper ones.
	③ green ones.
	④ any other dresses for her friends.

[読まれる英文と質問文]

Question c. Laura wanted to buy a red dress for her friend's daughter. She found a nice one and it wasn't so expensive, but the size was too big. She talked to the shop assistant to ask if they had any smaller sizes.
Question: Why did Laura talk to the shop assistant?

解説

英文と質問文が読みあげられる前に，選択肢の「ローラは（①　もっと小さいもの　②　もっと安いもの　③　緑のもの　④　彼女の友人用のどれかほかのドレス）があるかどうかを知りたかったから」と理由を答える問いが読まれることから，**どのような種類のものがあるか**を聞きとる必要があると推測できる。

質問文は「なぜローラは店員に話しかけたのですか」という意味。「サイズが大きすぎました」，「もっと小さいサイズがあるかどうか尋ねるために」と述べられているのを聞きとり，①が正解となる。

解答　①

全訳

ローラは友人の娘に赤いドレスを買いたいと思いました。彼女はすてきなドレスを見つけ，値段もそれほど高くなかったのですが，サイズが大きすぎました。彼女はもっと小さいサイズがあるかどうか尋ねるために店員に話しかけました。

質問：なぜローラは店員に話しかけたのですか。

（例題 a ～ c は第65回 改）

実践演習

1　はじめに短い英文が読まれます。次にその内容について問いの文が読まれます。同じ英文と問いの文がもう１回くり返されます。その問いに対するもっとも適当な答えを①〜④の中から１つずつ選びなさい。**CD A 30〜36**

32 a.　① Because he was very tired.

② Because he went to bed early.

③ Because his neighbor played music loudly.

④ Because his neighbor could not sleep.

33 b.　She asked
① her teacher
② her sister Jane
③ her friend Ken
④ both Jane and Ken
for help.

34 c.　She has been to Paris
① just once.
② twice.
③ three times.
④ four times.

35 d.　① Because he had a bad cold.
② Because his doctor was not there.
③ Because Mary had a cold too.
④ Because he met Mary in the hospital.

36 e.　① He got a ride.

② He took the bus.

③ He drove his mother's car.

④ He walked.

ヒント!　選択肢はすべて交通手段→「彼はどのように行ったのか」が聞きとりのポイント。

2　はじめに短い英文が読まれます。次にその内容について問いの文が読まれます。同じ英文と問いの文がもう１回くり返されます。その問いに対するもっとも適当な答えを①〜④の中から１つずつ選びなさい。**CD A 37〜43**

39 a.　① To buy a present for his mother.

② To find a nice dress for his sister.

③ To have a birthday party.

④ To enjoy shopping with his mother.

40 b.　① Kathy does every day but Bob doesn't.

② They both run before breakfast.

③ They both go to the gym every evening.

④ They do at different times of the day.

41 c.　It will be
① cold and rainy.
② warm and rainy.
③ sunny but cold.
④ sunny and warm.

42 d.　She will
① live in London.
② work in Japan.
③ come back to Japan.
④ visit her father in London.

ヒント!　選択肢はすべて天気を表す形容詞を含む。
　　　　　→「いつの時点でどんな天気か」が聞きとりのポイント。

43 e.　Because
① he couldn't go to the zoo this summer.
② the zoo didn't have any elephants.
③ he couldn't see any elephants.
④ he couldn't take any good pictures.

3 はじめに短い英文が読まれます。次にその内容について問いの文が読まれます。同じ英文と問いの文がもう1回くり返されます。その問いに対するもっとも適当な答えを①〜④の中から1つずつ選びなさい。**CD A 44〜50**　　　　　　　　　　　　　　　　　　　　　　　　　　　　　（第62回）

46 a.
① He got sick.
② He enjoyed camping.
③ He wasn't able to join the camp.
④ he forgot to bring his medicine.

47 b.
① She's working at an art museum.
② She's interested in anything Japanese.
③ She's a college student.
④ She has never been to Japan.

48 c. He studied
① in his room.
② at school.
③ outdoors.
④ at the library.

49 d. He was going to
① go shopping with his mother.
② ask his mother for some advice.
③ drink some tea.
④ listen to music to relax.

50 e.
① It was in her bag.
② Her brother had it.
③ It was in her locker.
④ Her dog had it.

4 はじめに短い英文が読まれます。次にその内容について問いの文が読まれます。同じ英文と問いの文がもう1回くり返されます。その問いに対するもっとも適当な答えを①〜④の中から1つずつ選びなさい。**CD A 51〜57**　　　　　　　　　　　　　　　　　　　　　　　　　　　　　（第64回）

53 a. Because
① he woke up late.
② it rained heavily.
③ he usually uses the train.
④ he wanted to go to work with his wife.

54 b. Sue uses Chinese when
① she talks to her family.
② she talks outside the home.
③ she studies Chinese at her university.
④ she studies German at her university.

55 c. Chris
① watched the movie with Satoshi.
② watched the movie alone.
③ went shopping with Satoshi.
④ planned what to buy for Satoshi's birthday.

56 d.
① To buy a new clock.
② To have his clock fixed.
③ To get his money back.
④ To change his broken clock.

57 e. Alice
① tried to make an appointment, but couldn't.
② made an appointment on Tuesday.
③ made an appointment at 8 a.m. on Friday.
④ made an appointment at 10 a.m. on Friday.

ヒント！　John が翌日, 時計をどうしようとしたかを聞きとろう。

5　聞き方(3)　内容一致

□出題のポイント

●2，3文から成る短い英文が読まれる。

●読まれる英文の内容と一致するものを，4つの選択肢の中から1つ選ぶ問題。

●選択肢にあらかじめ目を通し，読まれる英文の内容を推測しておくとよい。

●選択肢には読まれる英文と似た表現があるが，部分的に判断するのではなく，英文全体の内容をつかむことが大切である。

●選択肢に目を通す際には，キーワードや文脈から聞きとりのポイントを意識するとよい。

●選択肢に読まれる英文と似た表現があっても，つられないように注意すること。

例題

　これからa～cの英文がそれぞれ2回ずつ読まれます。その内容と一致するものを①～④の中から1つずつ選びなさい。

a.　① Ryan sometimes watches the sunrise by the seaside.

　　② Ryan sometimes watches the sunset by the seaside.

　　③ Ryan sometimes goes to work by car.

　　④ Ryan loves to wake up early.

［読まれる英文］

Question a. Ryan loves driving his car. When he wakes up early, he drives to the seaside and watches the sunrise before he goes to work.

解説

　英文が読みあげられる前に，選択肢の「① ライアンはときどき海辺で日の出を見ます。　② ライアンはときどき海辺で夕日を見ます。　③ ライアンはときどき車で仕事に行きます。　④ ライアンは早起きするのが大好きです。」から，**ライアンがすること**を聞きとることが予想できる。

　第2文 When he wakes up early, he drives to the seaside and watches the sunrise ... と一致する①が正解とわかる。

　②は，sunrise と sunset を聞き分けることが大切だが，When he wakes up early, ... からも sunset は誤りと判断できる。③は述べられていない。④は，Ryan loves driving his car. When he wakes up early, ...と聞こえてきて選びたくなるかもしれないが，英文全体を聞けば「早起きが大好きだ」とは述べられていない。部分的に聞いて判断するのでなく，**英文全体の内容をつかむ**ことが大切である。

解答　①

全訳

　ライアンは車を運転するのが大好きです。彼は早く起きたとき，仕事に行く前に海辺へ運転していき日の出を見ます。

b.　① Bill's mother asked him to put more food in the refrigerator.

　　② Bill's mother didn't have to cook dinner last night.

　　③ Bill doesn't have to buy anything for dinner.

　　④ Bill doesn't have to cook dinner tonight.

[読まれる英文]

Question b. Bill's mother asked him to cook dinner tonight. She told him that there was plenty of food in the refrigerator.

解説

英文が読みあげられる前に，選択肢の「①　ビルのお母さんは彼に冷蔵庫にもっと食べ物を入れるよう頼みました。　②　ビルのお母さんは昨夜，夕食を作る必要がありませんでした。　③　ビルは夕食のために何も買う必要はありません。　④　ビルは今夜，夕食を作る必要はありません。」から，**ビルと彼の母親の食料や調理に関すること**を聞きとると予想できる。

第1文から母親がビルに夕食を作るよう頼んだこと，第2文から冷蔵庫にはたくさん食べ物があることがわかる。これらの状況と一致するのは③のみ。③の内容は英文でそのまま読まれていないが，**聞きとった内容と状況が一致するもの**を選んで解答する必要がある。

①は there was plenty of food in the refrigerator から誤りと判断する。②は昨夜のことであり，読まれる英文は「今夜の夕食」についてのことなので誤りとわかる。④は第1文の内容に反する。

解答　③

全訳

ビルのお母さんは彼に，今夜夕食を作るよう頼みました。彼女は彼に，冷蔵庫にたくさんの食べ物があると伝えました。

---

c. ① Stacy wants to go to a music hall to enjoy her favorite band.
② Stacy wants to play music with others.
③ Stacy is a good singer.
④ Stacy is tired of playing music with her band.

[読まれる英文]

Question c. Stacy loves to play the guitar. She wants to join a band because she is tired of playing music alone. She wants to play her songs with the band in front of people someday.

解説

英文が読みあげられる前に，選択肢の「①　ステイシーは大好きなバンドを楽しむために音楽ホールに行きたいと思っています。　②　ステイシーはほかの人々と一緒に音楽を演奏したいと思っています。　③　ステイシーは歌がうまいです。　④　ステイシーは自分のバンドと一緒に音楽を演奏することに飽きています。」から，**ステイシーの音楽に関する状況**が問われていると予測できる。

ステイシーに関して，第1文からギターを弾くのが好きなこと，第2文から1人で弾くのに飽きたのでバンドに参加したいと思っていることがわかる。この状況に合う②が正解となる。①は述べられていない。③は，ステイシーが大好きなのはギターを弾くことなので誤り。④は，ステイシーが飽きているのはバンドと一緒に演奏することでなく，1人で演奏することなので誤り。

解答　②

全訳

ステイシーはギターを弾くのが大好きです。彼女は1人で音楽を演奏することに飽きたので，バンドに参加したいと思っています。彼女はいつか人前でバンドと一緒に自分の曲を演奏したいと思っています。

(例題a～cは第65回 改)

実践演習

1 これから a ～ e の英文がそれぞれ 2 回ずつ読まれます。その内容と一致するものを①～④の中から 1 つずつ選びなさい。**CD A 58～64**

60 a. ① Julie visits her friend on her way home every Wednesday.

② Julie watches a TV program before school.

③ Julie's favorite actor appears on TV on Wednesdays.

④ Julie usually leaves school at four o'clock.

61 b. ① Kate's mother has been busy lately.

② Kate's mother was not busy tonight.

③ Kate didn't eat a meal in the evening.

④ Kate made dinner for her family today.

62 c. Yesterday, Edward
① got a ride home.
② drove her mother home.
③ walked home.
④ got wet in the rain.

63 d. Tim
① is active and has many things to do.
② is a lazy person and has nothing to do.
③ is punctual and arrives on time.
④ spends most of his time playing the piano.

ヒント! 「ティムはどんな人か」が聞きとりのポイント。

64 e. Last weekend,
① Lisa didn't visit her grandparents.
② Lisa stayed with her friend.
③ Lisa's friend took care of her dog.
④ Lisa took her dog to her grandparents' house.

2 これから a ～ e の英文がそれぞれ 2 回ずつ読まれます。その内容と一致するものを①～④の中から 1 つずつ選びなさい。**CD A 65～71**

67 a. Jack's sister was surprised
① to find a big insect in the box.
② because he was in the garden.
③ to see him hiding in her room.
④ because his room was dirty.

ヒント! ジャックの妹〔姉〕が驚いた原因は？

68 b. ① Karen has studied Chinese for years.

② Karen has no plan to go to China.

③ Karen studies Chinese every day.

④ Karen will buy a dictionary this summer.

69 c. Today,
① Jane made a speech at school.
② Jane went to see an animal doctor.
③ Jane's school had the animal doctor as a speaker.
④ Jane helped the animal doctor.

70 d. ① Richard's music player has been broken.

② Richard will borrow a music player from his friend.

③ Richard left his music player at home yesterday.

④ Richard's music player is in his friend's house now.

71 e. ① Susan didn't go to school yesterday.

② There will be a big snow storm today.

③ Susan will not go to school today.

④ Susan's school has been closed since yesterday.

3 これからa〜eの英文がそれぞれ2回ずつ読まれます。その内容と一致するものを①〜④の中から

1つずつ選びなさい。**CD A 72〜78** （第62回）

74 a. ① Tommy leaves home at seven on weekdays.

② Tommy gets to school at six every morning.

③ Tommy gets up before eight on Saturdays.

④ Tommy usually goes to bed at eight.

ヒント！ Tommy が毎朝6時にすること，7時にすること，週末の8時にすることをそれぞれ聞きとる。

75 b. ① Naomi recorded a baseball game at night.

② Naomi didn't watch her favorite TV program that night.

③ Naomi forgot to watch her TV program.

④ Naomi enjoyed watching TV with her brother.

76 c. ① Mr. Smith works at the art museum.

② The art museum opens at one o'clock.

③ Mr. Smith and his students are meeting at the museum at one thirty.

④ Mr. Smith and his students will probably arrive at the art museum at one thirty.

77 d. ① Mari can't communicate with others in sign language.

② Mari thinks sign language is more useful than English.

③ Mari uses sign language in her volunteer work.

④ Mari was taught sign language by her mother.

78 e. ① Ken was surprised at the size of the old computer.

② Ken has used the computer the teacher showed him before.

③ Ken's teacher introduced the best computer used in Japan.

④ Ken learned how to use the oldest computer in Japan.

4 これから a～e の英文がそれぞれ 2 回ずつ読まれます。その内容と一致するものを①～④の中から 1 つずつ選びなさい。**CD A 79～85**　　　　　　　　　　　　　　　　　　　　（第64回）

81 a. ① Trevor's parents will go to Kyoto and Osaka to see him.

② Trevor's parents will go to Kyoto and Osaka by themselves.

③ Trevor plans to visit Kyoto and Osaka with his parents this December.

④ Trevor plans to visit Kyoto and Osaka with his parents this November.

82 b. ① Greg likes baking cakes at school.

② Greg likes eating cakes made by his friends.

③ Greg is happy when his friends like his cake.

④ Greg sometimes shares his cake with his parents.

83 c. ① Sherry's sister learned to play the piano with Sherry.

② Sherry is interested in swimming and the piano.

③ Sherry's mother stopped teaching the piano.

④ Sherry's sister likes swimming.

84 d. ① Mike and his wife will go back to the same shop next weekend.

② Mike and his wife will look for a washing machine next weekend.

③ Mike's wife wanted to buy the washing machine because it was cheap.

④ Mike and his wife didn't want to buy the washing machine because it was too big.

85 e. ① You can return books at Zensho Post Office.

② You must go to Zensho library to return your books.

③ You san borrow books at Zensho City Hall or Zensho Station.

④ You can borrow the same books if they have not been reserved.

ヒント! 本を借りたり返したりすることについて，郵便局，市役所，駅でできることは何か？

□ 出題のポイント

● 比較的長めの会話文と，続いてその内容に関する質問文が5つ読まれる。

● 各質問文に対する答えとして，もっとも適当なものを4つの選択肢の中から1つ選ぶ問題。

● 会話文と質問文にはともに難解な語句は使われておらず，基本的な会話文読解の問題演習を積み重ねることで得点の向上が期待できる。

● 天気，道案内，電話の応対など日常生活でよく使われる表現を覚えておくとよい。　▶ p. 32, 46

例題

　Rick と Momoko が会話をしています。その内容について英語で2つの問いが読まれます。同じ会話と問いがもう1回くり返されます。その問いに対するもっとも適当な答えを①～④の中から1つずつ選びなさい。

a．Rick
　① once lived in Japan.
　② has never been in Japan before.
　③ is meeting Momoko for the first time.
　④ was working in the café they used to visit.

b．① They are losing business.
　② They are doing very well.
　③ People started building more spaces for cars.
　④ People started buying more from small shops.

［読まれる会話文と質問文］

Momoko : Welcome back to Japan, Rick. It's been almost ten years since you left. Do you have anywhere that you'd like to visit?

Rick : There are so many places that I can't choose.

Momoko : How about the café that we used to visit whenever we had time?

Rick : That old café in town? Good idea. I hope it's still there.

Momoko : Oh, no. Now I remember that it closed several years ago.

Rick : What? Is it no longer there?

Momoko : No, you see, the old commercial area is now very quiet. People started using cars more often, so old shops without parking spaces are disappearing.

Rick : Well, that's what is happening in the U.S., too.

Momoko : Really? I thought shops in the U.S. have large parking lots.

Rick : They do, but people prefer driving to large modern shopping malls. So, many small shops have gone.

Momoko : I don't like the way the cities look now. Everywhere you go, you find the same restaurants, convenience stores, and supermarkets, not small family-owned shops.

Rick : I know. In the old days, different cities had different small shops. Now, every city looks the same.

Momoko : Let's go and find a nice new café.

    Rick : Sounds great.

    Question a. Which sentence is true about Rick?

    Question b. What is happening to old shops in the U.S.?

解説

　会話文と質問文が読みあげられる前に，全体にざっと目を通し，それぞれの質問を予測する。a. はリックの状況について，b. はアメリカの古いお店の状況について聞きとる必要があることを確認する。

a . 「リックについて当てはまるのは次のどの文ですか」という質問文に対する選択肢が「リックは（①　かつて日本に住んでいました。　②　これまで日本にいたことはありません。　③　モモコに初めて会っています。　④　よく行っていたカフェで働いていました。）」で，モモコの Welcome back to Japan, Rick. It's been almost ten years since you left.「日本にお帰りなさい，リック。あなたが去ってから10年ほどになるわね」より①が正解。

b . 「アメリカの古いお店に何が起きつつありますか」という質問文に対する選択肢が「①　仕事を失いつつあります。　②　うまくいっています。　③　人々は車のためのスペースをさらに作りはじめました。　④　人々は小さな店からもっとたくさん買いはじめました。」で，リックの ... people prefer driving to large modern shopping malls. So, many small shops have gone.「…人々は現代的な大型ショッピングモールへ車で行くほうを好むんだ。だから，小さなお店がたくさんなくなってしまったよ」に注意する。アメリカのお店には駐車場はあるが，人々が大型ショッピングモールに行くので，小さなお店がなくなっているという主旨に合う①が正解となる。

解答　**a .** ①　　**b .** ①

全訳

モモコ：日本にお帰りなさい，リック。あなたが去ってから10年ほどになるわね。どこか行ってみたいところはある？

リック：たくさんの場所があるから選べないな。

モモコ：私たちに時間があるときによく行っていたカフェはどうかしら？

リック：町の古いカフェ？　いい考えだ。まだそこにあるといいんだけど。

モモコ：あら，そうだったわ。そこは数年前に閉店したのを今思い出した。

リック：えっ？　もうそこにないの？

モモコ：そうなの，あのね，昔の商業地域は今とても静かなのよ。人々が車をさらに頻繁に使いはじめたものだから，駐車場のない古いお店がなくなっているの。

リック：なるほど，それはアメリカでも起こっていることだよ。

モモコ：そうなの？　アメリカのお店は駐車場が広いと思っていた。

リック：確かにそうなんだけど，人々は現代的な大型ショッピングモールへ車で行くほうを好むんだ。だから，小さなお店がたくさんなくなってしまったよ。

モモコ：私は今の街の様子が好きじゃないの。どこに行っても，同じレストランやコンビニエンスストア，スーパーマーケットばかり見つかるわ，家族経営の小さなお店ではなくて。

リック：そうだね。昔は，街によって小さな店が違っていた。今は，どの街も同じに見えるね。

モモコ：すてきな新しいカフェを探しに行きましょうよ。

リック：いいね。

（例題 a・b は第65回　改）

実践演習

1 Alice と Mike が電話で会話をしています。その内容について英語で 5 つの問いが読まれます。同じ会話と問いがもう 1 回くり返されます。その問いに対するもっとも適当な答えを①〜④の中から 1 つずつ選びなさい。 **CD A 86〜94**

89 a. ① Because it's early on Sunday.

    ② Because she was worried about the weather.

    ③ To tell him she would not go to the park.

    ④ To ask him to call his friends soon.

90 b. It will ① clear up in the afternoon.

    ② rain in the morning.

    ③ be fine all day.

    ④ rain tonight.

91 c. ① To ask them to come to the park.

    ② To tell them the event was canceled.

    ③ To ask them to call Mike.

    ④ To offer help as a volunteer.

92 d. At around ① twelve-thirty.

    ② one o'clock.

    ③ one-thirty.

    ④ two o'clock.

ヒント! 実際に聞こえる時刻につられないこと。

93 e. They are going to ① discuss when to have a meeting.

    ② clean the park.

    ③ have lunch in the park.

    ④ apply for a volunteer program.

2 女性と男性が会話をしています。その内容について英語で 5 つの問いが読まれます。同じ会話と問いがもう 1 回くり返されます。その問いに対するもっとも適当な答えを①〜④の中から 1 つずつ選びなさい。 **CD B 01〜09**

04 a. The woman wants to go to

    ① the city library.

    ② the station.

    ③ the bus stop.

    ④ the man's house.

ヒント! 女性の目的地は？

05 b. She will ① take a bus

    ② take a train

    ③ take a taxi

    ④ go on foot

to get there.

ヒント! there とはどこか？

06 c. The next bus starts

    ① at ten o'clock.

    ② just past ten.

    ③ at ten-fifteen.

    ④ at ten-fifty.

07 d. ① Yes, he has been there many times.

    ② No, he has never been there.

    ③ Yes, but he has been there only a few times.

    ④ No, but he is going there today.

08 e. ① No, but he will check it for the woman.

    ② Yes. He knows the exact fare.

    ③ No. He had no idea at all.

    ④ He can only guess it.

3 Beth と Jiro が会話をしています。その内容について英語で 5 つの問いが読まれます。同じ会話と問いがもう 1 回くり返されます。その問いに対するもっとも適当な答えを①～④の中から 1 つずつ選びなさい。**CD** B 10～18　　　　　　　　　　　　　　　　　　　　　　　（第62回）

13 a．① They don't know how long it takes.
② They will be there in 10 minutes if they walk slowly.
③ It takes less than 20 minutes.
④ It takes over 20 minutes.

14 b．Because
① people normally get a bus in town.
② people started walking instead of taking a bus.
③ they aren't operating today.
④ there is not much traffic in town because of the festival.

15 c．By
① not eating too much.
② walking at least three hours every week.
③ always walking to the university.
④ running to town every day.

16 d．He was careful about
① how much he ate.
② building up his weight.
③ eating more than usual.
④ not wasting food.

17 e．They are going to
① study before their class.
② visit the festival in town.
③ sell hamburgers at the students' restaurant.
④ eat hamburgers.

4 Lisa と Bob が会話をしています。その内容について英語で 5 つの問いが読まれます。同じ会話と問いがもう 1 回くり返されます。その問いに対するもっとも適当な答えを①～④の中から 1 つずつ選びなさい。**CD** B 19～27　　　　　　　　　　　　　　　　　　　　　　　（第64回）

22 a．① On March 16.
② In November.
③ In December.
④ About a year ago.

23 b．① They had a hard time at school.
② They started everything from April.
③ They hated sports more than Lisa did.
④ They were often taller and could run faster than Lisa.

24 c．They
① often do well at school.
② don't like playing sports.
③ are sometimes slow learners.
④ are like Japanese children who were born in September.

25 d．Because
① they loved reading books at school.
② they ran faster and got special training.
③ all of them are taller than Japanese basketball players.
④ they are not good at sports other than basketball.

26 e．They want
① to have their babies in April.
② their children to get married in March.
③ to have their babies in September.
④ their children to be basketball players.

ヒント！ 日本では 4 月生まれの子ども，アメリカでは 9 月生まれの子どもが有利なのはなぜか？

まとめて チェック！(1) アクセントのルール

operation などの -tion の語尾を持つ単語はその直前の音節に第1アクセントがくる。このように語尾の形によってアクセントの位置が決まるものがあり，基本的なルールを覚えておくと，アクセント問題では有利である。ただし，例外もあるので気をつけよう。

①最後の音節（つまり語尾）にアクセントが置かれる語

□-neer，-ee などの語尾を持つ語

　　（例）　en-gi-néer(技術者)，dis-a-grée(一致しない)

□-ate の語尾を持つ2音節から成る動詞

　　（例）　cre-áte(創造する)，re-láte(関係させる)

　　＊prí-vate は -ate の語尾を持つが，形容詞であり，このルールに当てはめることはできない。

②語尾の直前の音節にアクセントが置かれる語

□-tion，-sion などの語尾を持つ語

　　（例）　op-er-á-tion(操作)，dis-cús-sion(話し合い)

□-cial，-tial などの語尾を持つ語

　　（例）　of-fí-cial(公務員，公式の)，com-mér-cial(コマーシャル，商業の)

□-cious，-tious などの語尾を持つ語

　　（例）　pré-cious(高価な)，ánx-ious(心配して)

□-cient，-tience などの語尾を持つ語

　　（例）　án-cient(古代の)，pá-tience(忍耐)

　　＊上の4パターンの語尾は「シャ」「ショ」「ジョ」など，三味線に似た音を含むことから，総称して「三味線語尾」と呼ばれることもある。このような語尾を持つ単語は数も多く頻出なので，しっかりマスターしよう！

□-ic，-ics などの語尾を持つ語

　　（例）　a-tóm-ic(原子の)，math-e-mát-ics(数学)

③語尾の2つ前の音節にアクセントが置かれる語

□-my，-phy などの語尾を持つ語

　　（例）　e-cón-o-my(経済)，ge-óg-ra-phy(地理学)

□-graph，-gram の語尾を持つ語

　　（例）　phó-to-graph(写真)＊，tél-e-gram(電報)

　　＊pho-tóg-ra-pher(カメラマン，写真家) は第2音節に第1アクセントが置かれる。

□-ite，-ize の語尾を持つ語

　　（例）　óp-po-site(反対のこと，反対の)，réc-og-nize(認める)

□-ity，-ety などの語尾を持つ語

　　（例）　op-por-tú-ni-ty(機会)，so-cí-e-ty(社会)

□-ate の語尾を持つ3音節以上から成る動詞

　　（例）　éd-u-cate(教育する)，co-óp-er-ate(協力する)

まとめて チェック！(2)　会話表現集

①依頼する

□ 〈Can〔Will〕you ～?〉＝「～してくれませんか」

　（例）　Will you buy some bread and milk ? 「パンとミルクを買ってくれませんか」

□ 〈Could〔Would〕you ～?〉＝「～していただけませんか」（丁寧な表現）

　（例）　Could you lend me your dictionary ? 「辞書を貸していただけませんか」

□ 〈I wonder if you can〔could〕～〉＝「～していただけないかと思いまして」（丁寧な表現）

　（例）　I wonder if you can help me. 「手伝っていただけないかと思いまして」

　　□ 〈Sure.〉, 〈Certainly.〉＝「いいですよ」

　　□ 〈Why not ?〉, 〈Of course.〉＝「もちろん」

　　□ 〈I'm afraid (that) I can't.〉＝「残念ながらできません」

□ 〈Do〔Would〕you mind ～ing ?〉＝「～していただけませんか」（丁寧な表現）

　　□ 〈Not at all.〉＝「もちろんです」

②申し出る

□ 〈Shall I ～?〉＝「～しましょうか」

　（例）　Shall I get you something to eat ? 「何か食べ物を取ってきましょうか」

　　□ 〈Yes, please.〉＝「お願いします」

　　□ 〈No, thank you.〉＝「いいえ，結構です」

③勧誘する

□ 〈Shall we ～?〉, 〈Let's ～ (, shall we ?)〉＝「～しましょうか」

　　□ 〈Yes, let's.〉「ええ，そうしましょう」

□ 〈How about ～ing ?〉, 〈What do you say to ～ing ?〉＝「～するのはどうですか」

　（例）　How about watching a DVD at my house ? 「私の家で DVD を見ませんか」

　　□ 〈OK.〉, 〈All right.〉＝「いいですよ」

　　□ 〈That sounds great.〉, 〈Great.〉＝「いいですね，楽しそうですね」

　　□ 〈I'm sorry, but ...〉＝「申し訳ありませんが，…」

　　　（例）　I'm sorry, but I have another appointment. 「残念だけど，ほかに約束があります」

④許可を求める

□ 〈Can〔May〕I ～?〉＝「～してもいいですか」

　　□ 〈Yes, you can〔may〕.〉＝「ええ，いいですよ」

　　□ 〈No, you can't〔may not〕.〉＝「いいえ，いけません」

□ 〈Do〔Would〕you mind if I ～?〉＝「～してもよろしいでしょうか」（丁寧な表現）

　（例）　Do〔Would〕you mind if I close the window ? 「窓を閉めてもよろしいでしょうか」

　　□ 〈Not at all.〉＝「かまいません」

　　□ 〈I'd rather you didn't.〉＝「できればしないでいただきたい」

⑤提案する

□ 〈Why don't you ～?〉＝「～してはどうですか」

　（例）　Why don't you call her ? 「彼女に電話してはどうですか」

　　□ 〈(That's a) good idea.〉＝「いい考えですね」

Part

2

Reading

7 　長　文

▶ p. 65～70

出題のポイント

- ●250語程度の英文の内容が理解できているかを問う問題。
- ●5つの設問にはそれぞれ4つの選択肢があり，その中から内容の一致するものを1つ選ぶ。
- ●まずは細かいところにとらわれず，英文全体の主旨を読みとること。
- ●設問と同じことが述べられている部分を英文からすばやく探し，その周辺を丁寧に読もう。
- ●設問では，本文の表現が言いかえられていることが多いので注意しよう。
- ●選択肢に本文と同じ表現があっても，それにつられて選んでしまわないように注意しよう。
- ●英文を読み解くために，基本的な文法や語彙の知識を身につけよう。

例題

　次の英文を読んで，a，bについて本文の内容と一致するものを①～④の中から1つずつ選びなさい。

(1) When people tell us that we have done something wrong, they are giving us *1criticism. Most of us do not like hearing it. Also, many people do not like giving criticism because they do not want to hurt someone else's feelings. However, if we avoid criticism, we cannot make any progress. So, how can we give and get criticism well?

(2) If you are giving criticism, try not to only talk about a person's bad points. When we do that, the listener often loses hope. Be sure to point out some good points, and give your advice kindly. This should be about an important thing that the other person can work on. Try to give the person something to aim for.

(3) If you get criticism, though it is hard to feel good, try to have a *2positive attitude. Criticism can help us be more successful, so even if your actions are attacked or spoken of badly, stay cool. Write down what they say, and look at the ideas they gave you later. Remember, the goal is making progress! If you keep that in mind, accepting and giving criticism becomes much easier.

*1criticism：批判　　*2positive：前向きな

a．People don't want their actions taken
- ① badly.
- ② willingly.
- ③ seriously.
- ④ politely.

解説

　最初は，英文全体に目を通し，英文の話題をつかむ程度でよい。各段落の要旨をつかむために，**段落の冒頭部分は特に注意して読む**。However や So などの**文と文をつなぐ語句**や，Remember ～！のように**強調して書かれている部分**に気をつけて，英文の論理展開をとらえる。criticism という単語が何度も出てくるので，「批判について述べた英文」であることを把握する。

　設問文 a を訳すと「人々は自分の行動を（① 悪く ② 快く ③ 深刻に ④ 丁寧に）とられたく

ないと思っている」となる。want ～ ＋過去分詞は「～が…されることを望む」という意味。自分の行動への他人からの評価については，第1段落第1・2文「人々が私たちに，私たちが何か悪いことをしたと言うとき，彼らは私たちに批判を行っている。私たちのほとんどは，それを聞くのが好きではない」と述べられている。ほとんどの人が，他人から「悪いことをした」と批判を受けるのを聞くのが好きではないという主旨なので，「自分の行動を悪くとられたくない」という意味になる①が正解となる。

解答　①

---

b. **Writing down advice from others makes it**

① **easier to accept.**

② **difficult to accept.**

③ **easy to refuse.**

④ **hard to realize.**

解説

　設問文 b を訳すと「他人からのアドバイスを書き留めることは，（①　より受け入れやすくする。　②　受け入れにくくなる。　③　断りやすくする。　④　認識しにくくなる。）」となる。主語は Writing ～ others で，動名詞句が主語になった形である。make it＋形容詞＋to ～の it は形式目的語で，真目的語は to 以下。「～することを（形容詞）にする」という意味になる。

　「他人からのアドバイスを書き留めること」については，第3段落第3文 Write down what they say, ... に着目する。この前の部分で「批判を受けたときには前向きな態度をとるようにするのがよい」という内容が述べられていて，what they say は批判の内容を表す。続く部分に「目標は前進することだということを覚えておきなさい！　それを心に留めておけば，批判を受け入れることも行うことも，ずっと簡単になる」と述べられているので，「他人のアドバイスを書き留めて見直すことで，批判を受け入れやすくなる」という内容になる①が正解となる。

解答　①

全訳

⑴　人々が私たちに，私たちが何か悪いことをしたと言うとき，彼らは私たちに批判を行っている。私たちのほとんどは，それを聞くのが好きではない。また，誰かほかの人の気持ちを傷つけたくないという理由から，批判を行うのが好きでない人も多い。しかし，批判を避けていては，何の進歩も得られない。では，どうすればうまく批判を行ったり受け入れたりすることができるのだろうか。

⑵　批判を行うなら，その人の悪いところばかりを言わないようにしなさい。そうするとき，聞き手はしばしば希望を失う。必ず良い点をいくつか指摘して，親切にアドバイスするようにしよう。これは，相手が努力できるような重要なことについてであるべきだ。その人が目指すべきものを与えるようにしなさい。

⑶　批判を受けた場合，良い気分になるのは難しいが，前向きな態度をとるようにしなさい。批判は，私たちをより成功へと導く助けとなるものなので，たとえ自分の行動が攻撃されたり，あるいは悪口を言われたりしても，冷静でいなさい。彼らが言うことを書き留め，彼らがあなたに与えた考えをあとで見てみなさい。目標は前進することだということを覚えておきなさい！　それを心に留めておけば，批判を受け入れることも行うことも，ずっと簡単になる。

（例題 a・b は第65回 改）

実▲践▲演▲習

1　次の英文を読んで，a〜e について本文の内容と一致するものを①〜④の中から 1 つずつ選びなさい。

Keith was walking on the street and smelled something burning. Black smoke was pouring out from somewhere. Then, he saw a lady running out of a house on his right shouting out for help. The next moment, he saw the fire was growing so fast. He took his *1cell phone out of his pocket and called the fire department. Within few seconds, thick smoke was pouring out of all the windows of the house. People in the street were stopping to look.

When Keith went up to the lady, she said she had left her *2kitten. Before the words were out of her mouth, the lady tried to rush back into her house. Keith held her arm to stop her and told her to wait for the *3firemen to arrive and save her kitten. The lady fell to the ground and began to cry.

A couple of minutes later, four fire engines arrived together. Seeing the firemen break windows and enter the house, Keith thought to himself that every human *4instinct would tell them to get away from fire. Yet these men were doing just the opposite. All he could do was stand by the lady.

Thanks to their work, the fire was put out. One of the firemen came up to the lady, holding something in his arms with care. He told her that her kitten had been hiding in the bedroom. She thanked him again and again for saving her cat. Feeling *5relieved, Keith walked off.

*1cell phone：携帯電話　　*2kitten：子猫　　*3firemen：fireman（消防士）の複数形
*4instinct：本能　　*5relieved：安心した，ほっとした

a．When he was walking on the street, Keith
　　① stopped to smoke.
　　② saw the lady fire a house.
　　③ noticed the house was on fire.
　　④ asked the lady for help.　　**ヒント！** stop to *do* の stop は「立ち止まる」という意味。

b．Keith used his cell phone to
　　① call out the firemen.
　　② let the lady know about the fire.
　　③ make a call to the lady.
　　④ set fire to the house.　　**ヒント！**「携帯電話を使う」と「携帯電話で電話をかける」は同意。

c．Keith held the lady's arm in order to stop her from
　　① shouting out for help.
　　② going back to her house.
　　③ falling to the ground.
　　④ waiting for the firemen.

d ．The phrase "doing just the opposite" in the third paragraph means

    ① driving fire engines.

    ② entering the burning house.

    ③ getting away from fire.

    ④ standing by the lady.　　　　　　　**ヒント！** paragraph は「段落」という意味。

e ．The fireman who came up to the lady

    ① told her to walk off.

    ② asked Keith to hold her cat.

    ③ saved her pet from the fire.

    ④ left her kitten in the bedroom.

2　次の英文を読んで，a 〜 e について本文の内容と一致するものを①〜④の中から１つずつ選びなさい。

There are some people who have studied how to make people buy more food in a supermarket.　They do all kinds of things that you do not even notice.　For example, the food that everybody must buy, like bread, milk and vegetables, is spread all over the store. You have to walk by all the more interesting — and more expensive — things to find the things you need.　The more expensive food is in packages with bright-colored pictures.　This food is put at eye level, and so you see it and want to buy it.　The things that you have to buy anyway are usually put on a higher or lower shelf.

Another study shows that if a person stays in a supermarket for 30 minutes, she or he spends 50 cents every minute.　For example, if someone stays 40 minutes, the supermarket has 5 dollars more.　So supermarkets have comfortable temperatures in summer and in winter, and they play soft music.　They are pleasant places for people to stay and spend more money.

So be careful in the supermarket.　You may go home with a bag of food you were not planning to buy.　The supermarket, not you, decides you should buy it.

a ．The food that you must buy is spread all over the supermarket

    ① not to make you walk a long distance.

    ② to make it easy to find it.

    ③ to lead you from one corner to another.

    ④ not to raise the price.

b ．Expensive things that you don't need to buy are placed

    ① away from those you need to.

    ② at eye level.

    ③ on higher shelves.

    ④ on lower shelves.

c．A study suggests that, after a person has been in a supermarket for 40 minutes, she or he

    ① spends 20 dollars in total.

    ② stays there for another 30 minutes.

    ③ pays 5 dollars every minute.

    ④ doesn't want to stay any longer.　**ヒント！**　1分50セントということは，40分ではいくら？

d．Supermarkets try to

    ① keep the temperature below the average

    ② provide pleasant environments

    ③ make their workers feel comfortable

    ④ open even in summer and in winter

to make their customers stay longer and spend more money.

e．You should be careful in a supermarket because

    ① you can enjoy shopping with less money.

    ② you have to think about what you want.

    ③ you might buy things you don't need.

    ④ you can miss a good buy.

3　次の英文を読んで，a～eについて本文の内容と一致するものを①～④の中から1つずつ選びなさい。

（第66回）

Everyone enjoys taking a holiday. It's fun and relaxing. Some people like to go to beaches or mountains. Others use their vacation time for another reason. What do they do? They take a volunteer vacation to help others. Volunteers are people who do things without receiving any money. They do this because they want to be helpful to people in need. Many groups give volunteers a chance to help.

Habit for Humanity is one of these groups. They build homes for the poor. Their most famous volunteer is former U.S. president Jimmy Carter, who won the Nobel Prize for Peace. *Habit for Humanity* volunteers do not need special *[1]skills. They just need to be in good health. Volunteers build homes in the United States, but they also build homes all over the world. Many volunteers pay for their own trips.

Another group is called *Earthwatch*. They get volunteers to help scientists in many places around the world. For example, the volunteers may help with studies of *[2]endangered animals. Most of the trips last for two weeks. Volunteers pay about $1,800 to take part. They usually stay in *[3]dormitories and cook their meals together.

    *[1]skill(s)：技術　　*[2]endangered：絶滅の危機にある　　*[3]dormitory(-ies)：寮

a．Some people take a vacation

    ① to get money.

    ② because of rich people.

    ③ for their family.

    ④ to do volunteer work.

b. *Habit for humanity* builds homes for

① the rich.
② volunteers.
③ people in need.
④ a former president.

c.
① Being poor
② Being in good health
③ Having money
④ Having special skills

is the most important thing for *Habit for Humanity* volunteers.

d. *Earthwatch* helps scientists

① take a trip.
② make homes.
③ with their money making.
④ with their studies in many places.

e. In *Earthwatch*, volunteers prepare

① meals for poor people.
② meals for endangered animals.
③ their meals together.
④ their meals among animals.

ヒント！ "*Habit for Humanity*" "*Earthwatch*" という２つのグループの特徴をしっかり捉えよう。

4 次の英文を読んで，a〜e について本文の内容と一致するものを①〜④の中から１つずつ選びなさい。

(第68回)

Do you think you're smarter than a *[1]chimpanzee? Japanese scientists gave short-term memory tests to some young chimpanzees and to some adult *[2]humans. The scientists found that some chimpanzees had a better memory. This is surprising. Many people thought that human *[3]brains were better than chimpanzee brains in every way.

The tests were given to twelve university students and three five-year-old chimpanzees who had been taught the order of the numbers from one to nine. They saw nine numbers on a computer screen. When they touched a number, the other eight numbers turned into white squares. The test was to remember what the other numbers were and then to press the squares in the right order. Ayumu, a chimpanzee, was the best at this test. Then they did a second test. In this test, five numbers appeared on the screen for less than a second. Then they were *[4]replaced by white squares. Again, the test was to press the squares in the right order. Ayumu was best at this test, too.

If some chimpanzees are *[5]superior to humans in this way, what makes humans different from animals? There are scientists who are trying to give answers to this question, but for now they are not sure.

*[1]chimpanzee(s)：チンパンジー　　*[2]human(s)：人間，人間の　　*[3]brain(s)：脳
*[4]replace(d)：置き換える　　*[5]superior：優れている

a.
  ① Young chimpanzees
  ② Students
  ③ Old chimpanzees
  ④ Adult humans

showed better results in short-term memory tests.

b. Compared with human brains, in one way chimpanzee brains are

  ① bigger.
  ② shorter.
  ③ longer.
  ④ better.   ヒント! compared with ～ は「～と比べて」という意味。

c.
  ① Five
  ② Eight
  ③ Nine
  ④ Twelve

numbers were changed into white squares when a certain number was touched in the

first test.   ヒント! 最初のテストで白い四角に変わるものは？

d. In the second test, the students and Ayumu could see

  ① wrong numbers.
  ② white screens.
  ③ five numbers.
  ④ nine squares.

e. The differences between human brains and animal ones are

  ① clear.
  ② known.
  ③ uncertain.
  ④ understood.

□出題のポイント □□

● 自然な流れの会話文になるように，空所に文を補う問題。

● 会話中に 5 か所の空所があり，そこに 6 つの選択肢の中から適切なものを 1 つ選ぶ。

● まず，どのような状況，場面における会話文であるかを把握すること。

● 次に，各空所の前後の会話文の意味，流れをしっかりおさえることが大切。直後の応答文が手がかりになることが多い。

● 選択肢がそれぞれどちらの話者による発言であるかを推測することも重要。

● 会話の決まり文句を覚えておくこともこの問題を解く助けになる。　　　　　▶ p. 32, 46

例 題

次の会話文を読んで，(a)～(e)に入るもっとも適当なものを①～⑥の中からそれぞれ 1 つずつ選びなさい。

Sally : Hi, Jiro. It's nice to see you. You look so serious, though.
　　　　　　　　　(a)

Jiro : Oh hi, Sally. I'm just looking at a list of fortune-tellers on the Internet. I've found there are many of them in this area. You know, I've always wanted to have my fortune told.

Sally : Why is that?

Jiro : _____(b)_____ I wonder if I will be able to get a good job.

Sally : Oh, I see. _____(c)_____

Jiro : Thank you. You see, as I said, there are many on the list.
　　　　　　　　(d)

Sally : Hmm. Here's one. Mrs. Zara can tell you your fortune for $70.

Jiro : That's really expensive. Is there a cheaper one?

Sally : What about this one? _____(e)_____

Jiro : That's cheaper. Would you like to try it with me?

Sally : OK. Let me call the number now.

① Ms. Cleo can tell you your fortune over the phone for $3 for ten minutes.

② I'm so worried about my future.

③ Do you know when I can get that information?

④ Let me help you find a fortune-teller.

⑤ It's hard to decide by myself.

⑥ What are you looking at?

解説

　最初のほうのやりとりで，登場人物の関係と話題をつかむ。**設問文に情報が書かれている場合もある**ので，見落とさないように注意する。ここでは，友人どうしのサリーとジロウが，fortune-tellers「占い師」について話している場面であることを把握する。選択肢にも目を通しておき，内容を把握しておく。

(a) 直前でサリーが「とても深刻そうね」と言っていることと，(a)の発言のあとでジロウが「今，インタ

ーネットで占い師のリストを見ているところだよ」と今していることを答えているので，(a)には**何をしているところかを尋ねる疑問文**が入る。⑥「何を見ているの？」がもっとも適当である。

(b)　直前のサリーの Why is that？「それはどうして？」の「それ」とは，その前のジロウの「ぼくはいつも運勢を占ってもらいたいと思っている」ことを指すので，(b)にはジロウが運勢を占ってもらいたいと思っている**理由**が入る。②「将来がとても不安なんだ」がもっとも適当である。

(c)　ジロウが運勢を占ってほしいと思う理由を聞いたサリーが Oh, I see.「ああ，なるほどね」と納得したあとの発言。(c)の発言に対し，ジロウは「ありがとう」とお礼を言い，そのあと２人で占い師を探しているので，(c)にはサリーが**手伝いを申し出る発言**が入る。④「あなたが占い師を探すお手伝いをさせて」がもっとも適当である。

(d)　ジロウがサリーの助けを借りて占い師を探しはじめた場面である。(d)の前で「さっき言ったように，リストにはたくさんいるんだ」と述べていること，さらに(d)を聞いたサリーが「うーん。ここに１人いるわね。ザラさんが70ドルであなたの運勢を占ってくれる」と１人の占い師を提案しているので，(d)にはジロウが**自分で決めかねているという主旨の発言**が入る。⑤「自分で決めるのが難しい」がもっとも適当である。

(e)　サリーが70ドルで運勢を見るザラさんを提案すると，ジロウは「それはすごく高いよ。もっと安い人はいない？」と言い，それを受けてサリーが「この人はどう？」と言ったあとの発言である。(e)の発言を聞いたジロウが「そっちのほうが安いね」と言っているので，(e)には**70ドルより安い占い師を提案する発言**が入る。①「クレオさんは電話で，10分間３ドルであなたの運勢を占ってくれる」がもっとも適当である。

解答　(a)―⑥　　(b)―②　　(c)―④　　(d)―⑤　　(e)―①

全訳

サリー：こんにちは，ジロウ。会えてうれしいわ。でも，とても深刻そうね。⑥何を見ているの？

ジロウ：ああ，やあ，サリー。今，インターネットで占い師のリストを見ているところだよ。この地域にはたくさんの占い師がいることがわかったよ。あのね，ぼくはいつも運勢を占ってもらいたいと思っているんだ。

サリー：それはどうして？

ジロウ：②将来がとても不安なんだ。いい仕事に就けるかなあと思って。

サリー：ああ，なるほどね。④あなたが占い師を探すお手伝いをさせて。

ジロウ：ありがとう。あのね，さっき言ったように，リストにはたくさんいるんだ。⑤自分で決めるのが難しい。

サリー：うーん。ここに１人いるわね。ザラさんが70ドルであなたの運勢を占ってくれる。

ジロウ：それはすごく高いよ。もっと安い人はいない？

サリー：この人はどう？　①クレオさんは電話で，10分間３ドルであなたの運勢を占ってくれる。

ジロウ：そっちのほうが安いね。ぼくと一緒に試してみない？

サリー：いいわ。じゃあ，その番号に電話させて。

（例題は第65回）

実 践 演 習

1 次の会話文を読んで，(a)～(e)に入るもっとも適当なものを①～⑥の中からそれぞれ1つずつ選びなさい。

⟨At a store⟩

Clerk : May I help you, sir?

Customer : Well, I'm just looking, but I'm kind of interested in that blue sweater.

Clerk : This sweater is now on sale. _____(a)_____

Customer : That sounds like a bargain to me. _____(b)_____

Clerk : Let me see. We have black and red.

Customer : Do you have a black one in size Large? _____(c)_____

Clerk : Here you go. How is it?

Customer : This perfectly fits me, but I might want to try on a red one, too.

Clerk : I'm sorry, but we only have smaller sizes in stock.

Customer : Fine. I wouldn't like red much anyway. _____(d)_____

Clerk : It's 59 dollars and 99 cents.

Customer : OK. I'll take it.

Clerk : Thank you. _____(e)_____

Customer : Can I use my credit card?

① How would you like to pay?

② How much is this?

③ The price is reduced to less than half.

④ Would you like to try it on?

⑤ I'd like to try it on.

⑥ Do you have it in a different color?

▶ p. 46 ②

2 次の会話文を読んで，(a)～(e)に入るもっとも適当なものを①～⑥の中からそれぞれ1つずつ選びなさい。

Michael : Rachel, can I have a word with you now?

Rachel : Sure. _____(a)_____

Michael : Yes. I'm going to leave for the airport in half an hour.

Rachel : Where are you going?

Michael : New York. This time, I'm going to see new designers.

Rachel : Sounds interesting. So, what do you want to tell me?

Michael : _____(b)_____ I want you to check *the cash register every evening while I'm out.

Rachel : No problem. How long are you going to spend in New York?

Michael : Just a week or so.

Rachel : _____(c)_____

Michael : They say it's quite warm and sunny.

Rachel : Lucky you! I wish I could go with you.

Michael : ＿＿＿＿＿＿(d)＿＿＿＿＿＿

Rachel : Still, this trip is going to be a lot of fun, I'm sure.

Michael : I hope so. Oh, I almost forgot to tell you this. ＿＿＿＿＿(e)＿＿＿＿＿

Rachel : Don't worry. Have a nice trip!

*the cash register：レジ，金銭登録機

① What is the weather like there?

② You need to bring something warm to wear.

③ I have a favor to ask of you.

④ Be sure to lock all the doors when you leave.

⑤ You are going on a business trip, aren't you?

⑥ I'm not going there for a vacation.

ヒント❗ What is ～ like? 「～はどのような状態か〔どんな感じか〕」

3　次の会話文を読んで，(a)～(e)に入るもっとも適当なものを①～⑥の中からそれぞれ１つずつ選びなさい。

(第68回)

Shigeo : Did I tell you about the time I found some money on the train?

Max : I don't think so. What happened?

Shigeo : ＿＿＿＿＿(a)＿＿＿＿＿ It had about 30,000 yen inside.

Max : I hope you did the right thing.

Shigeo : I did. I handed it in at the ticket office.

Max : Good for you. ＿＿＿＿＿(b)＿＿＿＿＿

Shigeo : Then I had a nice surprise about three months later. The Police called me in and gave me the money. ＿＿＿＿＿(c)＿＿＿＿＿

Max : That's interesting. Strangely enough, I myself lost about 30,000 yen on a train.

Shigeo : Ha ha. Very funny.

Max : No, no. This was when I was in Germany. I lost money worth about 30,000 yen.

Shigeo : Oh, I see. What happened?

Max : I was looking for something in my wallet, when I noticed that my ticket and all my money were missing!

Shigeo : Wow, what did you do? ＿＿＿＿＿(d)＿＿＿＿＿

Max : I had to get out at the next station and walk! I felt very angry.

Shigeo : Did you tell the police?

Max : No. Fortunately, the money soon turned up. ＿＿＿＿＿(e)＿＿＿＿＿ It had been in my pants pocket the whole time!

ヒント❗ Good for you. 「えらいぞ」，the whole time 「ずっと」

① You're an honest man.

② They couldn't find the person who'd lost it.

③ How did you get home?

④ They're still trying to find the person who took it.

⑤ I found it when I did the laundry.

⑥ On my way to the concert, I saw a wallet on the next seat.

4 次の会話文を読んで，(a)〜(e)に入るもっとも適当なものを①〜⑥の中からそれぞれ１つずつ選びな

さい。 (第66回)

Ben : Hey! What's the matter?

Kumiko : _____(a)_____ And I have no idea what to give him.

Ben : No ideas at all?

Kumiko : Well, he needs a new baseball glove, so I went to a sports shop.

_____(b)_____ Everything was too expensive.

Ben : Did you try Sports World?

Kumiko : I've never heard of it.

Ben : It's a new store, so they're having all sorts of opening week specials.

_____(c)_____

Kumiko : Great. Where is it?

Ben : On Lincoln Street.

Kumiko : Where on Lincoln Street?

Ben : Do you know the Manning Building?

Kumiko : _____(d)_____

Ben : No, that's the Adams Building. The Manning Building is the tall, glass building

across from the library. It has a restaurant at the top.

Kumiko : OK. I know where that is.

Ben : _____(e)_____

Kumiko : I'll go there after lunch. Thanks!

Ben : I'm glad to help you. Good luck!

ヒント！ across from 〜 「〜の向かい側に」

① Sports World is right beside it.

② But I couldn't buy the one he really wants.

③ Is there any other restaurant near here?

④ Is that the big yellow office building beside the Capital Hotel?

⑤ It's my boyfriend's birthday tomorrow.

⑥ Almost everything is 30 or 40% off.

まとめて チェック！⑶　会話表現集

　対話文を使った問題の対策のために，状況や場面ごとに定型的な表現をまとめて覚えておくとよい。また，電話での会話と店での客と店員の会話は頻出なので，よく使われる表現をおさえておくとよい。

①電話での会話

電話をかける側	電話を受ける側
◎もしもし。ケンです。 　□ Hello.　This is Ken.	◎私です。 　□ It's me.　　□ Speaking.
◎アキさんをお願いします。 　□ May〔Can〕I speak to Aki?	◎どちらさまですか。 　□ Who's calling, please?
◎アキさんに代わってもらえますか。 　□ Will you get Aki on the phone, please?	◎お待ちください。 　□ Hold on, please.
◎アキさんはいますか。 　□ Is Aki there?（親しい間柄で）	◎あいにく彼女は今外出中です。 　□ Sorry, she's out now.
	◎あいにく彼女は学校に出たばかりです。 　□ Sorry, she's just left for school.
	◎番号をお間違えだと思います。 　□ I'm afraid you have the wrong number.
◎伝言をお願いしてもいいですか。 　□ May I leave a message?	◎伝言をおうかがいしましょうか。 　□ May I have〔take〕your message?
◎あとでまたかけ直します。 　□ I'll call you later.	◎折り返し電話をさせましょうか。 　□ Would you like him to call you back? 　□ Shall I tell him to call you back?

②店での会話（買い物の会話表現）

客	店　員
◎見ているだけです。 　□ I'm just looking.	◎いらっしゃいませ。 　□ May〔Can〕I help you?
◎紳士物のセーターはありますか。 　□ Do you have some men's sweaters?	◎何をお探しですか。 　□ What are you looking for?
◎別の色のを見せてください。 　□ Please show me another color.	◎こちらのセーターはただ今，セール中です。 　□ This sweater is now on sale.
◎これより大きなサイズのはありますか。 　□ Do you have a larger size?	◎お客様のサイズのセーターは在庫切れです。 　□ That sweater is out of stock in your size.
◎これを試着してもいいですか。 　□ Can I try this on?	◎ご試着なさいますか。 　□ Would you like to try it on?
◎これはいくらですか。 　□ How much is this?	◎50ドルです。 　□ It's fifty dollars.
◎クレジットカード〔現金〕でお願いします。 　□ I'd like to pay by credit card〔cash〕.	◎お支払いはどうなさいますか。 　□ How would you like to pay?

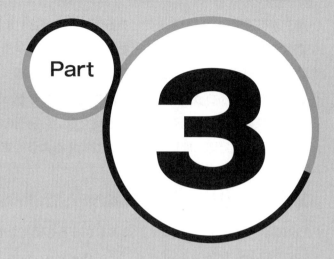

Part **3**

Writing

適語選択（短文）

□出題のポイント

● 空所に適語を補い，意味のとおる英文を完成させる問題。

● 4つの選択肢の中からもっとも適切な語を1つ選ぶ。

● おもに単語，イディオム，表現の知識が問われる。　　　　　　　▶ p. 65〜67

● 選択肢にはふつう同一の品詞，形が並ぶ。したがって，文脈から判断して選択肢を選ぶことになる。

● 問われる語彙の難易度はそれほど高くない。別冊の級別単語表を活用して学習するとよい。

● 同意語，反意語，関連語はまとめて覚えるようにすると効率的である。

例題

次のa〜eの英文の（　）に入るもっとも適当なものを①〜④の中から1つずつ選びなさい。

a．There is a lot of（　）in the sea. You must pay attention.

　　　① danger　　　　　② deal　　　　　③ discussion　　　　　④ distance

解説

　There is 〜. は「〜がある〔いる〕」を表す文。a lot of 〜 は「多くの〜，たくさんの〜」という意味で，空所には名詞が入る。したがって，選択肢①〜④の名詞の意味を考えて検討することが必要とわかる。

　第2文 You must pay attention. の pay attention は「注意を払う」という意味で，この文は「注意しなければならない」という意味になる。したがって，第1文は注意を払うべきである理由を述べる文になることがわかる。

　選択肢を確認すると，①danger は「危険」，②deal は「量，程度」，③discussion は「討論，ディスカッション」，④distance は「距離」である。この中で，「注意しなければならない」という内容の文にするのにふさわしいのは①である。このように，**空所を含む文以外に文が与えられている場合は，その文が手がかりになることが多い。**

解答　①

訳　海にはたくさんの危険がある。注意しなければならない。

b．The（　）will come to fix the washing machine tomorrow.

　　　① engineer　　　　② dentist　　　　③ photographer　　　　④ pianist

解説

　英文は「明日，洗濯機を修理するために（　）が来るだろう」という意味。to fix 以下が目的を表す不定詞であることに注意する。

　「洗濯機を修理する」ためにやってくる人の職業を表す語を選ぶ問題。①engineer は「技師，エンジニア」，②dentist は「歯科医」，③photographer は「写真家」，④pianist は「ピアニスト」である。この中で洗濯機を修理するのにふさわしいのは①である。修理する職業を表す語はほかに repairman や repairer「修理工」などがある。たとえ意味のわからない単語があったとしても，**選択肢の中からもっともふさわしいものを消去法で選ぶことも解答のテクニックである。**

解答　①

訳　明日，洗濯機を修理するために技師が来るだろう。

c . I didn't (   ) what other people said when I chose my job.

① mend   ② matter   ③ care   ④ support

解説

　空所には didn't のあとなので動詞が入る。目的語は what other people said で，what は関係代名詞「～するもの〔こと〕」なので「ほかの人々が言ったこと」。when I chose my job は「私が仕事を選んだとき」という意味の副詞句である。

　仕事を選ぶときに他人が言うことをどうしたか，と考える。①mend は「～を直す」という意味。②matter は動詞の場合は「重要である」という意味の自動詞で，ここでは目的語が続いているので文法面から不適。**意味的に入りそうでも文法的に入れることができなければ誤りと判断する。**③care は「～を気にする」，④support は「～を支える，支持する」。ここでは didn't があり否定文なので，③を入れて「～を気にしなかった」とすると自然な文になる。

解答 ③

訳　私が仕事を選んだとき，ほかの人々が言うことは気にしませんでした。

d . You should always (   ) your parents.

① remind   ② remove   ③ repeat   ④ respect

解説

　英文は「あなたはいつも両親を（　　）すべきです」という意味。前に助動詞 should があるので，空所には動詞が入る。

　①remind は「～を気づかせる，思い起こさせる」，②remove は「～を取り去る，取り除く」，③repeat は「～をくり返す」，④respect は「～を尊敬する」。空所に入れて自然なのは④である。

　選択肢はすべて re- で始まる語で，意味を正しく覚えている必要がある。**つづりが似ている語は誤答選択肢として出題されやすいので，**単語の意味はつづりとともに確実に覚えておこう。

解答 ④

訳　あなたはいつも両親を尊敬すべきです。

e . He was late for school because of a (   ) accident.

① lazy   ② traffic   ③ narrow   ④ pale

解説

　be late for ～ は「～に遅刻する」という意味である。because of ～ は「～のために」という意味で〈理由〉を表す。of のあとには名詞句が続く。

　ここでは a（　　）accident が学校に遅刻した理由としてふさわしい内容になるように選択肢を検討する。①lazy は「怠惰な」，②traffic は「往来，交通（量）」，③narrow は「狭い」，④pale は「青白い」という意味である。accident「事故」を修飾するのに適切なのは②。traffic accident で「交通事故」という意味になる。選択肢が形容詞の場合は，**修飾する名詞との意味のつながりが適切かを1つ1つ検討することが大切である。**このことは，名詞を修飾する分詞や関係詞節にも同じことがいえる。

解答 ②

訳　彼は交通事故のために学校に遅刻しました。

（例題は第65回）

実 践 演 習

1　次のa～eの英文の（　）に入るもっとも適当なものを①～④の中から1つずつ選びなさい。

a. Alexander Graham Bell is considered to be the （　） of the telephone.

　　① clerk　　　　　② dentist　　　　　③ engineer　　　　　④ inventor

　　ヒント！　アレクサンダー・グラハム・ベルは「電話の」何か？

b. It is well known that smoking can （　） health problems.

　　① cause　　　　　② happen　　　　　③ instruct　　　　　④ result

c. There is nothing to compare （　） a warm bath when you get home after work.

　　① for　　　　　　② from　　　　　　③ of　　　　　　　④ with

d. Turn right at the next corner and the library will be on your left.　You can't （　） it.

　　① miss　　　　　② fail　　　　　　③ win　　　　　　④ lose

e. It was （　） that our plan was a total failure.

　　① evident　　　　② faithful　　　　③ thankful　　　　④ clever

2　次のa～eの英文の（　）に入るもっとも適当なものを①～④の中から1つずつ選びなさい。

a. The （　） who had broken into our house was finally caught by the police.

　　① crew　　　　　② journalist　　　　③ officer　　　　　④ thief

b. The result of the study （　） him wrong.

　　① prevented　　　② proposed　　　　③ protected　　　　④ proved

c. Osaka is one of the most crowded cities in Japan.　It has a large （　）.

　　① distance　　　② measure　　　　③ population　　　④ temperature

　　ヒント！　crowded は「混雑した」。

d. When Bob （　） to, he was lying on the street and his wallet was gone.

　　① came　　　　　② got　　　　　　③ made　　　　　　④ took

e. I think most misunderstanding comes from （　） of communication.

　　① force　　　　　② lack　　　　　　③ influence　　　　④ object

3　次のa～eの英文の（　）に入るもっとも適当なものを①～④の中から1つずつ選びなさい。

（第68回）

a. Japan is a country with a mild （　）.

　　① crop　　　　　② pollution　　　　③ climate　　　　　④ flood

b. Tom's room is crowded because of a lot of （　）.

　　① growth　　　　② information　　　③ progress　　　　④ furniture

c. Cindy never becomes （　） when she sees things she admires.

　　① jealous　　　　② precious　　　　③ traditional　　　④ natural

d. The ball in the tree is too high for me to （　）.

　　① solve　　　　　② reach　　　　　③ note　　　　　　④ spare

e. Would you （　） your coffee with sugar?

　　① prevent　　　　② prefer　　　　　③ prepare　　　　④ press

4 次のa～eの英文の（　）に入るもっとも適当なものを①～④の中から1つずつ選びなさい。

（第62回）

a．She is very （　） about traveling abroad alone.

   ① anxious   ② ashamed   ③ aware   ④ awful

b．To pass the exam, you should （　） up your English.

   ① brush   ② give   ③ show   ④ turn

c．I can't cut this paper because the scissors are （　）.

   ① curious   ② selfish   ③ convenient   ④ missing

d．This train travels at 100km （　） hour.

   ① below   ② beyond   ③ per   ④ toward

e．His （　） is high enough to support his family.

   ① action   ② economy   ③ height   ④ salary

ヒント！ 〈形容詞＋enough to *do*〉は「～するのに十分…」という意味を表す。

5 次のa～eの英文の（　）に入るもっとも適当なものを①～④の中から1つずつ選びなさい。

（第64回）

a．We need a lot of （　） before we go on a trip.

   ① birth   ② habit   ③ information   ④ nature

b．As Susan was a （　） there, so she got lost on the way.

   ① manager   ② neighbor   ③ president   ④ stranger

c．He has （　） up his mind which college he is going to.

   ① caught   ② given   ③ got   ④ made

d．She （　） Tom to her address book.

   ① added   ② borrowed   ③ decided   ④ divided

e．This painting is very （　）, so treat it carefully.

   ① cheap   ② dark   ③ precious   ④ regular

6 次のa～eの英文の（　）に入るもっとも適当なものを①～④の中から1つずつ選びなさい。

（第66回）

a．I had a lot of good （　） in my high school.

   ① checks   ② crowds   ③ experiences   ④ matters

b．We have seen a （　） in the number of old people in this country.

   ① goal   ② grade   ③ grain   ④ growth

c．We need to （　） our energy problems as soon as possible.

   ① gather   ② hunt   ③ pack   ④ solve

d．Tom （　） his travel because of his illness.

   ① canceled   ② divided   ③ followed   ④ ordered.

e．It's not （　） to give a present to only one child.

   ① basic   ② calm   ③ chief   ④ fair

10　適語選択（長文）

▶ p. 65～70

□出題のポイント

● 4つの選択肢の中から文脈に合うものを1つずつ選び，英文を完成させる問題。

● キーワードやトピックに注意して，文全体の大意をつかむことが大切。

● 読み解くには単語，イディオム，文法など総合的な英語力を要する。

例題

次の英文の ⓐ～ⓔ にはどの語句が入りますか。もっとも適当なものを ①～④ の中から1つずつ選びなさい。

Have you ever wondered why we have *eyebrows?　Experiments show that they stop sweat from running into our eyes.　Another experiment shows that they（ⓐ）the skin below the eyebrows, the thinnest part on the body.　Also,（ⓑ）another recent experiment, our eyebrows serve to express our feelings.

One scientist tried the following experiment.　A man had his face covered with a mask（ⓒ）some people could only see his eyes.　Later, he had his face covered with another mask so that they could only see his eyebrows.　Each time, he was asked to express various feelings such as anger, happiness, worry, and fear, while wearing the masks.　The people watching were asked which feeling they thought he was expressing.

The results showed that people were able to（ⓓ）the man's feeling better when they could only see the movements of his eyebrows than when they only see his eyes.

It is often said that the eyes are more expressive than the mouth.　（ⓔ）, judging from this study, the eyebrows express even more than the eyes.

*eyebrow(s)：まゆ毛

ⓐ（① cut　　② damage　　③ prepare　　④ protect）

ⓑ（① according to　② compared to　③ thanks to　④ owing to）

ⓒ（① before　　② since　　③ so that　　④ whether）

ⓓ（① cover　　② guess　　③ make　　④ present）

ⓔ（① Fortunately　② However　③ Unfortunately　④ Sadly）

解説

　最初に英文全体に目を通して，何が話題となっているかをつかむ。冒頭部分で eyebrow(s)「まゆ毛」についての話題であることがわかる。第1段落ではまゆ毛の役割について，第2段落ではそのうちの「感情を表す」という役割について行われた実験の説明，第3段落では実験結果の説明が述べられている。

ⓐ　「別の実験結果によると，それらは体の中でもっとも薄い部分であるまゆ毛の下の皮膚を（ⓐ）することを示します」について，the thinnest part on the body は the eyebrows と〈同格〉で，コンマをはさんで補足説明を加えている。Another experiment「別の実験結果」とあるので前文に着目すると，前文は「実験によると，それらは汗が目に流れ落ちるのを防ぎます」とある。they「それら」はいずれも第1文の eyebrows「まつ毛」を指している。実験結果から示されるまつ毛の役割なので，④protect「～を保護する」がもっとも適当である。

ⓑ　直前に Also「また」があるので，この文は前の文に並列して付加情報を加える内容になることがわ

かる。「また，最近の別の実験（　ⓑ　），まゆ毛には感情を表現するのにも役立ちます」について，
（　ⓑ　）〜 experiment は our eyebrows serve to express our feelings の文を修飾する。①according
to「〜によると」，②compared to 〜「〜と比べて」，③thanks to 〜「〜のおかげで」，④owing to
〜「〜のために」のうち，もっとも自然につながるのは①である。

ⓒ　ある科学者が行った実験の説明である。「ある男性が，人々には目だけが見える（　ⓒ　），マスクで
顔を覆ってもらいました」について，直後の文を見ると「その後，彼は，人々にはまゆ毛だけが見え
るように，別のマスクで顔を覆ってもらいました」とあり，空所を含む文と構造が似ていることに着
目する。「まず目だけが見えるようにマスクで顔を覆い，次にまゆ毛だけが見えるようにマスクで顔を
覆った」と考えると自然である。したがって，③so that 〜「〜するように」がもっとも適当である。
呼応する部分が前または後にあると解答の手がかりとなる。

ⓓ　比較的長い文だが，正しく構造を把握しよう。空所は The results showd that ...「結果は…を示
した」の that 節内にある。be able to 〜は「〜できる」という意味である。better ... than 〜 の比
較表現に気をつけよう。比較されているのは「まゆ毛の動きだけを見ているとき」と「目だけを見て
いるとき」である。that 以下は「人々は，目だけを見ているときよりも，まゆ毛の動きだけを見てい
るときのほうが，男性の感情を（　ⓓ　）できた」という意味になる。この実験はまゆ毛が感情を表現
するのに役立つという役割を確認するために行われたものなので，「まゆ毛の動きを見ていると，感情
が読みとれた」という主旨になるように②guess「〜を推測する」を入れる。

ⓔ　前文と空所を含む文を自然につなぐものを選ぶ。前文は「目は口ほどにものを言うとしばしばいわ
れます」で，空所のあとの部分は「この研究から判断すると，目よりもまゆ毛のほうがずっと多くの
ことを表現するのです」という意味である。「目は口ほどにものを言う」ということわざがあるが，実
際は目よりもまゆ毛のほうがずっと多くのことを表現するという流れなので，〈逆接〉を表すつなぎ語
の②However「しかしながら」を入れると自然につながる。

解答　ⓐ—④　　ⓑ—①　　ⓒ—③　　ⓓ—②　　ⓔ—②

全訳

　私たちにはなぜまゆ毛があるのだろうと思ったことはありますか。実験によると，それらは汗が目に流
れ落ちるのを防ぎます。別の実験結果によると，それらは体の中でもっとも薄い部分であるまゆ毛の下の
皮膚を保護します。また，最近の別の実験によると，まゆ毛は感情を表現するのにも役立ちます。

　ある科学者が次のような実験を試しました。ある男性が，人々には目だけが見えるように，マスクで顔
を覆ってもらいました。その後，彼は，人々にはまゆ毛だけが見えるように，別のマスクで顔を覆っても
らいました。どちらのときも，彼はマスクをつけている間，怒り，喜び，心配，恐怖のようなさまざまな
感情を表現するよう求められました。見ている人々は，彼が表しているのはどの感情だと思ったかを尋ね
られました。

　その結果は，人々は，目だけを見ているときよりも，まゆ毛の動きだけを見ているときのほうが，男性
の感情を推測できることを示しました。

　目は口ほどにものを言うとしばしばいわれます。しかし，この研究から判断すると，目よりもまゆ毛の
ほうがずっと多くのことを表現するのです。

（例題は第65回）

実践演習

1 次の英文の@〜@にはどの語が入りますか。もっとも適当なものを①〜④の中から1つずつ選びなさい。

When a movie like *One Hundred and One *Dalmatians* comes out, people rush to the pet store to buy a puppy like the ones on the screen.

If you find yourself wanting a pet pig or a dog you saw on a TV program or in a magazine, stop and do some study. Many a person who has jumped into owning a pet (@) enough knowledge on the animal has made themselves and the animal unhappy. For example, if you live in an apartment, a Dalmatian is probably not for you (ⓑ) you are a long distance runner. Dalmatians were born to run long distances, not to be house pets. Lovely little baby pigs (ⓒ) to weigh 125 pounds, and they are smart enough to learn to open refrigerators.

ヒント! 豚の赤ちゃんはどのようにして125ポンドの重さになったか？

Before deciding on a pet, think about your own life. How long are you gone at school or work? If you cannot stay home during the day, is there someone who will come to feed and exercise your pet? If not, you may want to consider an animal that can be on its own for 8 hours a day. Do you want an animal that will give you lots of (ⓓ) or would you be happier with a pet that is fine whether you play with it or not?

When you are clear on these questions and want to own a pet, you should get information on pets you are considering and find a good (ⓔ) for you and your life style before you go to the pet store.

*Dalmatian(s)：ダルメシアン（猟犬の一種）

ⓐ （① without　　② about　　③ for　　④ by ）

ⓑ （① before　　② because　　③ unless　　④ whether ）

ⓒ （① look　　② die　　③ increase　　④ grow ）

ⓓ （① attention　　② relation　　③ experience　　④ influence ）

ⓔ （① occasion　　② object　　③ match　　④ peace ）

2 次の英文の@〜@にはどの語句が入りますか。もっとも適当なものを①〜④の中から1つずつ選びなさい。

Sometimes the cheapest way to solve a problem is the best. This is (ⓐ) of improving health.

ヒント! Thisは「お金のかからない問題解決策が時として最善である」ことを指している。

Regular exercise can help protect you from heart disease, *1stroke, high blood pressure, *2diabetes, back pain, and bone loss. (ⓑ), it can improve how you feel, help you to manage stress better and sleep better. To solve problems like these, Americans spend about 70 billion dollars on *3health supplements and vitamins and nearly 300 billion on medicine *4prescribed by doctors each year.

To receive the greatest health advantages, *5experts (ⓒ) that you do 20 to 30 minutes of activity that makes your heart beat faster three or more times a week and some type of activity that makes your muscles strong at least twice a week. However, if you are unable to do this level of activity, you can gain many health advantages by doing 30 minutes or more of light (ⓓ) activity a day, at least five times a week. Something as simple and pleasant as taking a walk at a comfortable *6pace for a half hour every day has proven to improve health a great deal. Swimming is another pleasant activity that improves health.

It is a pity that millions of Americans (ⓔ) from health problems that could be improved or cured by simply getting more exercise.

*1stroke：脳卒中　　*2diabetes：糖尿病　　*3health supplement(s)：健康補助食品
*4prescribe：(薬)を処方する　　*5expert(s)：専門家　　*6pace：ペース

ⓐ　(① true　　② opposite　　③ nervous　　④ fortunate)
ⓑ　(① However　　② Therefore　　③ As a result　　④ What's more)
ⓒ　(① suggest　　② promise　　③ realize　　④ whisper)
ⓓ　(① physical　　② traditional　　③ successful　　④ private)
ⓔ　(① recover　　② suffer　　③ protect　　④ gain)

3 次の英文のⓐ～ⓔにはどの語句が入りますか。もっとも適当なものを①～④の中から1つずつ選び なさい。　　(第68回)

A rich Roman businessman got the idea for *thermae* (or public bath houses) at the beginning of the first century B.C. He knew that there were some (ⓐ) hot springs near *1Mt.Vesuvius. He decided to create his own by (ⓑ) water with *2log fires under buildings. These small bath houses, or *balnea*, were very popular, and soon huge public bath houses started to be built in many places around *3the Roman Empire.

Many Romans bathed for several hours each day in different kinds of baths. (ⓒ), after paying a little money, visitors took off their clothes in the changing room and then exercised in the sports hall. Next, they entered the cold bath or cooled down in the swimming pool. From there, they moved to the warm bath or went directly into the hot bath.

Bathing was an important part of Roman life and culture. But visitors didn't visit *thermae* only to take a bath. (ⓓ) sports areas, *thermae* also had parks, restaurants and sometimes libraries and small theatres. People chatted with friends and strangers, and often discussed their lives and business. (ⓔ), *thermae* were the most popular gathering places at this time.

*1Mt.Vesuvius：ヴェスビオス火山　　*2log fires：暖炉　　*3the Roman Empire：ローマ帝国

ⓐ　(① natural　　② false　　③ official　　④ useless)
ⓑ　(① cleaning　　② heating　　③ melting　　④ making)
ⓒ　(① Afterwards　　② In this way　　③ Because of this　　④ In general)
ⓓ　(① In case of　　② In terms of　　③ As well as　　④ Because of)
ⓔ　(① In short　　② In the end　　③ Instead　　④ Finally)

4 次の英文の@〜@にはどの語句が入りますか。もっとも適当なものを①〜④の中から１つずつ選びなさい。

（第66回）

"Crowdfunding" is a way of raising money from a large number of people on the Internet. (@), there are a lot of different crowdfunding websites, but when the idea began, it was used to get money for new business ideas. People now use it for many reasons. For example, musicians who want to make an album can (ⓑ) fans for money or a photographer could get money to make a new book. Sometimes crowdfunding can make a real (ⓒ) to people's lives.

In poor countries, healthcare can be very expensive. On one crowdfunding website, people write about their medical problems. (ⓓ), perhaps there is a farmer who needs $200 to pay for an operation on his mouth, or maybe there is a college student who can't hear. If she received $400, she could pay for an operation on her ears. Sometimes, people reading about these problems decide to give those poor people the money they need.

Therefore, if you'd like to give money to such good causes, visit a crowdfunding site. Also, if you want to raise money for people in need or for something you believe in, (ⓔ) try crowdfunding for yourself?

@　(① For a long time　② In those days　③ These days　④ For a moment)

ⓑ　(① ask　② help　③ spend　④ take)

ⓒ　(① problem　② difference　③ mistake　④ damage)

ⓓ　(① For instance　② For one reason　③ Fortunately　④ Surprisingly)

ⓔ　(① when did you　② what made you　③ why not　④ why do you)

ヒント！　資金調達の方法として crowdfunding を勧める文章となっている。

11 語形変化

▶ p. 68〜70

□ 出題のポイント

● 3つの選択肢の中から，文法的に正しい語形となる語句を1つ選ぶ問題。

● おもに文法の知識が問われる。

● 準動詞（分詞・動名詞・不定詞）にかかわる問題が頻出である。

● 5文型，時制，比較，代名詞などのほか，語法，慣用表現もよく出題される。

例題

次のa〜eの英文の（　）にはどの語句が入りますか。もっとも適当なものを①〜③の中から1つずつ選びなさい。

a．I'm looking forward to（① see ② seeing ③ be seen）my old friend next summer.

（解説）

look forward to 〜は「〜を楽しみにする」という慣用表現であり，会話問題でも頻出である。この to は〈to＋動詞の原形〉で不定詞をつくる to ではなく前置詞の to であり，あとには名詞が続く。つまり，動詞を続けるときは動名詞（動詞の ing 形）にする必要があるので，ここでは②が正解となる。**look forward to 〜ing** で「〜することを楽しみにする」と覚えておこう。

ほかに動詞の原形を続けないよう気をつけなければならないものとして，**be used to 〜ing**「〜することに慣れている」がある。

（解答） ②

訳 私は次の夏に旧友に会うのを楽しみにしています。

b．I don't know if it（① snows ② snowed ③ will snow）this weekend.

（解説）

「if のあとなので，未来のことも現在形」と考えた人もいるかもしれないが，ここでの正解は③である。「if や when のあとが現在形」というのは，if や when が副詞節となるとき，つまり if が「もし〜なら」〈条件〉，when が「〜するとき」〈時〉を表す場合である。

　If it is sunny tomorrow, let's go swimming.
　　（×）will be

　「もし明日晴れたら，泳ぎに行きましょう」

ここでは，if を用いる節は know の目的語である。if には動詞の目的語となる名詞節となり，「〜かどうか」を表す用法がある。if のあとが未来の出来事の場合は，will など未来を表す語を用いる。したがって，正解は③となる。

図解　I don't know if it will snow this weekend.
　　　 S　　V　　　　O

（解答） ③

訳 今週末に雪が降るかどうか私にはわかりません。

> **c ．The more time you spend studying, the（① good　② better　③ best）your grades get.**

（解説）

　コンマの前の部分が〈the＋比較級＋S＋V〉の形になっていることに着目する。〈the＋比較級＋S＋V 〜, the＋比較級＋S＋V ...〉「〜すればますます…」という表現を思い出せるかがポイントである。②が正解。

　この表現における注意点は，〈the＋比較級〉の比較級の形容詞が名詞を修飾する場合，**形容詞と名詞を切り離してはいけない**ということである。本問の場合は，（×）The more you spend <u>time</u> studying, ... としてはならない。

（解答）　②

訳　勉強により多くの時間を費やせば費やすほど，ますます成績はよくなります。

> **d ．When did you have your computer（① repair　② repaired　③ repairing）?**

（解説）

　〈have＋O〉のあとに続く形を選ぶ問題である。have の用法を整理しよう。

・〈have＋O＋動詞の原形〉「O に〜させる」

　I had the boy carry the bag.

　「私はその男の子にかばんを運んでもらいました」　O と動詞の原形は能動の関係。

・〈have＋O＋過去分詞〉「O を〜してもらう，させる」

　I had the bag carried by the boy.

　「私はそのかばんをその男の子に運んでもらいました」　O と過去分詞は受け身の関係。

・〈have＋O＋〜ing〉「O に〜させる，させておく」

　I had the water running in the kitchen.

　「私は台所で水を流しっぱなしにしておきました」　O と 〜ing は能動の関係。

　あとに続く形は O との関係で決まる。ここでは O は your computer「あなたのコンピュータ」で，動詞は repair「〜を修理する」である。「コンピュータは修理される」という受け身の関係と考えるのが自然なので，〈have＋O＋過去分詞〉「O を〜してもらう」と考え，②を選ぶ。

（解答）　②

訳　あなたはいつコンピュータを修理してもらったのですか。

> **e ．I hurt（① my　② me　③ myself）when I was playing football.**

（解説）

　when 以下は「私はフットボールをプレーしていたときに」という意味である。hurt は「〜を傷つける」という意味で，過去形も同じ形である。ここでは when 以下が過去進行形なので過去形と考える。次に hurt の目的語として適切なものを選ぶ。目的格の me を選びたくなるかもしれないが，主語が I なので，ここでは me ではなく再帰代名詞の③myself「自分自身を」を選ぶ。**hurt *oneself*** で「けがをする」という意味になる。

（解答）　③

訳　私はフットボールをプレーしていたときにけがをしました。　　　　　　　　　　（例題は第65回）

実　践　演　習

1　次のa〜eの英文の（　　）にはどの語句が入りますか。もっとも適当なものを①〜③の中から1つずつ選びなさい。

a．I'm not used to（① drive　② driving　③ driven）a small car.

> **ヒント!**　be used to 〜と used to 〜の違いは？

b．My parents usually let us（① stay　② to stay　③ stayed）up late at weekends.

c．His teacher didn't allow him（① go　② to go　③ going）home.

d．The movie was so（① bore　② bored　③ boring）that I felt sleepy.

e．I'm sure of（① he　② him　③ he's）coming tonight.

2　次のa〜eの英文の（　　）にはどの語句が入りますか。もっとも適当なものを①〜③の中から1つずつ選びなさい。

a．（① To have　② Having　③ Had）nothing else to do, Bob spent a whole day watching TV.

b．The restaurant remained（① closing　② to close　③ closed）for two weeks.

c．The meeting（① had ended　② ends　③ has ended）half an hour before Ken arrived there.

> **ヒント!**　会議が終わった時とケンがそこに着いた時を比べよう。

d．A：How was the party？

　　B：It was a lot of fun. You should（① come　② have come　③ be coming）.

> **ヒント!**　話題になっているパーティの時制は？

e．It is no use（① read　② to reading　③ reading）such a book.

3　次のa〜eの英文の（　　）にはどの語句が入りますか。もっとも適当なものを①〜③の中から1つずつ選びなさい。　　　　　　　　　　　　　　　　　　　　　　　　　　　（第62回）

a．Be sure to keep the door（① lock　② locked　③ locking）when you leave.

b．I watched an（① excite　② excited　③ exciting）football match on TV yesterday.

c．Atsushi knows（① well　② better　③ best）than to do such a thing.

> **ヒント!**　「〜するほどばかではない」という意味を表すには？

d．My mother is worried about（① I　② my　③ mine）living alone.

e．My little brother doesn't like being（① told　② telling　③ to tell）what to eat by his mother.

4　次のa〜eの英文の（　　）にはどの語句が入りますか。もっとも適当なものを①〜③の中から1つずつ選びなさい。　　　　　　　　　　　　　　　　　　　　　　　　　　　（第64回）

a．I made my sister（① clean　② cleaned　③ to clean）her room this morning.

b．People watching the tennis match grew more and more（① excite　② excited　③ exciting）.

c．Steve repaired the（① break　② broken　③ breaking）window.

d．Shall I carry the（① heavy　② heavier　③ heaviest）of the two bags？

e．The Internet in（① it　② its　③ itself）is not bad for children.

> **ヒント!**　in（　　）で「それ自体」という意味を表すには（　　）にどの語を入れたらよいか？

5　次のa～eの英文の（　　）にはどの語句が入りますか。もっとも適当なものを①～③の中から1つずつ選びなさい。　　　　　　　　　　　　　　　　　　　　　　　　　（第66回）

a．Don't forget（① lock　② locking　③ to lock）the door when you leave the house.

b．The number of（① work　② worked　③ working）women in Japan is increasing.

c．I don't feel like（① talk　② talking　③ to talk）to him at this moment.

　　　　　　　　　　　　　　　　　ヒント!　「～したい気がする」という意味を表すには？

d．The hand of an adult is（① much　② more　③ most）larger than that of a child.

e．Ted sometimes makes his lunch（① him　② his　③ himself）.

6　次のa～eの英文の（　　）にはどの語句が入りますか。もっとも適当なものを①～③の中から1つずつ選びなさい。　　　　　　　　　　　　　　　　　　　　　　　　　（第68回）

a．A person（① who　② whose　③ whom）parent is a musician often becomes one.

b．I'm sorry to have kept you（① wait　② waiting　③ waited）outside.

　　　　　　　　　　　　　　　ヒント!　「…に～させつづける」という意味を表すには？

c．You need to take good care of（① you　② yours　③ yourself）when you are sick.

d．Tom is（① much　② more　③ most）taller than Bob.

　　　　　　　　　　　　　　　　　　　ヒント!　比較級を強調する語は？

e．My sister talks as if she（① be　② were　③ being）our teacher.

7　次のa～eの英文の（　　）にはどの語句が入りますか。もっとも適当なものを①～③の中から1つずつ選びなさい。　　　　　　　　　　　　　　　　　　　　　　　　　（第60回）

a．It's（① disappoint　② disappointed　③ disappointing）that you could not take part in the school sports day.

b．Amanda did not give up and was able（① finish　② finishing　③ to finish）the race.

c．Steve admitted（① have　② having　③ to have）told a lie.

d．Any pen（① do　② did　③ will do）as long as it can write well.

　　　　　　　　　　　　　ヒント!　この do は「役に立つ，間に合う」という意味を表す。

e．A person（① who　② whose　③ whom）parent is a musician often becomes a musician.

□ 出題のポイント

- 4つの語句を並べかえて意味の通る英文を作る問題。
- おもに文法・イディオムの知識が問われる。　　　　　　　　▶ p. 65〜70
- （　）の直前や直後の単語の品詞から，どの語が続くのかを判断する文法の知識が重要。
- 文の意味が推測できれば，語順も考えやすくなる。

例題

次のa〜eの英文の意味が通るようにするには，（　）の中の語句をどのように並べたらよいですか。
正しい順番のものを①〜④の中から１つずつ選びなさい。

a．You should（1. from　2. protected　3. keep　4. your skin）the sun.
[① 2-4-1-3　② 3-1-4-2　③ 3-4-2-1　④ 4-3-2-1]

解説

助動詞 should のあとには動詞の原形が続くので，should keep とつなげる。protected が過去形または過去分詞であることから，〈keep＋O＋過去分詞〉「Oを〜されたままにしておく」を思い出す。Oに your skin を置いて，keep your skin protected とすると「あなたの肌を保護されたままにしておく」という意味になり，これに from the sun「太陽から」を続けると，まとまった意味の文になる。3-4-2-1 となるので③が正解。

図解　You should <u>keep your skin protected</u> from the sun.
　　　　　should のあとは原形 keep＋O＋過去分詞

解答　③

訳　あなたは太陽から肌を保護された状態に保つべきです。

---

b．You（1. your report　2. finish　3. to　4. are）by Friday.
[① 2-1-4-3　② 2-3-1-4　③ 4-2-3-1　④ 4-3-2-1]

解説

主語 You のあとには動詞の finish も are も続けることができるが，to に着目する。to に続けることができる語を考え，**予定**などを表す〈**be＋to 不定詞**〉ではないかと推測する。are to finish と続け，finish の目的語に your report を置くと，by Friday につながる。4-3-2-1 となるので④が正解。

〈be＋to 不定詞〉は「〜することになっている」〈予定〉，「〜すべきだ」〈義務〉，「〜できる」〈可能〉，「〜する運命になっている」〈運命〉などを表す。

（例）　You are to help your host mother.
　　　　「あなたはホストマザーを手伝うべきです」〈義務〉

図解　You <u>are to finish</u> your report by Friday.
　　　　　be＋to 不定詞

解答　④

訳　あなたは金曜日までにレポートを終えなければなりません〔終えることになっています〕。

c．The news about（1. **them**　2. **the accident**　3. **sad**　4. **made**）.
[① 1-4-3-2　② 2-4-1-3　③ 2-4-3-1　④ 4-2-1-3]

解説

前置詞 about のあとに続けることができるのは them と the accident。主語に続く動詞は made しかない。動詞make はさまざまな文型をつくるが，ここでは形容詞 sad があることに着目し，〈**make＋O＋C（形容詞）**〉「**OをCにする**」ではないかと推測する。C＝sad と考えると「Oを悲しくさせる」なので，悲しくさせる対象は them「彼ら」が適切で，the accident は合わない。したがって，about には the accident を続け，そのあとに made them sad と続けて文が完成する。2-4-1-3 となるので②が正解。

図解　The news about the accident made them sad.
　　　　　　S　　　　　　　　　　V　　O　　C

解答　②

訳　その事故についての知らせは彼らを悲しませました。

d．I（1. **find**　2. **myself**　3. **to**　4. **awoke**）on the floor.
[① 1-2-3-4　② 1-3-4-2　③ 2-4-3-1　④ 4-3-1-2]

解説

awoke は awake「目が覚める」の過去形である。主語 I のあとには動詞 find または awoke を続けることができるが，find を続けると意味のとおる文にならないので，awoke を文の動詞と推測する。to には find を続け，find＋O＋on the floor「Oが床の上にいるのに気づく」と考え，O に myself を置く。to find ～ は〈**結果**〉を表す to 不定詞の用法「その結果～する」と考えると，前の部分と自然につながる。4-3-1-2 となるので④が正解。

図解　I awoke to find myself on the floor.
　　　　　　　　〈結果〉を表す to 不定詞

解答　④

訳　私は目覚めると床の上にいるのに気づきました。

e．It doesn't（1. **whether**　2. **you**　3. **matter**　4. **lose**）the match or not.
[① 3-1-2-4　② 3-2-4-1　③ 4-1-2-3　④ 4-2-1-3]

解説

doesn't に続けることができるのは，動詞の matter か lose である。一方，whether と or not に着目すると，whether ～ or not「～かどうか」という形ができるので，whether 節の主語に you，動詞には目的語が the match であることから lose「～に負ける」が適当である。

matter には「問題である，重要である」という意味があり，It を主語にして否定文や疑問文で用いられることが多い。ここでも，**It doesn't matter whether ～ or not.** とすれば，「**～かどうかは問題ではない**」という意味の表現になる。以上より，3-1-2-4 となるので①が正解。

図解　It doesn't matter whether you lose the match or not.
　　　　　　　　　　　～かどうかは問題ではない

解答　①

訳　その試合に負けるかどうかは問題ではありません。

（例題は第65回）

実▲践▲演▲習

1 次のa～eの英文の意味が通るようにするには，（　）の中の語句をどのように並べたらよいですか。正しい順序のものを①～④の中から1つずつ選びなさい。

a．She asked me（1. to　2. move　3. her　4. help）the table.

　　［① 1-4-3-2　② 2-1-3-4　③ 2-3-4-1　④ 4-3-1-2］　　**ヒント！** 彼女は私に何を頼んでいる？

b．A lot of time（1. has　2. spent　3. on　4. been）the study.

　　［① 1-2-3-4　② 1-3-2-4　③ 1-3-4-2　④ 1-4-2-3］

c．Our flight was delayed because the snow（1. taking　2. kept　3. it　4. from）off.

　　［① 1-2-4-3　② 1-3-4-2　③ 2-3-4-1　④ 3-4-1-2］

d．What a（1. is　2. pity　3. that　4. it）you can't come with us!

　　［① 1-3-2-4　② 2-4-1-3　③ 3-1-2-4　④ 4-1-3-2］

e．My car didn't work but I was（1. not　2. sure　3. wrong　4. what was）with it.

　　［① 1-2-4-3　② 1-4-3-2　③ 2-1-3-4　④ 2-1-4-3］

2 次のa～eの英文の意味が通るようにするには，（　）の中の語をどのように並べたらよいですか。正しい順序のものを①～④の中から1つずつ選びなさい。

a．We believe the boy has been（1. by　2. taken　3. of　4. care）the old couple.

　　［① 1-2-3-4　② 1-4-2-3　③ 2-4-3-1　④ 4-2-1-3］

b．What do you（1. having　2. another　3. say　4. to）glass of milk?

　　［① 1-4-3-2　② 2-4-1-3　③ 3-4-1-2　④ 4-1-3-2］

c．You should（1. get　2. hair　3. cut　4. your）very soon.

　　［① 1-2-3-4　② 1-3-2-4　③ 1-3-4-2　④ 1-4-2-3］

d．This advice is（1. those　2. want　3. who　4. for）to study abroad.

　　［① 4-1-3-2　② 4-2-1-3　③ 4-2-3-1　④ 4-3-1-2］

e．Judging from his remarks, Bob（1. to　2. seems　3. have　4. known）the truth.

　　［① 1-4-3-2　② 2-1-3-4　③ 3-4-2-1　④ 4-1-2-3］

　　ヒント！ S seem(s) to *do*「S は～するようだ」

3 次のa～eの英文の意味が通るようにするには，（　）の中の語句をどのように並べたらよいですか。正しい順序のものを①～④の中から1つずつ選びなさい。　　　　　　　　　（第68回）

a．What（1. the boy　2. not　3. said　4. was）right.

　　［① 1-2-3-4　② 1-3-4-2　③ 4-2-1-3　④ 4-3-1-2］

b．My mother was very much（1. favor　2. in　3. my　4. of）plan.

　　［① 1-2-3-4　② 2-1-4-3　③ 2-3-1-4　④ 4-2-3-1］

c．I'm sorry（1. caused　2. have　3. to　4. you）a lot of trouble.

　　［① 3-2-1-4　② 3-4-2-1　③ 4-2-1-3　④ 4-3-2-1］

d．It was（1. to　2. Natsuko　3. of　4. kind）help the old woman when crossing the street.

　　［① 1-2-3-4　② 3-2-1-4　③ 4-1-2-3　④ 4-3-2-1］

e．My watch says it's（1. quarter　2. seven　3. past　4. a）now.

　　［① 2-4-1-3　② 3-4-1-2　③ 4-1-3-2　④ 4-3-1-2］

4　次の a 〜 e の英文の意味が通るようにするには，（　　）の中の語句をどのように並べたらよいですか。正しい順序のものを①〜④の中から 1 つずつ選びなさい。　　　　　　　　　　　　　（第62回）

a ．It was（1. kind　2. of　3. to　4. Keita）help the old man.

　　〔① 1-2-4-3　② 1-3-4-2　③ 2-4-1-3　④ 4-1-2-3〕

b ．The cars（1. on　2. the street　3. look　4. moving）very small from up here.

　　〔① 1-2-4-3　② 3-1-2-4　③ 3-4-1-2　④ 4-1-2-3〕

c ．My sister told me（1. to do　2. not　3. such　4. a thing）again.

　　〔① 1-2-3-4　② 2-1-3-4　③ 3-4-1-2　④ 4-2-1-3〕

d ．Keiko's mother moved the hot pot（1. the baby's　2. out　3. reach　4. of）.

　　〔① 1-3-2-4　② 2-4-1-3　③ 3-2-4-1　④ 4-3-1-2〕

ヒント！　「赤ちゃんの手の届かないところに」という意味を表すには？

e ．We（1. our room　2. keep　3. must　4. clean）.

　　〔① 2-4-1-3　② 3-2-1-4　③ 3-2-4-1　④ 3-4-1-2〕

5　次の a 〜 e の英文の意味が通るようにするには，（　　）の中の語句をどのように並べたらよいですか。正しい順序のものを①〜④の中から 1 つずつ選びなさい。　　　　　　　　　　　　　（第64回）

a ．Could you buy some milk（1. home　2. on　3. way　4. your）?

　　〔① 1-2-4-3　② 2-3-4-1　③ 2-4-1-3　④ 2-4-3-1〕

b ．I would like（1. be　2. more　3. to　4. you）careful.

　　〔① 2-3-4-1　② 3-1-4-2　③ 3-4-1-2　④ 4-3-1-2〕

c ．It is easy to（1. with　2. fault　3. the work　4. find）of others.

　　〔① 2-3-1-4　② 2-4-3-1　③ 4-2-1-3　④ 4-3-1-2〕

ヒント！　「仕事のあら探しをする」という意味を表すには？

d ．It has been（1. moved　2. ten years　3. I　4. since）back to my hometown.

　　〔① 1-2-4-3　② 2-3-1-4　③ 2-4-3-1　④ 4-3-1-2〕

e ．Please tell me（1. got　2. how　3. to　4. you）know her.

　　〔① 2-3-1-4　② 2-4-1-3　③ 3-1-2-4　④ 4-1-3-2〕

6　次の a 〜 e の英文の意味が通るようにするには，（　　）の中の語句をどのように並べたらよいですか。正しい順序のものを①〜④の中から 1 つずつ選びなさい。　　　　　　　　　　　　　（第66回）

a ．You should（1. quickly　2. as　3. your homework　4. finish）as possible.

　　〔① 1-4-3-2　② 2-1-4-3　③ 4-1-2-3　④ 4-3-2-1〕

b ．The more I studied math,（1. interesting　2. the　3. more　4. I）found it.

　　〔① 2-3-1-4　② 2-3-4-1　③ 3-2-1-4　④ 4-2-3-1〕

ヒント！　「〜すればするほどますます…」という形にするには？

c ．10-year-old boys are（1. to　2. not　3. enough　4. old）travel alone.

　　〔① 2-3-4-1　② 2-4-3-1　③ 3-4-2-1　④ 4-3-2-1〕

d ．There（1. an old church　2. be　3. to　4. used）near my school.

　　〔① 1-4-3-2　② 3-2-1-4　③ 4-1-3-2　④ 4-3-2-1〕

e ．Please tell（1. me　2. wrote　3. who　4. this letter）.

　　〔① 1-2-3-4　② 1-3-2-4　③ 1-4-3-2　④ 3-2-4-1〕

本文や設問文に用いられている頻出のイディオムなどを整理してみよう。

1	☐	a loaf of ～	☐	(パンなど) 一塊の～
2	☐	a piece of ～	☐	(紙, 家具, 助言など) 1つの～
3	☐	a slice of ～	☐	(パン・ケーキなど) ひと切れの～
4	☐	again and again	☐	何度もくり返して, 反復して
5	☐	all over ～	☐	～中に, ～一面に, ～全体にわたって
6	☐	All S can do is ～	☐	Sができることは～しかない
7	☐	All you have to do is ～	☐	あなたは～しさえすればよい
8	☐	as a result (of ～)	☐	(～の) 結果として, その結果
9	☐	ask ～ out (to ...)	☐	～を (…に) 誘う〔招待する〕
10	☐	at least	☐	少なくとも
11	☐	at the same time	☐	同時に
12	☐	be about to *do*	☐	(まさに)～しようとしている, ～するところである
13	☐	be considered to be ～	☐	～であると考えられている〔見なされている〕
14	☐	be filled with ～＝be full of ～	☐	～でいっぱいである, ～に満ちあふれている
15	☐	belong to ～	☐	～に所属する, ～の一部である
16	☐	be patient with ～	☐	(人) にじっと我慢する
17	☐	be punctual in ～ing	☐	すぐに～する, 期限を守って～する
18	☐	be successful in ～	☐	～に成功している〔好結果を残している〕
19	☐	be sure of〔for〕～	☐	～を確信している, ～に自信がある
20	☐	be true of ～	☐	～について当てはまる
21	☐	because of ～	☐	～の理由で, ～の原因で, ～のために
22	☐	believe in ～	☐	～の存在を信じる, ～の正しさを信じる
23	☐	be willing to *do*	☐	～するのをいとわない, 快く～する
24	☐	both ～ and ...	☐	～も…も両方とも
25	☐	break into ～	☐	(泥棒などが) ～に押し入る；～に割り込む
26	☐	break the bad habit of ～ing	☐	～するという悪習を捨てる〔やめる〕
27	☐	cannot afford to *do*	☐	～する (経済的・時間的・心理的な) 余裕がない
28	☐	change *one's* mind	☐	気が変わる, 考えが変わる
29	☐	cheer ～ up	☐	～を励ます, ～を元気づける
30	☐	come across ～	☐	偶然～を見つける, ～に出くわす
31	☐	come out	☐	外に出て来る；世に出る, 姿を現す
32	☐	come to	☐	意識が戻る, 気がつく, 正気に返る
33	☐	come true	☐	(夢などが) 実現する, 本当になる
34	☐	come up to ～	☐	～に近づいてくる
35	☐	decide on ～	☐	～を決める, ～を決定する
36	☐	depend on ～	☐	～に頼る；～によって決まる, ～次第である

37	☐	do exercise	☐	運動をする
38	☐	dream of ~	☐	~の夢を見る，~を夢見る
39	☐	eat out	☐	外食する
40	☐	either ~ or ...	☐	~か…かどちらか
41	☐	except (for) ~	☐	~を除いて
42	☐	first of all	☐	まず第一に
43	☐	get away from ~	☐	~から遠ざかる〔離れる〕，~を避ける
44	☐	get ready to *do*	☐	~する準備〔用意〕をする
45	☐	get to ~=arrive at〔in〕~=reach ~	☐	~に着く〔到着する〕
46	☐	give ~ a ride (to ...)	☐	~を（…まで）車に乗せてあげる
47	☐	go up to ~	☐	~に近づいていく
48	☐	graduate from ~	☐	（大学など）を卒業する
49	☐	had better *do*	☐	~したほうがよい　*否定形はhad better not *do*。
50	☐	have a favor to ask of ~	☐	（人）に頼みたいことがある
51	☐	have trouble (in) ~ing	☐	~するのに苦労する
52	☐	have a word with ~	☐	（人）と少し話をする
53	☐	have nothing to do with ~	☐	~とはまったく関係がない
54	☐	Help yourself to ~.	☐	自由に~を食べて〔飲んで〕ください。
55	☐	hold ~ in *one's* arms	☐	~を腕に抱く
56	☐	in addition (to ~)	☐	（~に）加えて
57	☐	in case	☐	念のため，万が一に備えて
58	☐	in order to *do*	☐	~するために，~する目的で
59	☐	in the middle of ~	☐	~の真ん中に〔の〕，~の中央に〔の〕
60	☐	judging from ~	☐	~から判断すると　*独立分詞構文
61	☐	jump into ~	☐	~に飛び込む；急に~を始める
62	☐	keep in touch with ~	☐	~と連絡を保つ〔取り合う〕
63	☐	kind of ~	☐	ある程度~，やや~，いくらか~，多少~
64	☐	lack of ~	☐	~の欠如，~がないこと
65	☐	learn of ~	☐	~のことを知る
66	☐	leave for ~	☐	~に向かう，~に向かって出発する
67	☐	look up ~ in ...	☐	（辞書など）で~を調べる
68	☐	make friends with ~	☐	~と親しくなる〔友達になる〕
69	☐	make it	☐	やりとげる；時間に間に合う
70	☐	make *oneself* at home	☐	くつろぐ，気楽にする
71	☐	most of ~	☐	~の大部分，~の多く
72	☐	neither ~ nor ...	☐	~も…も（どちらも）ない
73	☐	not ~ at all	☐	まったく~ない，少しも~ない
74	☐	not anymore	☐	もはやそうではない，もう~ない
75	☐	not only ~ but also ...	☐	~だけでなく…も

76 ☐	on *one's* way home 〔to ～〕	☐	帰宅〔～へ行く〕途中で
77 ☐	one ～, the other …	☐	（2つのうちの）1つの～，残りの1つの…
78 ☐	pass（by）	☐	（時が）過ぎ去る
79 ☐	pass away	☐	亡くなる，死亡する；（時が）過ぎ去る
80 ☐	pick ～ up = pick up ～	☐	～を車で拾う，～を車で迎えに行く
81 ☐	plan to *do*	☐	～するつもりである，～することを計画している
82 ☐	prefer to *do*	☐	～するほうを好む，～するほうがよい
83 ☐	promise（～）to *do*	☐	（～に）…すると約束する
84 ☐	put out ～	☐	（火・明かりなど）を消す
85 ☐	remind ～ of …	☐	～に…を思い出させる；～を…に気づかせる
86 ☐	right away	☐	ただちに，すぐに
87 ☐	run out of ～	☐	（品物など）を切らす，～を使い果たす
88 ☐	shake hands with ～	☐	～と握手する；～と合意に達する
89 ☐	some day	☐	（将来の）いつか
90 ☐	spend ～ on …	☐	～を…に費やす〔使う〕
91 ☐	stand by ～	☐	～の側にいる〔立つ〕；～を支持する
92 ☐	stand for ～	☐	～を意味する〔表す〕；～を支持する
93 ☐	stay up late	☐	夜更かしする，遅くまで起きている
94 ☐	stay with ～	☐	（人）の家に滞在する；（仕事など）を続ける
95 ☐	～ such as …	☐	…のような～，～たとえば…など
96 ☐	take a look at ～	☐	～を見てみる，～をちょっと調べる
97 ☐	Take care of yourself.	☐	お気をつけて。〔お身体をお大事に。〕
98 ☐	take medicine	☐	薬を飲む
99 ☐	take off	☐	（飛行機が）離陸する；（物事が）うまく行き始める
100 ☐	take ～ out of …	☐	～を…から取り出す
101 ☐	take over ～	☐	（仕事など）を引き継ぐ；～を支配する
102 ☐	talk on the phone（with ～）	☐	（人と）電話で話す
103 ☐	tell a lie	☐	嘘をつく
104 ☐	thanks to ～	☐	～のおかげで
105 ☐	think to *oneself*（that ～）	☐	（～と）心の中で〔ひそかに〕考える
106 ☐	those who ～	☐	～する人々
107 ☐	used to *do*	☐	（以前は）よく～したものだ；（かつては）～だった
108 ☐	wake up	☐	起きる，目が覚める
109 ☐	What is S like?	☐	Sはどのような様子〔感じ〕ですか。
110 ☐	when it comes to ～	☐	～のこととなると，～に関して言えば
111 ☐	with care	☐	慎重に，注意して，入念に
112 ☐	worry about ～	☐	～について心配する〔気にする〕
113 ☐	would（often）*do*	☐	よく～したものだった
114 ☐	would rather ～ than … *～も…も*do	☐	…するよりもむしろ～したい〔～するほうがよい〕

まとめて チェック！(5)　文法・構文

Writing編では，不定詞，動名詞，分詞に関連する，文法や構文の知識が問われることが多い。頻出の項目をまとめておさえておこう。

①不定詞

◆名詞的用法

□〈it is ...（for 人）to 不定詞〉＝「（人）が〜するのは…だ」

（例）　It is important for you to sleep well.「あなたがぐっすり寝ることは大切だ」

□〈it is ...（of 人）to 不定詞〉＝「（人）が〜するとは…だ」

＊〈...〉には人の性質や特徴を表す形容詞がくる。

（例）　It was careless of me to leave my wallet in the taxi.

　　　「タクシーに財布を忘れるなんてうかつだった」

◆〈S＋V＋O＋to 不定詞〉　＊「O が〜する」という主従関係が成り立つ構文

□命令〈tell〔order〕＋O＋to 不定詞〉＝「O に〜するよう言う〔命じる〕」

（例）　He told me to wait here.「彼は私にここで待つようにと言った」

□許可〈allow〔permit〕＋O＋to 不定詞〉＝「O が〜するのを許す」

（例）　My father allowed me to go out.「父は私に外出するのを許した」

□依頼〈ask〔request〕＋O＋to 不定詞〉＝「O に〜するよう頼む」

□忠告〈advise＋O＋to 不定詞〉＝「O に〜することを勧める」

□希望〈want＋O＋to 不定詞〉＝「O に〜してもらいたい」

◆形容詞的用法

□直前の名詞を修飾する。…（例）　She wanted something to drink.「彼女は何か飲み物が欲しかった」

◆副詞的用法

□原因・理由…（例）　I'm happy to help you.「喜んでお手伝いします」

□目的…（例）　He went to Paris to study art.「彼は芸術を勉強するためにパリに行った」

□結果…（例）　She grew up to be a beautiful lady.「彼女は成長して美しい女性になった」

□〈too＋形容詞〔副詞〕＋（for 人）＋to 不定詞〉＝「（人には）〜すぎて…できない」

（例）　The sweater was too small for me to wear.

　　　「そのセーターは私には小さすぎて着られなかった」

　　　書き換え→□〈so＋形容詞〔副詞〕＋that＋S＋can't ...〉＝「とても〜なので…できない」

　　　　　（例）　The sweater was so small that I could not wear it.

　　　　　　「そのセーターはとても小さかったので，私は着られなかった」

□〈形容詞〔副詞〕＋enough＋to 不定詞〉＝「…できるほど〜だ」

（例）　He is strong enough to move the car.「彼はその車を動かせるほど力がある」

　　　書き換え→□〈so＋形容詞〔副詞〕＋that＋S＋can ...〉＝「とても〜なので…できる」

　　　　　（例）　He is so strong that he can move the car.

　　　　　　「彼はとても力が強いので，その車を動かせる」

◆完了不定詞……〈to have＋過去分詞〉の形を取り，述語動詞よりも前の時であることを表す。

□述語動詞が現在時制…完了不定詞は現在完了や過去の時を表す。

（例）　She seems to have known the fact.「彼女はその事実をすでに知っていたようだ」

□述語動詞が過去…完了不定詞は「過去の過去」の時を表す。

（例）　He was said to have been a famous actor.「彼は有名な俳優だったと言うことだった」

◆**受動態の to 不定詞**

□〈to be＋過去分詞〉…（例）　He was glad to be invited.「彼は招待されてうれしく思った」

◆ **to 不定詞の否定形**

□not を不定詞の前に置く…（例）　I decided not to go out.「私は外出しないことにした」

②動名詞

◆**動名詞を使った超頻出の構文**

□be used to ～ing＝「～することに慣れている」

（例）　I'm not used to driving this car.「私はこの車を運転することに慣れていない」

□be worth ～ing＝「～する価値がある」

（例）　This temple is worth visiting.「この寺院は訪れる価値がある」

□cannot help ～ing＝「～せざるを得ない」

（例）　She couldn't help crying.「彼女は泣かずにはいられなかった」

□feel like ～ing＝「～したい気がする」

（例）　I feel like going to the movies.「私は映画を見に行きたい気がする」

□look forward to ～ing＝「～することを楽しみにしている」

（例）　I'm looking forward to hearing from you.「お便りをお待ちしています」

□it is no use〔good〕～ing＝「～しても無駄だ」

（例）　It is no use reading such a book.「こんな本を読んでも役に立たない」

□〈prevent〔stop〕＋O＋from＋～ing〉＝「O が～するのを妨げる」

（例）　The bad weather prevented the plane from taking off.
　　　　「悪天候のために飛行機は離陸できなかった」

□there is no ～ing＝「～することはできない」

（例）　There is no telling what will happen.「何が起こるかわからない」

□Would〔Do〕you mind ～ing？＝「～していただけませんか」

（例）　Would you mind closing the window?「窓を閉めていただけませんか」

◆**動名詞の受動態**

□〈being＋過去分詞〉…（例）　I don't like being left alone.「私はひとりで残されるのは嫌だ」

③不定詞 or 動名詞

　語形変化に関しては，その動詞が目的語にとるのは to 不定詞か動名詞かを問う問題が多く出題されているので，特に注意を要する。

◆ **to 不定詞・動名詞の両方を目的語にとり，意味の違いが出る動詞**

□〈remember〔forget〕＋to 不定詞〉＝「（これから）～することを覚えている〔忘れる〕」

（例）　Don't forget to post this letter.「忘れずにこの手紙を投函してください」

□〈remember〔forget〕＋～ing〉＝「（これまでに）～したことを覚えている〔忘れる〕」

（例）　I don't remember saying that.「私はそんなことを言ったなんて覚えていない」

◆ **to 不定詞だけを目的語にとる動詞**

□agree(同意する)，decide(決定する)，fail(〜しない)，hope(望む)，learn(〜するようになる)，manage(何とかやる)，mean(つもりである)，promise(約束する)，refuse(拒否する)　など

　（例）　He refused to take the job.「その仕事を引き受けるのを拒絶した」

◆動名詞だけを目的語にとる動詞

□admit(認める)，enjoy(楽しむ)，finish(終える)，mind(いやがる)，suggest(提案する)，stop(やめる)　など

　（例）　My mother suggested catching the first train.「母は始発電車に乗るよう提案した」

④分詞

◆〈S＋V＋C〉でCが分詞の文

□〈stand〔sit〕＋現在分詞〔過去分詞〕〉＝「〜して〔〜されて〕立っている〔座っている〕」

　（例）　She sat surrounded by her children.「彼女は子どもたちに囲まれて座っていた」

□〈keep＋現在分詞〉＝「〜し続けている」

□〈remain＋過去分詞〉＝「〜されたまま（の状態）である」

　（例）　The restaurant remained closed.「そのレストランは閉まったままだった」

◆〈S＋V＋O＋C〉でCが分詞の文

□〈keep〔leave〕＋O＋現在分詞〔過去分詞〕〉＝「Oが〜している〔された〕状態に保つ」

　（例）　I'm sorry to have kept you waiting.「お待たせしてすみませんでした」

◆分詞構文

□原因・理由，付帯状況，条件，譲歩などを表す

　（例）　Having too many things to do, he felt depressed.

　　　　「やることがたくさんありすぎて彼は気が重かった」

⑤不定詞 or 分詞

　使役動詞（「Oに〜させる」という意味を表す動詞）と知覚動詞（see, hear, feel など五感による感知を表す動詞）を用いる形は頻出である。

◆〈S＋V＋O＋原形不定詞〉　＊「Oが〜する」という主従関係が成り立つ構文

□〈使役動詞 make＋O＋原形不定詞〉＝「Oに（強制的に）〜させる」

□〈使役動詞 have＋O＋原形不定詞〉＝「Oに〜させる，Oに〜してもらう」

□〈使役動詞 let＋O＋原形不定詞〉＝「Oに（自由に）〜させる」

□〈知覚動詞 see〔hear など〕＋O＋原形不定詞〉＝「Oが〜するのを見る〔聞く〕」

　（例）　I saw the man break into the house.「私は男がその家に侵入するのを見た」

◆〈S＋V＋O＋現在分詞〔過去分詞〕〉

□〈知覚動詞 see〔hear など〕＋O＋現在分詞〉＝「Oが〜しているのを見る〔聞く〕」

□〈知覚動詞 see〔hear など〕＋O＋過去分詞〉＝「Oが〜されるのを見る〔聞く〕」

　（例）　I heard my name called.「私は名前が呼ばれるのを聞いた」

□〈have〔get〕＋O＋過去分詞〉＝「（人が）Oを〜してもらう」

　（例）　I got my hair cut.「私は髪を切ってもらった」

◆関連表現

□〈help＋O＋原形不定詞〔to 不定詞〕〉＝「Oが〜するのを助ける」

□〈get＋O＋to 不定詞〉＝「Oに〜させる，Oに〜してもらう」

第1回

英 語 検 定 模 擬 試 験 問 題

2 級

注　意

1．解答にあたえられた時間は80分です。試験開始後の途中退場はできません。

2．問題は全部で12問あります。

3．問題 ③ ～ ⑥ は「聞き方」の試験です。15分程経ってから開始されます。余裕があれば，放送が始まる前に問題に目を通しておいてもかまいません。

4．いっさい声を出して読んではいけません。

5．印刷不明のところのほかは，問題についての質問はいっさいできません。

6．解答用紙は別紙になっています。**答えはすべて解答用紙にマークしなさい。**

7．筆記用具はBまたはHBの黒鉛筆またはシャープペンシルを用いなさい。

（万年筆，ボールペンは使用不可）

8．氏名等，必要事項を解答用紙の決められた欄に記入およびマークしなさい。

解答用紙 p.107

解答用紙番号	
受験番号	
年　　　組　　　番	
氏名	

1 次の各組の中に，第1音節（1番目の部分）をもっとも強く発音する語が1つずつあります。その語の番号を選びなさい。

a. ① ad-mire　　② pat-tern　　③ de-gree　　④ re-spect

b. ① ba-lance　　② re-sult　　③ in-tend　　④ un-less

c. ① ad-ven-ture　② tra-di-tion　③ in-ven-tor　④ af-ter-ward

d. ① char-ac-ter　② com-mer-cial　③ fa-mil-iar　④ pol-lu-tion

e. ① co-op-er-ate　② sci-en-tif-ic　③ sec-re-tar-y　④ pro-fes-sion-al

2 次のa～eの各問いに対するもっとも適当な答えを①～④の中からそれぞれ1つずつ選びなさい。

a. You are in a hamburger shop, and you are ordering a cheeseburger set with a small drink. But you want an M-size drink instead of an S-size. What would you say?

① I want a hamburger set.

② Can you change the drink to medium size?

③ I don't need the set drink.

④ I will take it home.

b. You are lost on the way to the station. You are looking at the map on your smartphone, but you don't know where you are. Then someone comes. What would you say to him or her?

① Where am I now on this map?

② Do you have a smartphone?

③ The station is just around the corner.

④ Please show me your map.

c. A girl comes and tries to open the door of the building. The door is very heavy, so she can't open it. What would you say to her?

① You are very kind.

② The door closes at six o'clock.

③ Shall I open the door for you?

④ All the doors are open.

d. You have to make lunch today, but you are busy with your homework. Your sister looks free. What would you say to her?

① Can you make lunch for me?

② Thank you for making lunch for me.

③ My homework was difficult.

④ Let's eat out for dinner.

e. You and your friend were going to study at the library, but you were asked to help your mother. You decided to stay home. What would you say to your friend?

① That's fine. Let's go to the library and study together.

② Excuse me. Where is the library?

③ Really? You are so busy.

④ I'm sorry. I can't study with you.

3 これから a～e の絵や図表などについて，英語で会話と問いがそれぞれ 2 回ずつ読まれます。その問いに対するもっとも適当な答えを①～③の中から 1 つずつ選びなさい。CD B 29～35

31 a. ① 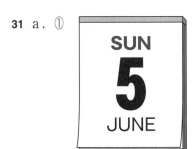 ②  ③

32 b. ①  ②  ③

33 c.

① Nothing.
② Eggs and milk.
③ Meat and eggs.

34 d.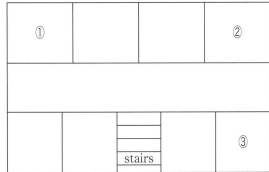

35 e. ①  ②  ③

4 はじめに短い英文が読まれます。次にその内容について問いの文が読まれます。同じ英文と問いの文がもう1回くり返されます。その問いに対するもっとも適当な答えを①〜④の中から1つずつ選びなさい。**CD B 36〜42**

38 a. Tom
① watched soccer on TV.
② watched a drama on TV.
③ watched soccer on the Internet.
④ watched a drama on the Internet.

39 b. Ann wants to
① work in Japan.
② study in Japan.
③ work in America.
④ study in America.

40 c. ① To ride her bike to school.
② To take the bus on rainy days.
③ To go to the park by bus.
④ To lend her bike to a friend.

41 d. John wanted to
① enjoy lessons with his friends.
② meet his aunt.
③ practice harder.
④ know more about the piano.

42 e. Michael
① bought it at the bookstore.
② found it at the library by himself.
③ was given it by his friend.
④ could get it with the woman's help.

5 これから a ～ e の英文がそれぞれ2回ずつ読まれます。その内容と一致するものを①～④の中から
   1つずつ選びなさい。**CD** B 43～49

45 a．① Alice will take a walk alone before dinner.

　　　② Alice will take a walk alone after dinner.

　　　③ Alice will take a walk with her dog before dinner.

　　　④ Alice will take a walk with her dog after dinner.

46 b．① Kathy enjoys playing video games with her brother.

　　　② Kathy likes to play video games alone.

　　　③ Kathy wants to play video games with her brother.

　　　④ Kathy often plays video games with her friends.

47 c．① You can enjoy exercising this afternoon.

　　　② You can enjoy exercising this evening.

　　　③ You can enjoy exercising tomorrow morning.

　　　④ You can enjoy exercising tomorrow afternoon.

48 d．① Jill was satisfied with her tomato salad.

　　　② Jill was satisfied with her apple salad.

　　　③ Jill wasn't satisfied with her tomato salad.

　　　④ Jill wasn't satisfied with her apple salad.

49 e．① Takeshi will buy a book for his sister.

　　　② Takeshi will get his sister a DVD.

　　　③ Takeshi's parents will give his sister a book.

　　　④ Takeshi's parents will make a movie about his sister.

6　Saki と Mike が会話をしています。その内容について英語で5つの問いが読まれます。同じ会話と問いがもう1回くり返されます。その問いに対するもっとも適当な答えを①〜④の中から1つずつ選びなさい。**CD** B 50〜58

53 a.
① Students.
② Cleaning crew.
③ Teachers.
④ Parents.

54 b.
① They are always beautiful.
② They are always new.
③ They are sometimes dirty.
④ They are sometimes open.

55 c.
① In 1916.
② In 1960.
③ In 2006.
④ In 2016.

56 d.
① Everyone agrees.
② Everyone disagrees.
③ Some agree, and others disagree.
④ No one thinks about it.

57 e.
① Different people have different customs.
② Time flies.
③ Seeing is believing.
④ Strike while the iron is hot.

7 次の英文を読んで，a ～ e について本文の内容と一致するものを①～④の中から 1 つずつ選びなさい。

What kind of sports do you do？ Do you play sports in a club or do you walk to and from school？ If you don't do anything and you feel the need for exercise, why not try walking？

Walking is a quick and easy way to start exercising without any special *¹items. If you feel it's too tough, you can walk slower or for a shorter time. If you feel it's too easy, you can walk faster or for a longer time. Walking is the perfect exercise for everyone.

When is the best time to walk？ It is said that walking in the morning is good for weight loss because it wakes up the body and starts burning fat early in the day. On the other hand, walking in the evening is good for physical *²fitness because your body temperature has already risen and that makes it easier to move. However, the most important thing is to continue walking regularly.

As with any sport, there are several things to keep in mind when walking. First, it is better to avoid walking during the daytime in summer or early mornings in winter. Those are hard times for your body. Also, you should avoid walking when you are very hungry or too full. Finally, it is important to stop walking when you don't feel well.

It is a good idea to have something to help you feel like walking. *³Devices that count the number of steps you take, *⁴apps that *⁵reward you for walking, and games that let you enjoy walking can all make walking fun. However be careful of your *⁶surroundings when using them. It is also good to take pictures of things you find or write down a few words about what you think about during a walk. Finding something fun is the key to continuing to exercise.

*¹item(s)：品物　　*²fitness：運動　　*³device(s)：道具　　*⁴app(s)：（スマートフォンなどの）アプリ
*⁵reward：ほうびを与える　　*⁶surroundings：周囲

a．Walking is good for all people because

① everyone has a tool.
② you can easily control the level.
③ you can go to school on foot.
④ you can be full.

b．What is the most important is to walk

① in the morning.
② in the evening.
③ at regular times.
④ when you feel relaxed.

c．① When it is too hot or too cold,
② When it is cool or warm,
③ When you are ready to move,
④ When you feel like walking,
｝it is not good for walking.

d. ① You had better not stop walking
   ② You had better stop walking
   ③ You should walk with someone
   ④ You should walk alone

} when you don't feel well.

e. It is important to find something
   ① to make you feel bad when you stop walking.
   ② to show you how to walk in towns.
   ③ that makes you feel like walking.
   ④ that will help you lose weight.

8 次の会話文を読んで, (a)〜(e)に入るもっとも適当なものを①〜⑥の中からそれぞれ1つずつ選びなさい。

Hanna : Mr. Smith, do you have time to talk with me?

Mr. Smith : Yes, I do. _____(a)_____

Hanna : I must hand in my homework report by Friday, but could you please give me more time?

Mr. Smith : Well, today is Wednesday, and I think you can make it.　What is the problem?

Hanna : Tomorrow evening my grandmother is coming to my house.　My grandmother has difficulty moving, so I have to help her.　I have finished a third of the report. _____(b)_____

Mr. Smith : Well, let me see it.

Hanna : I am going to write another third tonight.　And I was going to write the other third tomorrow.

Mr. Smith : I see. _____(c)_____　When do you think you will be able to finish your report?

Hanna : I can give it to you on Saturday if you come to school.

Mr. Smith : _____(d)_____　Then please come to me with your report next Monday.

Hanna : All right.　I will do that.　Thank you very much.

Mr. Smith : It was good of you to have a plan and ask me for advice as soon as you felt it wouldn't work out. _____(e)_____

Hanna : Thank you.　I'm glad I talked to you.

① I will not be coming on Saturday.
② I have brought it here so that I can show it to you.
③ You have to finish your report by Friday.
④ How can I help you?
⑤ I understand what's happening.
⑥ I'm looking forward to reading your report.

9 次のa〜eの英文の（　）に入るもっとも適当なものを①〜④の中から1つずつ選びなさい。

a．Jack's sisters and I are on good （　）.

① aims   ② frames   ③ terms   ④ words

b．A doctor listens to （　） and helps them feel better.

① pianists   ② guests   ③ parents   ④ patients

c．My brother will （　） after my sister tomorrow.

① look   ② take   ③ make   ④ get

d．All the members of the club （　） silent.

① reminded   ② recognized   ③ remained   ④ removed

e．His （　） speech bored everybody.

① deaf   ② handy   ③ wealthy   ④ dull

10 次の英文の@〜@にはどの語句が入りますか。もっとも適当なものを①〜④の中から1つずつ選びなさい。

Do you use emojis to send messages to your friends? An emoji is a picture （ ⓐ ） as a letter. There are many different emojis, such as a face, a tool, or a sign. They are useful because they allow you to communicate ideas using a single picture （ ⓑ ） many words.

The origin of emojis can be found in （ ⓒ ） times. According to some studies, tens of thousands of years ago, *1symbols were written on walls. Surprisingly, the same symbols were found in different *2regions. Researchers think that people at that time used common signs to communicate.

Modern emojis also *3connect people that use different languages. For example, people all over the world share joy when they see a smiling emoji face. （ ⓓ ）, one emoji can sometimes have different meanings. For example, the emoji used to *4apologize in Japan is seen as doing *5push-ups in other countries. In addition, one emoji may not always look the same on different phones or computers. Emojis are surely useful, but it is important to be （ ⓔ ） of these *6issues when using them.

*1symbol(s)：記号   *2region(s)：地域   *3connet：結びつける   *4appologize：謝罪する

*5push-up(s)：腕立て伏せ   *6issue(s)：問題

ⓐ （① controlled   ② avoided   ③ treated   ④ overcome）

ⓑ （① without   ② along   ③ over   ④ afterward）

ⓒ （① today   ② ancient   ③ present   ④ separate）

ⓓ （① First   ② At last   ③ In the end   ④ On the other hand）

ⓔ （① aware   ② proud   ③ fond   ④ made）

11 次の a ～ e の英文の（　　）にはどの語句が入りますか。もっとも適当なものを①～③の中から 1

つずつ選びなさい。

a．It was（① surprise ② surprising ③ surprised）that they won the game.

b．When you（① visit ② will visit ③ visited）Kyoto next month, don't forget to visit

Kinkakuji.

c．I heard my name（① call ② calling ③ called）from behind.

d．（① See ② Seeing ③ Seen）from the sky, the island looks like a ball.

e．My father has been busy（① of ② since ③ for）last week.

12 次の a ～ e の英文の意味が通るようにするには，（　　）の中の語句をどのように並べたらよいで

すか。正しい順序のものを①～④の中から 1 つずつ選びなさい。

a．Your room is（1. as 2. times 3. as large 4. three）my room.

　　［① 3-1-4-2 ② 3-4-2-1 ③ 4-2-3-1 ④ 4-3-2-1］

b．I can't（1. to 2. book 3. decide 4. which）buy.

　　［① 3-4-1-2 ② 3-4-2-1 ③ 4-2-3-1 ④ 4-3-2-1］

c．My father（1. giving 2. is 3. to 4. used）speeches.

　　［① 2-1-4-3 ② 2-4-3-1 ③ 4-3-1-2 ④ 4-3-2-1］

d．We found（1. it 2. to 3. interesting 4. learn）new words.

　　［① 1-3-2-4 ② 1-4-3-2 ③ 3-2-1-4 ④ 3-2-4-1］

e．He talks（1. he 2. as 3. if 4. were）my brother.

　　［① 1-4-2-3 ② 2-3-1-4 ③ 3-1-4-2 ④ 3-4-1-2］

第2回

英 語 検 定 模 擬 試 験 問 題

2 級

解答用紙 p.108

解答用紙番号	
受験番号	
年　　　組　　　番	
氏名	

1　次の各組の中に，第2音節（2番目の部分）をもっとも強く発音する語が1つずつあります。その語の番号を選びなさい。

a. ① en-trance　　② dam-age　　③ sup-port　　④ fore-cast

b. ① friend-ship　② im-age　　　③ foun-tain　　④ re-gard

c. ① ap-pear-ance　② in-dus-try　③ av-er-age　　④ tel-e-gram

d. ① tem-pera-ture　② rel-a-tive　③ at-ti-tude　　④ dra-mat-ic

e. ① in-dus-tri-al　② com-po-si-tion　③ dem-o-crat-ic　④ ed-u-ca-tion

2　次のa～eの各問いに対するもっとも適当な答えを①～④の中からそれぞれ1つずつ選びなさい。

a. You call your friend, but you are told he isn't home now. You decide to call him later again. What would you say?

① May I take a message?

② Hold on, please.

③ I'll call him back.

④ You may have the wrong number.

b. You are having dinner at a restaurant with your friend. Your friend says, "How about having dessert?" You don't want to have more. What would you say?

① I'm hungry.

② I'm full.

③ You can say that again.

④ You said it.

c. You share a computer with your brother. You want to use it, but he is using it now. What would you say to him?

① Shall I use the computer?

② May I use the computer?

③ I'll let you use the computer.

④ Don't make me use the computer.

d. You are playing a game with your friend. You finish your move. What would you say to your friend?

① It's your turn.

② Wait your turn.

③ May I take your order?

④ It's out of order.

e. Your friend asks you to lend her your English textbook. You need it for your homework, so you can't lend it to her. What would you say?

① All right. Here you are.

② I'm sorry I can't.

③ What a useful textbook!

④ When will you give it back?

3 これからa～eの絵や図表などについて，英語で会話と問いがそれぞれ2回ずつ読まれます。その問いに対するもっとも適当な答えを①～③の中から1つずつ選びなさい。 **CD B 61～67**

63 a. ① ② ③

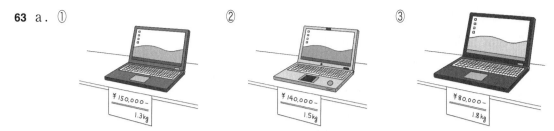

¥150,000～ 1.3kg   ¥140,000～ 1.5kg   ¥80,000～ 1.8kg

64 b.

65 c. ① ② ③

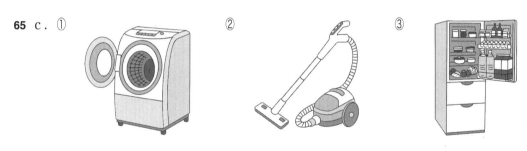

66 d.

67 e.

The Price List (from Oct. 1-)	City Zoo
Adult	$12→$14
Child : 12 years old or older	$6→$7
Child : under 12 years old	Free (No change)

① 28 dollars
② 30 dollars
③ 35 dollars

4 はじめに短い英文が読まれます。次にその内容について問いの文が読まれます。同じ英文と問いの文がもう１回くり返されます。その問いに対するもっとも適当な答えを①〜④の中から１つずつ選びなさい。 **CD B 68〜74**

70 a．Jeff
① got sick and went to a doctor.
② bought medicine for his mother.
③ was stopped by Ms. Brown.
④ didn't come back to school.

71 b．Karen got
① a bacon tomato pizza and French fries.
② an onion and potato pizza and French fries.
③ only French fries.
④ nothing.

72 c．① Once a week.
② Twice a week.
③ Three times a week.
④ Sometimes on the weekends.

73 d．① Yuri.
② The Internet company.
③ The owner of the bike.
④ Someone walking near the station.

74 e．① A cap.
② An umbrella.
③ A towel.
④ A camping tent.

5 これから a～e の英文がそれぞれ2回ずつ読まれます。その内容と一致するものを①～④の中から
1つずつ選びなさい。**CD B 75～81**

77 a．① Emi went to the library to read some books.

② Emi went to the library to see some stamps.

③ Emi went to the post office to send a letter.

④ Emi went to the post office to buy some stamps.

78 b．① Ben wants to work more.

② Ben wants to sleep rather than exercise.

③ Ben wants to exercise rather than sleep.

④ Ben wants to both sleep and exercise.

79 c．① Lisa cooked some food and took a picture of it.

② Lisa went to a restaurant and took pictures of the food.

③ Lisa ate the food at the restaurant without taking photos.

④ Lisa didn't take photos because the food wasn't nice.

80 d．① Nick exchanged the shirt for a bigger one.

② Nick tried another shirt at the store.

③ Nick returned the shirt to the store.

④ Nick requested a return on the phone.

81 e．① Nancy will send an email to her grandmother.

② Nancy will send an email to her father.

③ Nancy's grandmother will send an email to Nancy.

④ Nancy's grandmother will send an email to her father.

6 RyoとKateが会話をしています。その内容について英語で5つの問いが読まれます。同じ会話と問いがもう1回くり返されます。その問いに対するもっとも適当な答えを①～④の中から1つずつ選びなさい。**CD** **B** 82～90

85 a. ① A week ago.

② The day before.

③ The next day.

④ In two days.

86 b. ① On the Internet.

② On the radio.

③ On a CD.

④ In a music shop.

87 c. ① She likes jackets.

② She doesn't need a phone or computer.

③ She can often get special presents.

④ She can't use the Internet.

88 d. ① To lend Kate his CD.

② To talk about the songs.

③ To show Kate how to get songs on the Internet.

④ To go to the shop with Kate.

89 e. ① After Kate listened to the albums on the Internet.

② After Ryo listened to the albums on the Internet.

③ After Kate listened to the albums on CD.

④ After Ryo listened to the albums on CD.

7 次の英文を読んで，a～e について本文の内容と一致するものを①～④の中から1つずつ選びなさい。

Ted lived with his mother in a small apartment. As a child, when he went to his friends' houses and saw the friend's father there, it felt a little *¹unnatural. When he saw a father appear as a matter of course in dramas, books, and various other things, he felt uncomfortable. For him, not being with his father was his daily life.

Ted told his mother that he wanted to go to university. She agreed, but she was worried about the money. Ted told to her that he would get a *²scholarship. Then he studied hard and entered university. Ted began to *³work part-time and studied hard with the help of the scholarship. It was a busy but happy time because he was able to study engineering as he wished.

Ted was deaf in one ear. When he heard his name called, it was difficult for him to tell which side it was coming from. One day, he received a message from his mother. It said, "We may be able to operate on your ear," and an *⁴article was *⁵attached. The article said that the operation might allow some deaf people to hear. Ted sent a message to his mother saying, "I don't need an operation. This is my daily life."

Ted went on to graduate school, where he graduated with honors. After that, he began to work for a company and made great *⁶contributions. The company *⁷rewarded him. He wanted to use the money to build his mother a big house to live in. When he told his mother about the idea, she said, "We don't need a new house. We already have what we need. This is our daily life."

*¹unnatural：不自然な　　*²scholarship：奨学金　　*³work part-time：アルバイトをする　　*⁴article：記事
*⁵attach(ed)：添付する　　*⁶contribution(s)：貢献　　*⁷reward(ed)：報酬を与える

a．When Ted was a child, the absence of his father was
　　① natural for him.
　　② not natural for him.
　　③ made him happy.
　　④ made him sad.

b．When Ted's mother heard his idea of going to university,
　　① she disagreed because they didn't have enough money.
　　② she disagreed because he was deaf in one ear.
　　③ she agreed and had nothing to worry about.
　　④ she agreed but had something to worry about.

c．When Ted got a message from his mother,
　　① he decided to have an operation.
　　② he didn't know whether to have an operation.
　　③ he decided not to have his ear operated on.
　　④ he went to a doctor to ask for advice.

d．The company gave Ted money because

   ① he didn't have enough money.

   ② he brought success to the company.

   ③ he wanted to buy a big house.

   ④ he needed money to get an operation.

e．Ted's mother didn't consider his idea because

   ① she wanted to live in a bigger house.

   ② they still had no money.

   ③ she thought they already had enough.

   ④ an apartment is more comfortable than a house.

---

8 次の会話文を読んで，(a)〜(e)に入るもっとも適当なものを①〜⑥の中からそれぞれ 1 つずつ選びなさい。

Yuko： Long time no see！ _____(a)_____

Bob： It's been five years． Are you still playing the piano？

Yuko： No, I stopped practicing three years ago． Are you still playing baseball？

Bob： No, _____(b)_____ It's my dream to be a soccer player． Have you given up on your dream of being a pianist then？

Yuko： Yes, I want to be a writer now.

Bob： A writer？ Why？

Yuko： When I stopped the piano, I had more time to do other things, so I traveled around． I met *¹local people and asked them how they live. _____(c)_____

Bob： Yeah． And？

Yuko： One of my readers suggested I make it into an *²e-book． _____(d)_____

Bob： That's great.

Yuko： That's when I began to think of becoming a writer.

Bob： I see． _____(e)_____

                                                         *¹local：現地の   *²e-book：電子書籍

① I'm into soccer now.

② Then, I wrote about it on my blog, and so many people read it.

③ And it sold well.

④ How long has it been since we've met last？

⑤ I hope our dream will come true.

⑥ I think it will be popular soon.

9 次のa～eの英文の（　）に入るもっとも適当なものを①～④の中から1つずつ選びなさい。

a. You get a (　) by working.
　① seller　　　　　② salary　　　　　③ salt　　　　　④ seed

b. (　) is the first person to create something.
　① An owner　　　② A chairman　　　③ An inventor　　④ An officer

c. Drinking too much can sometimes (　) your health.
　① exchange　　　② harm　　　　　③ forgive　　　　④ trust

d. The heavy rain (　) us from going camping.
　① progressed　　② repaired　　　　③ recovered　　　④ prevented

e. Sherry is (　), so she is never late.
　① punctual　　　② casual　　　　　③ likely　　　　④ muddy

10 次の英文の@～@にはどの語句が入りますか。もっとも適当なものを①～④の中から1つずつ選びなさい。

Have you ever experienced *1jet lag? Jet lag is a change in a (@) condition such as not sleeping at night or feeling sleepy during the day when you travel to another *2time zone. Jet lag *3occurs when the time difference (ⓑ) the rhythm of the human body. For example, when you leave Japan, jet lag is stronger when flying east, such as to the United States, than when flying west, such as to Europe.

There are several ways to (ⓒ) with jet lag. First, it is important to get enough rest and sleep before *4departure. On the plane, set your watch to the time of your *5destination. Try to eat and sleep according to that time. When you arrive, get plenty of sunshine during the day and eat at the local times, to help your body *6adjust to local time zone.

These tips, however, don't always work well. If your stay is only a few days, your return date will come (ⓓ) you can adjust. In this case, it is better not to change the rhythm of your life. Also, you will not only suffer from jet lag but also get (ⓔ) traveling. Therefore, it may be important to make a plan that allows you to act at your own pace.

　　　　　　　*1jet lag：時差ぼけ　　*2time zone：（同一標準時を用いる）時間帯　　*3occur(s)：起こる

　　　　　　　　　　*4departure：出発　　*5destination：目的地　　*6adjust：順応する

@　(① mental　　　② exact　　　　③ firm　　　　④ physical)
ⓑ　(① arranges　　② influences　　③ realizes　　④ experiences)
ⓒ　(① deal　　　　② add　　　　　③ offer　　　　④ take)
ⓓ　(① until　　　　② before　　　　③ after　　　　④ if)
ⓔ　(① aware of　　② tired from　　③ happy with　　④ familiar with)

11 次のa～eの英文の（　）にはどの語句が入りますか。もっとも適当なものを①～③の中から1つずつ選びなさい。

a．I missed the first train. I ought to（① get　② have getting　③ have gotten）up earlier.

b．I wish Mary（① be　② were　③ been）my sister.

c．That boy in the park is a friend of（① I　② me　③ mine）.

d．Don't forget（① close　② closing　③ to close）the door before you leave.

e．Bob got his son（① carry　② carried　③ to carry）his bag.

12 次のa～eの英文の意味が通るようにするには，（　）の中の語句をどのように並べたらよいですか。正しい順序のものを①～④の中から1つずつ選びなさい。

a．I（1. a boy　2. Aki　3. met　4. named）.
　　［① 3-1-4-2　② 3-2-4-1　③ 4-2-3-1　④ 4-3-1-2］

b．They（1. to　2. chose　3. hold　4. not）the event this year.
　　［① 2-1-4-3　② 2-4-1-3　③ 4-2-1-3　④ 4-3-2-1］

c．The president（1. arrive　2. is　3. to　4. in）Tokyo next Monday.
　　［① 1-2-3-4　② 1-4-3-2　③ 2-1-3-4　④ 2-3-1-4］

d．It（1. since　2. has　3. raining　4. been）this morning.
　　［① 2-4-1-3　② 2-4-3-1　③ 4-3-1-2　④ 4-3-2-1］

e．Did you（1. swim　2. see　3. across　4. the dog）the river？
　　［① 1-3-4-2　② 1-4-2-3　③ 2-4-1-3　④ 2-4-3-1］

令和 5 年 度 （ 第 70 回 ）

英 語 検 定 試 験 問 題

２ 級

令和 5 年 9 月 10 日（日）実施

注 意

1. 解答にあたえられた時間は 80 分です。試験開始後の途中退場はできません。

2. 問題は全部で 12 問あります。

3. 問題 3 〜 6 は「聞き方」の試験です。15 分程経ってから開始されます。余裕があれば、放送が始まる前に問題に目を通しておいてもかまいません。

4. いっさい声を出して読んではいけません。

5. 印刷不明のところのほかは、問題についての質問はいっさいできません。

6. 解答用紙は別紙になっています。**答えはすべて解答用紙にマークしなさい。**

7. 筆記用具はＢまたはＨＢの黒鉛筆またはシャープペンシルを用いなさい。
   （万年筆、ボールペンは使用不可）

8. 氏名等、必要事項を解答用紙の決められた欄に記入およびマークしなさい。

9. 問題用紙、解答用紙ともに提出してください。

解答用紙 p.109

主催　公益財団法人全国商業高等学校協会

解答用紙番号	
受験番号	

年	組	番

氏名	

学校名

1　次の各組の中に、第1音節（1番目の部分）をもっとも強く発音する語が1つずつあります。その語の番号を選びなさい。

a. ① ad-mire ② con-trol ③ ef-fort ④ re-pair
b. ① be-sides ② for-tune ③ in-struct ④ per-form
c. ① ap-pear-ance ② o-pin-ion ③ prin-ci-pal ④ re-cov-er
d. ① cit-i-zen ② de-vel-op ③ im-pa-tient ④ suc-cess-ful
e. ① a-bil-i-ty ② in-dus-tri-al ③ par-tic-u-lar ④ val-u-a-ble

2　次のa〜eの各問いに対するもっとも適当な答えを①〜④の中からそれぞれ1つずつ選びなさい。

a. The barber isn't cutting enough of your hair. You want to tell him to cut off more. What would you say?

① Make it shorter, please.
② Make me look handsome.
③ Be careful with your scissors.
④ Sharpen your scissors, barber.

b. Mrs. Jenkins asked you to do some gardening work. You've completed it and want to let her know. What would you say?

① Where is the machine to cut the grass?
② You've finished doing the garden.
③ I've finished in the garden now.
④ The grass is long today.

c. You want your sister to feed the rabbits. You want to do something for her in exchange. What would you say?

① If you do it, I'll wash the dishes tonight.
② If you do it, I'll never help you.
③ If you don't do it, the rabbits will be hungry.
④ If you don't do it, I'll do it.

d. You are going to stay with your grandparents. Your grandfather asks how you will be arriving. What would you say?

① We'll stay for two weeks.
② We'll arrive by July 30th.
③ We'll be staying in a nearby hotel.
④ We'll be coming by car.

e. Your watch is broken. You take it to a repair shop and want to know how much it would cost to fix. What would you say?

① How long would it take you to repair my watch?
② What would the price be to repair it?
③ How much is this watch?
④ Do you think you can fix this?

3 これから a ～ e の絵や図表などについて、英語で会話と問いがそれぞれ 2 回ずつ読まれます。
その問いに対するもっとも適当な答えを①～③の中から 1 つずつ選びなさい。

a.

b.

c.

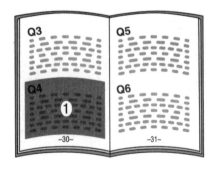 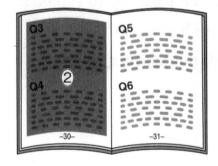 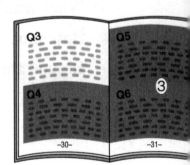

d.

①

②

③

e.

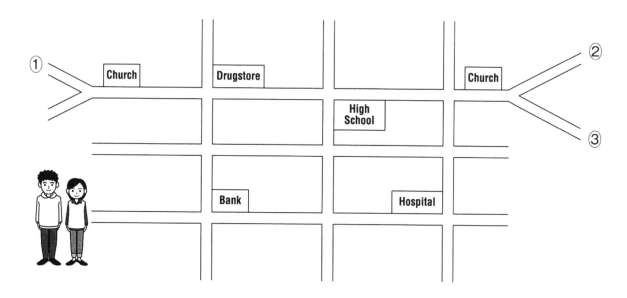

4　はじめに短い英文が読まれます。次にその内容について問いの文が読まれます。同じ英文と問いの文がもう1回くり返されます。その問いに対するもっとも適当な答えを①～④の中から1つずつ選びなさい。

a.　① A flight attendant.
　　② A doctor.
　　③ A nurse.
　　④ A passenger.

b.　Because
　　① he didn't like the color.
　　② he wasn't looking for a T-shirt.
　　③ he didn't like the salesperson.
　　④ they didn't have one that fitted him.

c.　He'll
　　① stay at a nearby hotel.
　　② catch the last train home.
　　③ finish the meeting early.
　　④ continue the meeting after the break.

d.　They can't
　　① raise their hands.
　　② use their dictionaries.
　　③ look at their notebooks.
　　④ ask a question.

e.　① To study plants.
　　② To study art.
　　③ To learn drawing.
　　④ To make students relax.

5 これから a 〜 e の英文がそれぞれ 2 回ずつ読まれます。その内容と一致するものを①〜④の中から 1 つずつ選びなさい。

a. ① Both the wind and the snow will stop in the early afternoon.
② We'll have clear skies late in the evening.
③ It's been windy since last night, but the wind will stop in the morning.
④ It'll continue to snow all day today.

b. ① Jeff tries to eat a healthier lunch.
② Jeff likes to eat a smaller lunch.
③ Jeff wants to eat food he prefers.
④ Jeff isn't eager to eat either meat or vegetables.

c. ① Ted hopes that the meeting will begin without him.
② Ted will go to a hospital after the meeting.
③ Ted hopes to put off the meeting.
④ Ted is thinking of cancelling the meeting.

d. Guests who stay in a single room for 3 nights will pay
① 6,000 yen.
② 12,000 yen.
③ 15,000 yen.
④ 18,000 yen.

e. ① Toshiya finished his homework after he went to see a movie.
② Toshiya couldn't finish his homework before he went to see a movie.
③ Toshiya finished his homework before he went to see a movie.
④ Thanks to Toshiya, Rika could finish her homework.

6 JimとEmiが会話をしています。その内容について英語で5つの問いが読まれます。同じ会話
と問いがもう一回くり返されます。その問いに対するもっとも適当な答えを①〜④の中から1つ
ずつ選びなさい。

a. She is
- ① 15.
- ② 16.
- ③ 17.
- ④ 18.

b.
- ① Jim did.
- ② Her aunt did.
- ③ Her friends did.
- ④ Her parents did.

c. Because
- ① they are light.
- ② they are colorful.
- ③ there are many designs.
- ④ there are many sizes.

d.　She agrees with him
{
① buying a *furoshiki*.
② using plastic bags.
③ not going to supermarkets.
④ wrapping some presents in a *furoshiki*.
}

e.　She will go to
{
① the supermarket.
② the convenience store.
③ the library.
④ the classroom.
}

7 　次の英文を読んで、a～e について本文の内容と一致するものを①～④の中から１つずつ選び
なさい。

One of the world's most famous musicians "hears" through her feet. Evelyn Glennie is deaf – she cannot hear, but she can sense music. She feels the movement of sounds through the floor.

As a child, Evelyn learned to play different *¹musical instruments, such as the *²harmonica. She was also a good piano student. When she was eight, she started to have hearing problems. However, that did not stop her love for music. Realizing that she could "hear" notes in her feet and body, she found another way to play music.

At the age of 12, Evelyn decided to take up drum lessons after she saw a friend play. At 16, she entered a well-known music college in England. She graduated in three years. At 23, she won her first *³Grammy Award. She is the first person in musical history to play full time as a *⁴percussionist alone.

Evelyn now performs at concerts all over the world. She works with orchestras in the United States and Europe, and also teaches other musicians. She performs and practices with no shoes on. Also, as a collector of musical instruments, she owns more than 2,000 drums and other instruments!

*¹musical instrument(s)：楽器　　*²harmonica：ハーモニカ
*³Grammy Award：グラミー賞（世界的に権威のある音楽賞の１つ）
*⁴percussionist：打楽器奏者

a. Evelyn Glennie

　　① moves her feet off the floor.

　　② hasn't given up music.

　　③ cannot play music.

　　④ isn't deaf.

b. After Evelyn had hearing problems, she

　　① started to play the piano.

　　② stopped playing any musical instruments.

　　③ found a new way to enjoy music.

　　④ realized that she could create notes with her body.

c. Evelyn finished college at the age of

　　① 13.

　　② 16.

　　③ 19.

　　④ 23.

d. According to the passage,

　　① Evelyn is the first full time percussionist who plays alone.

　　② the first Grammy Award was given to Evelyn.

　　③ there were no percussionists before Evelyn.

　　④ Evelyn is the only percussionist in the whole world.

e. Evelyn now

　　① wears shoes for the concerts.

　　② doesn't play music but teaches it.

　　③ has a collection of 2,000 shoes.

　　④ not only plays but teaches music.

8　次の会話文を読んで、(a)～(e)に入るもっとも適当なものを①～⑥の中からそれぞれ1つずつ選びなさい。

Mary : Excuse me!

Clerk : Yes, how can I help you?

Mary : There's a problem with this coffee maker. I bought it here.

Clerk : I'm sorry. ____(a)____

Mary : It doesn't work. ____(b)____

Clerk : Well, when did you first start having problems?

Mary : It was yesterday morning.

Clerk : ____(c)____ Umm, I see. It's not working at all.

Mary : ____(d)____

Clerk : I'll be happy to exchange it for you. Do you have the receipt?

Mary : Of course, here you are.

Clerk : Thank you. ____(e)____ I'm very sorry about this.

Mary : That's OK. Thank you for your help.

① I'm going to turn it on now.

② I'd be happier not to pay you any more.

③ That's what I said.

④ What's wrong with it?

⑤ I've only used it three times.

⑥ Here's a new one for you.

9　次の a〜e の英文の（　　）に入るもっとも適当なものを①〜④の中から1つずつ選びなさい。

a.　What （　　） is this shirt made of?

　　① size　　　　　② style　　　　③ color　　　　④ material

b.　Tom was disappointed because they （　　） his offer.

　　① accepted　　② followed　　③ liked　　　　④ refused

c.　Japan depends heavily on food （　　） from Asian countries.

　　① imported　　② exported　　③ reported　　④ supported

d.　Sally is a （　　） person because she never cleans her room.

　　① lazy　　　　② punctual　　③ kind　　　　④ selfish

e.　Students should wear （　　） clothes when they have a job interview.

　　① casual　　　② formal　　　③ practical　　④ original

10　次の英文の ⓐ～ⓔ にはどの語句が入りますか。もっとも適当なものを ①～④ の中から１つずつ選びなさい。

For many people, life cannot be imagined (ⓐ) a newspaper. It contains important news from home and abroad. Newspapers are often published daily or weekly, and they are sent to people's homes or sold in stores. The (ⓑ) reason people buy a newspaper is to get the latest news, information and opinions on recent events. Each different paper is aimed at a certain kind of reader, and has regular sections that deal with *¹issues such as movies, business, and sports.

The newspaper has long been one of the major ways in which the public find out about the state of the world. (ⓒ), as people are now able to use the Internet, they can look up the news for themselves. They may want more information or to find different points of view. This, for (ⓓ) or worse, has *²reduced some people's trust in newspapers. On the one hand, it is important to remember that newspaper stories are more carefully checked than most news on the Internet, but on the other hand, the journalists have to write stories that (ⓔ) the interests of the paper's owners, their *³advertisers, and sometimes powerful groups.

*¹issue(s)：関心事　　*²reduce(d)：減らす　　*³advertiser(s)：広告主

ⓐ　(① within　　② with　　③ without　　④ into)
ⓑ　(① direct　　② main　　③ flat　　④ fortunate)
ⓒ　(① However　　② For example　③ Instead　　④ Therefore)
ⓓ　(① best　　② happier　　③ better　　④ bad)
ⓔ　(① enjoy　　② attack　　③ destroy　　④ satisfy)

11　次の英文のa～eの英文の（　　）にはどの語句が入りますか。もっとも適当なものを①～③の中から1つずつ選びなさい。

a.　She had her bag (① steal　② stole　③ stolen) on the train.

b.　(① Seeing　② Seen　③ To see) from the plane, Mt. Fuji was very beautiful.

c.　This novel is worth (① read　② to read　③ reading).

d.　Please sit down and make (① you　② yours　③ yourself) at home.

e.　If you need any (① far　② further　③ furthest) information, please contact us.

12　次の英文のa～eの英文の意味が通るようにするには、（　　）の中の語句をどのように並べたらよいですか。正しい順序のものを①～④の中から1つずつ選びなさい。

a.　How (1. around　2. about　3. running　4. this lake)?
　　[① 1-3-2-4　　② 2-3-1-4　　③ 2-4-3-1　　④ 4-3-1-2]

b.　These pictures (1. me　2. my trip　3. of　4. remind) to the U.S.
　　[① 3-1-4-2　　② 3-2-4-1　　③ 4-1-3-2　　④ 4-2-3-1]

c.　A storm is coming, so you (1. as　2. might　3. stay　4. well) here.
　　[① 2-1-4-3　　② 2-3-1-4　　③ 3-2-1-4　　④ 3-4-1-2]

d.　Someone must (1. open　2. the door　3. have　4. left).
　　[① 1-2-3-4　　② 3-1-4-2　　③ 3-2-1-4　　④ 3-4-2-1]

e.　No matter (1. tired　2. how　3. are　4. you), you must finish your homework.
　　[① 1-2-4-3　　② 2-1-4-3　　③ 2-3-4-1　　④ 2-4-3-1]

第1回 英語検定模擬試験　解答用紙

問題番号		解　答　欄
1	a	① ② ③ ④
	b	① ② ③ ④
	c	① ② ③ ④
	d	① ② ③ ④
	e	① ② ③ ④
2	a	① ② ③ ④
	b	① ② ③ ④
	c	① ② ③ ④
	d	① ② ③ ④
	e	① ② ③ ④
3	a	① ② ③
	b	① ② ③
	c	① ② ③
	d	① ② ③
	e	① ② ③
4	a	① ② ③ ④
	b	① ② ③ ④
	c	① ② ③ ④
	d	① ② ③ ④
	e	① ② ③ ④
5	a	① ② ③ ④
	b	① ② ③ ④
	c	① ② ③ ④
	d	① ② ③ ④
	e	① ② ③ ④
6	a	① ② ③ ④
	b	① ② ③ ④
	c	① ② ③ ④
	d	① ② ③ ④
	e	① ② ③ ④

問題番号		解　答　欄
7	a	① ② ③ ④
	b	① ② ③ ④
	c	① ② ③ ④
	d	① ② ③ ④
	e	① ② ③ ④
8	a	① ② ③ ④ ⑤ ⑥
	b	① ② ③ ④ ⑤ ⑥
	c	① ② ③ ④ ⑤ ⑥
	d	① ② ③ ④ ⑤ ⑥
	e	① ② ③ ④ ⑤ ⑥
9	a	① ② ③ ④
	b	① ② ③ ④
	c	① ② ③ ④
	d	① ② ③ ④
	e	① ② ③ ④
10	a	① ② ③ ④
	b	① ② ③ ④
	c	① ② ③ ④
	d	① ② ③ ④
	e	① ② ③ ④
11	a	① ② ③
	b	① ② ③
	c	① ② ③
	d	① ② ③
	e	① ② ③
12	a	① ② ③ ④
	b	① ② ③ ④
	c	① ② ③ ④
	d	① ② ③ ④
	e	① ② ③ ④

第 2 回　英語検定模擬試験　解答用紙

問題番号		解 答 欄
1	a	① ② ③ ④
	b	① ② ③ ④
	c	① ② ③ ④
	d	① ② ③ ④
	e	① ② ③ ④
2	a	① ② ③ ④
	b	① ② ③ ④
	c	① ② ③ ④
	d	① ② ③ ④
	e	① ② ③ ④
3	a	① ② ③
	b	① ② ③
	c	① ② ③
	d	① ② ③
	e	① ② ③
4	a	① ② ③ ④
	b	① ② ③ ④
	c	① ② ③ ④
	d	① ② ③ ④
	e	① ② ③ ④
5	a	① ② ③ ④
	b	① ② ③ ④
	c	① ② ③ ④
	d	① ② ③ ④
	e	① ② ③ ④
6	a	① ② ③ ④
	b	① ② ③ ④
	c	① ② ③ ④
	d	① ② ③ ④
	e	① ② ③ ④

問題番号		解 答 欄
7	a	① ② ③ ④
	b	① ② ③ ④
	c	① ② ③ ④
	d	① ② ③ ④
	e	① ② ③ ④
8	a	① ② ③ ④ ⑤ ⑥
	b	① ② ③ ④ ⑤ ⑥
	c	① ② ③ ④ ⑤ ⑥
	d	① ② ③ ④ ⑤ ⑥
	e	① ② ③ ④ ⑤ ⑥
9	a	① ② ③ ④
	b	① ② ③ ④
	c	① ② ③ ④
	d	① ② ③ ④
	e	① ② ③ ④
10	a	① ② ③ ④
	b	① ② ③ ④
	c	① ② ③ ④
	d	① ② ③ ④
	e	① ② ③ ④
11	a	① ② ③
	b	① ② ③
	c	① ② ③
	d	① ② ③
	e	① ② ③
12	a	① ② ③ ④
	b	① ② ③ ④
	c	① ② ③ ④
	d	① ② ③ ④
	e	① ② ③ ④

第2級 英語検定試験 解答用紙

令和5年度 第70回　主催（公財）全国商業高等学校協会

（令和5年9月10日（日）実施）

解答用紙番号

監督者確認欄

試験場校

氏名（漢字）

受験番号

生年月日

昭和 ○　平成 ○　令和 ○

注：氏名はマークされたとおりに、生年月日は西暦に置き換えられて合格証書等に記載されます。記入もれ、マークミスがないかをよく確認してください。

姓

名

（例）ZENSHOU TAROU

外国名はローマ字で記入すること

問題番号	解答欄
1	a b c d e
2	a b c d e
3	a b c d e
4	a b c d e
5	a b c d e
6	a b c d e
7	a b c d e
8	a b c d e
9	a b c d e
10	a b c d e
11	a b c d e
12	a b c d e

〈マーク例〉

良い例　悪い例

〈注意〉
もとのマークが消されるようにうすい

〈注意事項〉
・解答はボールペン、ペン、万年筆の類を使用してはいけません。HB以上の黒鉛筆またはシャープペンシルを使用すること。
・所定の解答欄以外には何も記入しないこと。
・訂正する場合は消しゴムできれいに消し、消しくずを残さないこと。
・解答用紙は折り曲げたり、汚したりしないこと。

109

令和6年度版　全国商業高等学校協会主催

全商　英語検定試験問題集　2級

●編　者　　　実教出版編修部
●発行者　　　小　田　良　次
●印刷所　　　株式会社 広済堂ネクスト

●発行所　　実 教 出 版 株 式 会 社
　　　〒102-8377 東京都千代田区五番町5
　　　電話〈総務〉(03)3238-7700
　　　　　　〈営業〉(03)3238-7777
　　　　　　〈編修〉(03)3238-7332
　　　　　　https://www.jikkyo.co.jp/

002402009　　　　　　ISBN978-4-407-36343-2

令和6年度版
全商英語検定試験問題集
2級

解答編

実教出版

Part 1 Listening・Speaking

1 アクセント 〈実践演習 p.5〉

1　a.④　b.①　c.③　d.①　e.①

［解説］

a.　① ap-próach　接近，近づく　② con-táin　含む，入れる　③ in-stéad　その代わり
　④ léi-sure　暇，余暇

b.　① án-cient　古代の，大昔の　② ef-féct　結果，効果，効力　③ pre-vént　妨げる，防ぐ，予防する
　④ re-máin　残る，〜のままである，とどまる

c.　① ad-vén-ture　冒険　② com-mér-cial　コマーシャル，商業の
　③ chár-ac-ter　性格，人格，人物　④ suc-céss-ful　成功した，上首尾の

d.　① át-ti-tude　態度，考え方，姿勢　② ex-cíte-ment　興奮，刺激　③ ex-prés-sion　表現，表情
　④ in-vén-tor　発明者，考案者

e.　① ór-di-nar-y　普通の，平凡な　② in-dús-tri-al　産業の，工業の　③ na-tion-ál-i-ty　国籍
　④ re-márk-a-ble　注目すべき，著しい

2　a.④　b.①　c.④　d.①　e.③

［解説］

a.　① clí-mate　気候　② éx-it　出口，退出　③ fór-tune　運，幸運，富，財産
　④ pre-fér　〜のほうを好む

b.　① ad-míre　感心する，感嘆する　② ówn-er　所有者　③ éa-ger　熱心な，〜したがる
　④ súr-face　表面，外見，地上の，海面の，水面の

c.　① éd-u-cate　教育する　② sé-ri-ous　まじめな，重大な　③ ór-i-gin　起源，生まれ
　④ pro-dúc-tion　生産，製作

d.　① ap-péar-ance　出現，外観，外見　② éx-cel-lent　すぐれた，優秀な
　③ grád-u-ate　卒業生，卒業する　④ én-ve-lope　封筒

e.　① com-po-sí-tion　作文，構成，成分，作曲　② e-lec-tríc-i-ty　電気
　③ ma-té-ri-al　材料，物質的な　④ dem-o-crát-ic　民主主義の，民主的な

3　a.②　b.①　c.④　d.③　e.④

［解説］

a.　① ac-cépt　受け入れる，認める　② fór-mer　以前の　③ in-ténd　〜するつもりである
　④ re-víew　復習，批判，復習する，批判する

b.　① bát-tle　戦闘，戦い，闘争　② de-síre　望み，要求，望む
　③ pro-póse　提案する，持ち出す，推薦する　④ un-léss　〜しなければ

c.　① ar-rí-val　到着　② con-vén-ient　便利な，都合のよい　③ oc-cá-sion　場合，行事，機会
　④ vác-u-um　電気掃除機，真空，空白

d.　① a-tóm-ic　原子の，原子力の　② ex-cíte-ment　興奮，刺激
　③ grád-u-al　徐々に進む，ゆるやかな　④ who-év-er　（〜する）人はだれでも，だれが〜とも

e.　① com-mú-ni-cate　伝達する，伝える，交換する　② in-tél-li-gent　知能の高い，理知的な
　③ pho-tóg-ra-pher　カメラマン，写真家　④ séc-re-tar-y　秘書，書記

4　a.①　b.④　c.③　d.②　e.③

［解説］

a.　① ap-plý　適用する，応用する　② báck-ward　後方への，遅れた，後方に
　③ lúg-gage　手荷物　④ púb-lish　出版する，発表する

b.　① cóm-fort　慰め，快適さ，慰める　② frée-dom　自由，解放　③ píl-low　まくら
　④ re-sérve　蓄え，取っておく，予約する

c.　① ác-tu-al　現実の，現在の　② én-e-my　敵　③ fa-míl-iar　親しい，よく知られた
　④ pów-er-ful　力強い，影響力のある

d.　① át-ti-tude　態度，考え方　② com-mér-cial　コマーシャル，商業の
　③ ré-al-ize　気づく，実現する　④ sál-a-ry　給料

e.　① al-to-géth-er　まったく，全部で　② e-lec-trón-ic　電子工学の，電子の
　　　③ dis-cóv-er-y　発見　④ pop-u-lá-tion　人口

2　英問英答　〈実践演習 p. 8〉

1　**a.** ④　**b.** ①　**c.** ②　**d.** ③　**e.** ②

［解説］　**a.** cannot afford ～「～を買う経済的な余裕がない」　**b.** have trouble with ～「～に苦労する」
c. make it「うまくやり遂げる」　How come ～?「どうして～」　**e.** look up ～ in ...「～を…で調べる」
［全訳］

a. あなたはセーターを買うためにある服屋にいます。その店の店員はあなたにすてきなセーターを見せますが，あなたはそれは値段が少し高すぎると思っています。あなたは彼女に何と言いますか。　① 別の高価なものはありますか。　② あなたはそのセーターがよくお似合いです。　③ それをいただきます。おいくらですか。　④ 私はこれをとても気に入っているのですが，それを購入する余裕がありません。

b. あなたは昨日購入したカメラを使おうとしていますが，使い方がよくわかりません。あなたのお父さんはカメラについてよく知っています。あなたは彼に何と言いますか。　① 新しいカメラにてこずっています。　② 私に新しいものを買ってくれないでしょうか。　③ このカメラは壊れていると思います。　④ 私にその使い方を説明させてください。

c. あなたは学校のサッカーチームの一員です。あなたのチームは州大会に出場し，決勝戦に勝ちました。あなたはほかのメンバーに何と言いますか。　① みんな，がんばってください！　② 信じられますか。私たちはやりましたよ！　③ あきらめないで。次回は勝つでしょう。　④ どうして勝てなかったのでしょうか。

d. あなたの親しい友達がイギリスに2，3年間行っていました。あなたは彼女が日本に帰ってきてから初めて彼女に会います。あなたは彼女に何と言いますか。　① あなたに会えなくて寂しくなるでしょう。　② あなたは今日，授業に出ませんでした。　③ 私はあなたがいなくてとても寂しく思いました。　④ あなたは飛行機に乗り遅れるでしょう。

e. あなたは今，教室で英語のエッセイを書いています。あなたはいくつかの単語を辞書で調べたいと思いますが，今日は持ってくるのを忘れました。あなたはクラスメートに何と言いますか。　① 私の辞書を見ませんでしたか。　② 私にあなたの辞書を貸してくれませんか。　③ あなたは私の辞書をどこかに置きました。　④ あなたは私の辞書を使いたいのですか。

2　**a.** ①　**b.** ②　**c.** ④　**d.** ①　**e.** ①

［解説］　**a.** I am a stranger here.「私はこのあたりに不慣れです」　**b.** come across ～「～に偶然会う」
［全訳］

a. あなたは知らない場所を訪れています。1人の男性があなたに近づいて，あなたに聞いたことのないホテルまでの行き方を尋ねます。あなたは彼に何と言いますか。　① すみません，私自身，ここは不慣れなのです。　② 簡単です。あなたはそのホテルまで歩いて行けます。　③ 私があなたをそこまでお連れしましょう。私のあとについてきてください。　④ 予約を取ったほうがよいでしょう。

b. あなたは通りを歩いていて，偶然，小学校時代の旧友に会います。あなたは何年もの間，彼女に会っていませんでした。あなたは何と言いますか。　① あいにくあなたのことを覚えていません。　② 最後に会ってからだいぶ年月が経過しました。　③ あなたにお会いできてよかったです。　④ 近い将来にまたお会いしましょう。

c. あなたの自転車の前輪のタイヤに不具合があります。あなたは何が問題なのかを知りたいと思い，自転車店に立ち寄ります。あなたは店の人に何と言いますか。　① あなたは新しいタイヤが必要ですか。　② 私はどうして自分の自転車を修理すべきなのでしょうか。　③ あなたはどこでご自分のものを見つけましたか。　④ 私の自転車を見てもらえませんか。

d. あなたの友達は今週末にパーティを開く予定です。彼女はあなたをそのパーティに招待しますが，あなたは行けません。あなたは丁重に断りたいと思っています。あなたは何と言いますか。　① お招きいただき感謝しますが，行けません。　② あなたもご一緒にどうですか。　③ 今週末はやることがありません。　④ 喜んで伺います。

e. あなたは仕事の面接を受けることになっています。あなたはあるオフィスに来るように言われました。今，あなたはそのオフィスの前にいて，ドアが開いています。あなたは何と言いますか。　① 入ってもよろしいでしょうか。　② 私は間違った場所に来たのでしょうか。　③ ドアを開けましょうか。　④ お名前

を伺えますか。

3　a．②　b．①　c．④　d．③　e．②
［解説］
a．need to *do*「〜する必要がある」 have to *do* とほぼ同じ意味を表す。
b．close to 〜「〜の近くに」 〈advise+O+not to *do*〉「Oに〜しないように忠告する」
c．〈look+形容詞〉「〜のように見える」
d．in the middle of 〜「〜の中央で〔に〕」 would like to *do*「〜したい」
e．〈look like+名詞〉「〜のように見える」 without 〜ing「〜することなしに，〜しないで」
［全訳］
a．先生が宿題について話したとき，あなたは聞いていませんでした。今，あなたはクラスメートにそのことについて尋ねたいと思っています。あなたは何と言うでしょうか。
　　① 私は絶対に宿題ができません。
　　② 私たちは何をする必要がありますか。
　　③ 私の宿題をしていただけませんか。
　　④ あなたの答えを写させてください。
b．あなたの友達は，反対車線で向かってきている車の近くを運転しています。あなたは彼に，道路の中央を走らないように忠告したいと思っています。あなたは何と言うでしょうか。
　　① 左側を走行しなさい。
　　② 速度を落としなさい。
　　③ 中央寄りで運転しなさい。
　　④ 反対車線の車の近くにいなさい。
c．あなたの友達はとてもたくさん宿題があるので，十分に眠れていません。彼女は毎日疲れているようです。あなたは何と言うでしょうか。
　　① あなたはもっと早く寝て，もっと早く起きるべきです。
　　② あなたは体調をよくするために，もっとよいものを食べる必要があります。
　　③ 朝もっと早く起きなさい。
　　④ もっと早く寝るようにしなさい。
d．市の中心部でコンピュータ部の会合があります。あなたは友達に一緒に行くよう頼みたいと思っています。あなたは何と言うでしょうか。
　　① あなたはコンピュータが好きではないことを知っているけれども，あなたは市が好きです。
　　② 私は本当に1人で行きたいのです。
　　③ 私と一緒に会合に来てくれますか。
　　④ 私が市でコンピュータ部を始めるのを手伝ってください。
e．あなたの姉〔妹〕は，あなたの筆箱にあったものと似たペンを使っています。あなたは彼女に，あなたに断りなしにそれを手にしたのかどうかを尋ねたいと思っています。あなたは何と言うでしょうか。
　　① それはどんな種類のペンですか。
　　② それは私のペンですか。
　　③ 私はこれを断りなしに取り返します。
　　④ あなたは何を書いているのですか。

4　a．①　b．④　c．①　d．②　e．③
［解説］
a．know if 〜は「〜かどうかを知る」。can be heard は「聞かれることができる」＝「(相手に) 聞こえる」。自分の声が相手に聞こえているかどうかを知りたいのだから，①が適切。
b．現在進行形is moving は確定的な未来の予定を表す用法。相手が引っ越すことを悲しく思う気持ちを伝えたいのだから，④が適切。miss は「〜がいないのでさびしく思う」という意味。
c．what to order は「何を注文すべきか」，ask 〜 for ...は「〜に…を求める」。注文すべき料理についてウエイターに助言を求めたいのだから，①が適切。④book「〜を予約する」
d．check if 〜は「〜かどうか確認する」。兄〔弟〕が発熱しているかどうか確かめたいのだから，②が適切。take *one's* temperature「(人の) 体温を測る」
e．know whether 〜は「〜かどうかを知る」。バスに乗ろうとしているときに，そのバスが市立博物館へ行

くかどうか確認したいのだから，③が適切。

[全訳]

a. あなたはオンライン会議に出ています。あなたは自分の声が聞こえているかどうか知りたいと思っています。あなたは何と言うでしょうか。
① 私の声が聞こえますか。
② もっと大きな声で話してください。
③ カメラをオンにできますか。
④ あなたの画面で私が見えますか。

b. 親友が別の市に引っ越す予定です。あなたは，自分は悲しくなるだろうと彼女に伝えたいと思っています。あなたは彼女に何と言うでしょうか。
① またあとで。
② 私はおいとまします。
③ 私をひとりにして。
④ あなたがいないとさびしくなります。

c. あなたはレストランにいます。あなたは何を注文すべきか決められません。あなたはウエイターに助言を求めたいと思っています。あなたは彼に何と言うでしょうか。
① おすすめは何ですか。
② 私は私の人生について助言を必要としています。
③ 食べ物を注文してくれますか。
④ 席を予約することはできますか。

d. あなたのお兄〔弟〕さんは具合が悪そうに見えます。あなたは彼に熱があるかどうか確認したいと思っています。あなたは何と言うでしょうか。
① 私の体温を測ってくれませんか。
② あなたの体温を測ってもいいですか。
③ あなたは寝ているべきです。私が医者を呼びましょう。
④ あなたはこの薬を飲む必要があります。

e. あなたはバスに乗ろうとしています。あなたはそのバスが市立博物館へ行くかどうか知りたいと思っています。あなたはバスの運転手に何と言うでしょうか。
① バスは美術館へどのくらいの頻度で運行していますか。
② 繁華街へ行くいちばん速い方法を教えてもらえませんか。
③ これは市立博物館行きのバスで合っていますか。
④ 私は市立博物館へ行かなければなりません。それはいくつ目のバス停ですか。

3 聞き方(1) 絵と対話文　　〈実践演習 p.14〉

1 a. ② b. ② c. ② d. ① e. ①

─ 読まれる対話文と質問文（各2回くり返す）────────────── CD A 02〜08 ─

04 Question a.　Woman : Takashi, thank you for your card. It was very beautiful!
　　　　　　　　　Man : You're welcome. In Japan, when a new year begins, we send cards to friends and relatives.
　　　　　　　　Woman : We do the same before Christmas.
　　　　　　　Question : What did the woman receive from the man?

05 Question b.　　Man : Do you want me to buy anything? I'm going to the supermarket to buy a couple bottles of water.
　　　　　　　　Woman : Will you buy some bread and milk? We are running out of them.
　　　　　　　　　Man : Really? I just saw a lot of milk in the refrigerator.
　　　　　　　　Woman : Oh, you are right. I just bought it yesterday, so you don't have to buy any milk then.
　　　　　　　Question : What will the man probably buy for the woman at the supermarket?

06 Question c.　Woman : This is the photo of our trip to Hawaii.

		Man :	You look great.　Who is this lady with long hair?
		Woman :	She is my cousin Kate.　And this is my sister Pat.　I'm jealous about her straight hair.
		Man :	She looks good in short hair like you.
		Question :	Which lady is Pat in the picture?

07 Question d.　Man : Excuse me.　Could you tell me how to get to the nearest post office?

Woman : Sure.　We are now in front of the station.　Go down this street and turn left at the second corner.　Then, walk two more blocks, and you'll see a building with a red roof on your right.　That's it.

Man : Thank you.

Woman : My pleasure.

Question : Where is the post office?

08 Question e.　Woman : Do you know Ken?　We can see his house.

Man : I just came to know him yesterday.　Which one is his house?

Woman : Can you see the house with two windows?

Man : Yeah, the one with a door in the center.

Woman : Yes.　I like his garden a lot.

Question : Which house are they talking about?

[解説]　**a**．relative(s)「親戚」　**b**．run out of ～「～が切れる〔なくなる〕」
[全訳]

Question **a**.　女性：タカシさん，カードをありがとうございました。それはとても美しかったわ！
男性：どういたしまして。日本では，新年が始まるとき，友人や親戚にカードを送ります。
女性：私たちはクリスマスの前に同じことをします。
質問：女性は男性から何を受け取りましたか。

Question **b**.　男性：何か買ってこようか？　スーパーマーケットに行って，水を2，3本買うから。
女性：パンと牛乳を買ってくれる？　それらを切らしそうなので。
男性：本当かい？　さっき冷蔵庫にたくさん牛乳があるのを見たけれど。
女性：ああ，そうだったわ。牛乳は昨日買ったばかりだったから，牛乳は買わなくてもいいわ。
質問：男性は女性のためにスーパーマーケットでおそらく何を買うでしょうか。

Question **c**.　女性：これは私たちがハワイに行ったときの写真です。
男性：あなたはすてきに写っていますね。この髪の長い女性は誰ですか。
女性：彼女はいとこのケイトです。そして，こっちが私の姉〔妹〕のパットです。私は彼女（＝姉〔妹〕）のまっすぐな髪がうらやましいです。
男性：彼女はあなたと同じようにショートヘアが似合いますね。
質問：写真の中でパットはどの女性ですか。

Question **d**.　男性：すみません。いちばん近い郵便局への行き方を教えてくれませんか。
女性：いいですよ。私たちは今，駅の前にいます。この通りに沿って行って，2番目の角を左に曲がってください。それから，あと2ブロック歩けば，あなたの右手に赤い屋根の建物が見えてきます。それが郵便局です。
男性：ありがとうございます。
女性：どういたしまして。
質問：郵便局はどこにありますか。

Question **e**.　女性：あなたはケンのことを知っていますか。彼の家が見えます。
男性：昨日，彼と知り合ったばかりです。どれが彼の家ですか。
女性：2つの窓がある家が見えますか。
男性：ええ，中央にドアがある家ですね。
女性：そうです。私は彼の家の庭が大好きなんです。
質問：彼らはどの家について話していますか。

2　a. ①　b. ③　c. ②　d. ②　e. ①

読まれる対話文と質問文（各2回くり返す）──────────────────────────── **CD** **A** 09〜15

11 Question a.　　Man : Now you are a college student, aren't you?
　　　　　　　　　Woman : Yes, I'm studying medicine at the University of Zensho.
　　　　　　　　　Man : Have you dreamed of becoming a doctor since you were a child?
　　　　　　　　　Woman : Actually, no. I wanted to become a pianist. How about you?
　　　　　　　　　Man : My dream was to become a professional soccer player.
　　　　　　　　　Question : What does the woman want to become now?
12 Question b.　　Woman : Happy birthday, Bobby. Here is a present for you.
　　　　　　　　　Man : Wow, thank you. I had long wanted a new glove!
　　　　　　　　　Woman : I'm glad you like it. Did you get anything from your father?
　　　　　　　　　Man : Yes. He gave me this.
　　　　　　　　　Woman : Good for you! You can hit a home run with it.
　　　　　　　　　Question : What is Bobby's birthday present from his father?
13 Question c.　　Woman : What time does tonight's concert start?
　　　　　　　　　Man : It starts at seven o'clock, but the concert hall opens at six.
　　　　　　　　　Woman : I think many people will come, so let's meet at the entrance thirty
　　　　　　　　　　　　minutes before the concert starts.
　　　　　　　　　Man : That's fine with me. I'll see you then.
　　　　　　　　　Question : When do they want to meet tonight?
14 Question d.　　Woman : I haven't seen your cat today. Where is she?
　　　　　　　　　Man : I'm not sure. I saw her in the kitchen just a couple of minutes ago.
　　　　　　　　　Woman : Oh, look! She is sleeping under the TV.
　　　　　　　　　Man : Strange. She usually avoids being around the TV. She likes
　　　　　　　　　　　　sleeping under my desk.
　　　　　　　　　Question : Where is the cat now?
15 Question e.　　Woman : Wait. You should take an umbrella with you. It's likely to rain
　　　　　　　　　　　　soon.
　　　　　　　　　Man : Why? The weather forecast says it's going to clear up.
　　　　　　　　　Woman : Maybe they are wrong. The clouds are getting darker.
　　　　　　　　　Question : What does the woman think the weather will be soon?

［解説］　**a.** dream of 〜ing「〜することを夢見る」　**d.** avoid 〜ing「〜するのを避ける」　**e.** be likely
to 〜「〜しそうだ」
［全訳］
Question **a.** 男性：あなたは今，大学生ですよね。
　　　　　女性：そうです，ゼンショウ大学で医学を勉強しています。
　　　　　男性：子どものころから医者になるのが夢だったのですか。
　　　　　女性：実は違います。私はピアニストになりたいと思っていました。あなたはどうですか。
　　　　　男性：私の夢はプロのサッカー選手になることでした。
　　　　　質問：女性は今，何になりたいと思っていますか。
Question **b.** 女性：お誕生日おめでとう，ボビー。プレゼントをどうぞ。
　　　　　男性：わあ，ありがとう。新しいグローブをずっとほしいと思っていたんだ！
　　　　　女性：気に入ってもらえてうれしいわ。お父さんからは何かもらった？
　　　　　男性：うん。これをもらったんだ。
　　　　　女性：よかったわね！　それでホームランを打てるわね。
　　　　　質問：父親からもらったボビーの誕生日プレゼントは何ですか。
Question **c.** 女性：今夜のコンサートは何時に始まりますか。
　　　　　男性：7時に始まりますが，コンサートホールは6時に開きます。
　　　　　女性：多くの人が来るでしょうから，コンサートが始まる30分前に入り口で会いましょう。

男性：いいですよ。では，のちほど。
質問：彼らは今夜いつ会いたいと思っていますか。
Question **d.** 女性：今日はあなたの猫を見かけていません。彼女はどこにいるのですか。
男性：わかりません。ほんの2，3分前に彼女が台所にいるのを見ましたが。
女性：まあ，見てください！　テレビの下で寝ていますよ。
男性：おかしいですね。いつもはテレビのあたりにいるのを避けるのですが。彼女は私の机の下で寝るのが好きなんです。
質問：猫は今，どこにいますか。
Question **e.** 女性：待って。傘を持って行くべきだわ。まもなく雨が降りそうだから。
男性：どうして？　天気予報は晴れると言っているよ。
女性：たぶん，彼らは間違っているわ。雲がだんだん暗くなっているもの。
質問：女性は天気がまもなくどうなると思っていますか。

3　a. ②　b. ③　c. ③　d. ②　e. ②

┌ 読まれる対話文と質問文（各2回くり返す）─────────────── CD A 16〜22 ┐
18 Question a.　Man : Look! These sweaters are really nice.
Woman : Which one do you like best?
Man : Let me see... l like the white one best. It looks warmer.
Woman : That's true, but we don't know the price. It must be expensive.
Man : I know, but I'll try it on anyway.
Question : Which one will the man try on?
19 Question b.　Man : I have two tickets for the baseball game on Friday. Would you like to go?
Woman : Yes, I'd love to. What time does the game start?
Man : At 6:00 p.m.
Woman : All right. Where shall we meet?
Man : It's better to meet at the gate nearest to our seats.
Question : Where will the man and the woman meet?
20 Question c.　Woman : I want to eat a beef sandwich.
Man : Well, I'll have a cheeseburger.
Woman : Anything to drink? I'll order an orange juice.
Man : Me, too. I'll have the same drink.
Question : How much will the man and the woman pay in total?
21 Question d.　Woman : Excuse me, but I'm in a hurry to get to Osaka. Which train should I take? I want to get there before noon.
Man : It's nine o'clock now, so you can choose from these two trains. This one is faster, and the other is cheaper.
Woman : OK. I'll take this one. I can have plenty of time before my twelve o'clock meeting. Thank you very much.
Question : Which train will the woman take?
22 Question e.　Woman : Oh, our baggage is five kilograms over the weight limit.
Man : Then, we have to pay some money at the airport. Our airline company says it's $500.
Woman : $500? That's too much. Why don't we take out some clothes?
Man : All right, I'll try.
Question : What is the weight of the baggage of the man and the woman?

[解説]
a. 男性と女性の最初のやりとりから「セーター」の話題とわかるので，①は誤り。さらに女性が「値段がわからないわ。高いに違いないわね」と述べているので，値段の表示がある③は誤り。男性は一番好きな白いセーターを試着しようとしているので，②が正解。

b. 男性は「僕たちの座席にもっとも近いゲートで会うほうがいいね」と言っている。チケットには Seat:E-4 とあるので，Seat E にもっとも近いゲートである③が正解。

c. 男性と女性が注文するものは，女性のビーフサンドイッチ（$4.00），男性のチーズバーガー（$4.00），女性のオレンジジュース（$2.50），男性も同じオレンジジュース（$2.50）なので，合計は③$13.00になる。

d. 女性の条件は「正午前に到着すること」なので，一番下の9:25発12:06着は除外される。男性が「こちらのほうがより速くて，もう一方はより安いです」と述べたのに対し，女性は「こちらにします。12時の会議の前にたっぷり時間がとれますから」と述べているので，到着がより早い9:13発10:18着の電車を選んだとわかる。したがって，②が正解。

e. 最初の女性の発言から，重量制限を5キログラム超えているという情報をつかむ。イラストによると，23キログラムまでは0ドル（超過料金なし），それ以上30キログラムまでは超過料金が500ドルとあるので，男性と女性の荷物は23＋5＝28（キログラム）だとわかり，あとの「超過料金が500ドルと書いてある」という内容とも一致する。正解は②。

[全訳]

Question **a.** 男性：見て！　これらのセーターは本当にすてきだ。
女性：どのセーターが一番好き？
男性：そうだな…白いセーターが一番好きだな。より暖かく見える。
女性：確かにそうね，でも値段がわからないわ。高いに違いないわね。
男性：わかるけど，ともかく試着してみるよ。
質問：男性はどれを試着するでしょうか。

Question **b.** 男性：金曜日の野球の試合のチケットを2枚持っているんだ。行きたい？
女性：ええ，ぜひ。試合は何時に始まるの？
男性：午後6時だよ。
女性：わかったわ。どこで会いましょうか？
男性：僕たちの座席にもっとも近いゲートで会うほうがいいね。
質問：男性と女性はどこで会うでしょうか。

Question **c.** 女性：私はビーフサンドイッチが食べたいわ。
男性：ええと，僕はチーズバーガーを食べよう。
女性：飲み物は？　私はオレンジジュースを注文するわ。
男性：僕も。同じ飲み物を飲むよ。
質問：男性と女性は合計でいくら支払うでしょうか。

Question **d.** 女性：すみません，私は大阪に着くのを急いでいます。どの電車に乗ればいいでしょうか。正午前にそこに着きたいのです。
男性：今9時ですから，これらの2つの電車から選ぶことができます。こちらのほうがより速くて，もう一方はより安いです。
女性：そうですか。こちらにします。12時の会議の前にたっぷり時間がとれますから。どうもありがとうございました。
質問：女性はどの電車に乗るでしょうか。

Question **e.** 女性：あら，私たちの荷物は重量制限を5キログラム超えているわ。
男性：じゃあ，空港でいくらかお金を払わないといけないね。僕たちが乗る飛行機の会社は，500ドルと書いてある。
女性：500ドル？　それは高すぎるわ。衣類をいくらか取り出しましょうか。
男性：わかった，やってみるよ。
質問：男性と女性の荷物の重さはいくらですか。

4　a.②　b.②　c.③　d.①　e.③

読まれる対話文と質問文（各2回くり返す）　　　　　　　　　CD A 23〜29

25 Question a.　Man : Excuse me. I'd like to join a tour.
Woman : We have three tours today. The Shopping Tour, the City Tour, and the Food Tour. Which would you like ?
Man : I'd like the City Tour.
Woman : All right. It will cost 15 dollars. Please come back here by 1 p.m.

Man :	Two hours from now? I don't want to wait for such a long time.
Woman :	How about this tour? It will start in 30 minutes.
Man :	Great. I'll take it.
Question :	Which tour will the man join?

26 Question b.

Woman :	Hello. This is the front desk. May I help you?
Man :	Hello. There's a problem. I asked for an ocean view, but I cannot see the sea.
Woman :	Let me check... I'm afraid that you don't have an ocean view room. You can change, but your new room will have a queen-sized bed. Would you like to change to a room where you can see the sea?
Man :	If I can, I'd love to.
Question :	Which room will the man stay in?

27 Question c.

Man :	Hello. How can I help you?
Woman :	Can you suggest some medicine for a cold?
Man :	Do you have a fever?
Woman :	Yes, and my throat hurts too.
Man :	Let me see. For you, I think this one would be good. Take one small cup three times a day before meals.
Woman :	Thank you. I'll take it.
Question :	Which medicine will the woman buy?

28 Question d.

Man :	I want to put something on the wall of this room.
Woman :	That's a good idea. How about a clock?
Man :	Hmm. That's not bad, but I'd prefer a painting or a photograph.
Woman :	I like paintings more than photographs. Let's hang a painting up there.
Man :	I think a painting would look wrong in that high place. I love to see a painting at eye height.
Woman :	OK. Sure, why not?
Question :	What will they put on the wall?

29 Question e.

Woman :	Can you take out some dishes for me?
Man :	Which dishes do you want?
Woman :	I don't want the biggest ones, but they shouldn't be too small. They are for the main dish tonight.
Man :	How about patterns?
Woman :	I love simple ones without any patterns, but if there aren't any, please take the ones with flowers on.
Question :	Which dishes will the man take?

[解説]

a . 女性の Please come back here by 1 p.m.「午後 1 時までにここにお戻りください」という発言と，男性の Two hours from now?「今から 2 時間ですか？」という発言から，現在の時刻が11時頃だとわかる。そして，It will start in 30 minutes.「それは30分後に出発します」と言われたツアーに参加することにしたのだから，11時30分に出発する②「フードツアー」が正解。in 30 minutes「30分後に」

b . your new room will have a queen-sized bed「新しいお部屋にあるのはクイーンサイズのベッドでございます」と，Would you like to change to a room where you can see the sea?「海が見えるお部屋に変更なさりたいですか」に対して I'd love to「ぜひそうしたいです」と答えていることから，②が正解。front desk「（ホテルの）フロント」 ocean view「海の見える部屋」 where you can see the sea は a room を修飾する関係副詞節。

c . Take one small cup three times a day before meals「食前に 1 日 3 回，小さなカップ 1 杯を飲んで

ください」と言っているので，液状の薬である③が正解。have a fever「熱がある」 Let me see.「ええっと，そうですね」 three times a day「1日3回」

d. 男性が I love to see a painting at eye height.「ぼくはぜひ目の高さで絵を見たい」と言ったのに対し，女性が OK. と答えているので，①が正解。put ～ on the wall「～を壁に掛ける」 look wrong「おかしく見える」 eye height「目の高さ」 why not「そうしよう」

e. 女性が男性に皿を取ってくれと頼んでいる場面。女性は，大きすぎず小さすぎず，柄のない皿がほしいが，if there aren't any, please take the ones with flowers on「もし（柄のない皿が）なかったら，花柄がついているのを取ってちょうだい」と頼んでいる。よって，③が正解。take out ～「～を取り出す」 pattern「模様，柄」 with ～ on「～が乗っている状態で〔の〕」は付帯状況を表す。

[全訳]

Question a. 男性：すみません。ツアーに参加したいのですが。
　　　　　　女性：今日は3つのツアーがあります。ショッピングツアー，シティーツアー，フードツアーです。どれがよろしいですか。
　　　　　　男性：私はシティーツアーがいいです。
　　　　　　女性：わかりました。それは15ドルかかります。午後1時までにここにお戻りください。
　　　　　　男性：今から2時間ですか？　私はそんなに長く待ちたくありません。
　　　　　　女性：このツアーではいかがですか。それは30分後に出発します。
　　　　　　男性：すばらしい。それに参加します。
　　　　　　質問：男性はどのツアーに参加しますか。

Question b. 女性：もしもし。こちらはフロントです。どのようなご用件でしょうか。
　　　　　　男性：もしもし。問題があるんです。私はオーシャンビューの部屋を頼んだのですが，海が見えません。
　　　　　　女性：確認いたします……申し訳ありませんが，お客様の部屋はオーシャンビューのお部屋ではございません。変更はできますが，新しいお部屋にあるのはクイーンサイズのベッドでございます。海が見えるお部屋に変更なさりたいですか。
　　　　　　男性：可能なら，ぜひそうしたいです。
　　　　　　質問：男性はどの部屋に泊まるでしょうか。

Question c. 男性：こんにちは。何かお困りですか。
　　　　　　女性：風邪の薬を勧めてほしいんですが。
　　　　　　男性：熱はありますか。
　　　　　　女性：ええ，それにのども痛いんです。
　　　　　　男性：そうですね。あなたには，この薬がいいと思います。食前に1日3回，小さなカップ1杯を飲んでください。
　　　　　　女性：ありがとうございます。それをいただきます。
　　　　　　質問：女性はどの薬を買うでしょうか。

Question d. 男性：この部屋の壁に何か掛けたいな。
　　　　　　女性：いい考えね。時計はどうかしら。
　　　　　　男性：うーん。悪くないけど，絵か写真のほうが好きだな。
　　　　　　女性：私は写真より絵のほうが好き。あそこに絵を掛けましょうよ。
　　　　　　男性：あんな高いところじゃおかしなふうに見えちゃうと思うよ。ぼくはぜひ目の高さで絵を見たいな。
　　　　　　女性：わかったわ。いいわ，そうしましょう。
　　　　　　質問：彼らは壁に何を掛けるでしょうか。

Question e. 女性：私のためにお皿を取り出してくれる？
　　　　　　男性：どの皿がいいの？
　　　　　　女性：いちばん大きいのはいらないけど，小さすぎてはだめ。今夜のメイン料理のためのものだから。
　　　　　　男性：柄についてはどう？
　　　　　　女性：柄のないシンプルなのがいいわ，でももしなかったら，花柄がついているのを取ってちょうだい。

質問：男性はどの皿を取るでしょうか。

4 聞き方⑵　短文　〈実践演習 p.20〉

1 a. ③　b. ③　c. ③　d. ④　e. ④

── 読まれる英文と質問文（各2回くり返す）────────────────**CD** A 30〜36 ─

32 Question a. Daniel went to bed early because he was very tired. But his neighbor suddenly played music loudly and he couldn't sleep.
Question : Why couldn't Daniel sleep?

33 Question b. Sally's teacher gave her a lot of homework. She needed help. She wanted to ask her older sister Jane but she was out, so she asked her friend Ken to help her.
Question : Who did Sally ask for help?

34 Question c. Anna went to Paris last week, which was her third time to visit there. She really enjoyed her stay in Paris and hopes to visit there again.
Question : How many times has Anna been to Paris?

35 Question d. Chris had a bad cold and went to the hospital. When he got there, he was surprised to see his classmate Mary. She was visiting her grandmother.
Question : Why was Chris surprised?

36 Question e. Jun is usually given a ride to the station from his mother, but today, she left home early. He was thinking about taking the bus, but the weather was so nice that he walked.
Question : How did Jun get to the station today?

[解説]　**a.** play music「音楽をかける」　**e.** give 〜 a ride to ...「〜を…まで車に乗せて連れて行く」
[全訳]
Question **a.** ダニエルはとても疲れたので，早く床につきました。でも，近所の人が突然音楽を大きな音でかけたので，彼は眠れませんでした。
質問：ダニエルはどうして眠れなかったのですか。
Question **b.** サリーの先生は彼女にたくさんの宿題を出しました。彼女は助けが必要でした。彼女は姉のジェーンに助けを求めようと思いましたが，彼女は外出していたので，友達のケンに助けてくれるように頼みました。
質問：サリーは誰に助けを求めましたか。
Question **c.** アナは先週パリへ行きましたが，それは彼女の3度目の訪問でした。彼女はパリでの滞在を満喫し，またそこを訪れたいと思っています。
質問：アナはこれまでに何度パリへ行ったことがありますか。
Question **d.** クリスはひどい風邪にかかり，病院に行きました。そこに着いたときに，クラスメートのメアリーに会って驚きました。彼女はおばあさんのお見舞いに来ていたのでした。
質問：クリスはどうして驚いたのですか。
Question **e.** ジュンはふだんは駅まで母親の車に乗せてもらいますが，今日は彼女が早く家を出ました。彼はバスに乗ろうかと思いましたが，天気がとてもよかったので歩きました。
質問：ジュンは今日，どのようにして駅に行きましたか。

2 a. ①　b. ④　c. ①　d. ④　e. ③

── 読まれる英文と質問文（各2回くり返す）────────────────**CD** A 37〜43 ─

39 Question a. Alex and his sister went to a department store to buy a birthday present for their mother. They found a nice dress and bought it there.
Question : Why did Alex go to the department store?

40 Question b. Kathy and Bob exercise every day. Kathy runs before breakfast, while Bob goes to the gym after work in the evening.
Question : How do they exercise?

41 Question c. According to the weather forecast, this week will be cold and wet. But next week will be warm and sunny.

Question : What will the weather be like this week?

42 Question d. Megu's father lives and works in London. He comes back to Japan every month, but this month he is too busy to come back. So, Megu is going to visit London.

Question : What will Megu probably do this month?

43 Question e. This summer, Keith went to the zoo and took a lot of good pictures. The elephant area was closed, which made him disappointed.

Question : Why did Keith feel disappointed?

［解説］　**b**．exercise「運動をする」　while「だが一方」　**c**．according to ～「～によると」　wet「雨の多い，よく雨が降って」　What is ～ like?「～はどのような様子〔感じ〕か」

［全訳］

Question **a**.　アレックスと彼の姉〔妹〕は母親の誕生日のプレゼントを買うためにデパートへ行きました。彼らはそこですてきなドレスを見つけて買いました。

質問：アレックスはどうしてデパートへ行ったのですか。

Question **b**.　キャシーとボブは毎日，運動します。キャシーは朝食前に走り，一方ボブは夜，仕事のあとにジムに行きます。

質問：彼らはどのように運動しますか。

Question **c**.　天気予報によると，今週は寒くて雨が降るでしょう。しかし，来週は暖かく晴れるでしょう。

質問：今週の天気はどのようになるでしょうか。

Question **d**.　メグの父親はロンドンに住んで働いています。彼は毎月，日本に戻りますが，今月は忙しすぎて戻れません。だから，メグがロンドンを訪れることになっています。

質問：メグはおそらく今月に何をするでしょうか。

Question **e**.　今年の夏，キースは動物園に行って，たくさんのよい写真を撮りました。ゾウのエリアは閉まっていたので，彼はがっかりしました。

質問：キースはどうしてがっかりしたのですか。

3　a.① b.③ c.④ d.③ e.④

読まれる英文と質問文（各2回くり返す）　　　　　　　　　　　CD A 44～50

46 Question a. When Mike went camping last weekend, it rained heavily. He got so wet that he caught a cold. He had to go and see a doctor the next morning. The doctor gave him some medicine and told him to rest in bed. He didn't enjoy the camp at all.

Question : What happened to Mike last weekend?

47 Question b. Laura is very interested in Japanese art. She came to Japan two years ago and visited some museums. She learned about her favorite works. Now she is studying Japanese art in college.

Question : What do we know about Laura?

48 Question c. Ken has to study very hard for his exam. But yesterday, it was very noisy outside. It was difficult for him to study at home. He went to the city library instead and prepared for his exam.

Question : Where did Ken study yesterday?

49 Question d. Ron was feeling stressed about his homework. His mother suggested that he have some tea to relax. He decided to follow her advice.

Question : What was Ron going to do next?

50 Question e. Nancy was looking for her Japanese textbook. She asked her brother, but he said he didn't know where it was. Then, she saw her dog biting something. It was her textbook.

Question : Where was Nancy's textbook?

[解説]

a . マイクはキャンプに参加したが，大雨でぬれて風邪をひき，お医者さんに行くと薬を出されて寝ているように言われ，キャンプを楽しめなかった，という概要をつかむ。正解は①。

b . Now she is studying Japanese art in college.「今，彼女は大学で日本の芸術を学んでいます」と一致する③が正解。美術館を訪れたとは言っているが，働いてはいないので，①は不適。ローラは日本の art「芸術」に関心があるので，②の anything「何でも」は不適。ローラは 2 年前に日本に来たと言っているので，④は不適。

c . ケンは試験勉強しなければならなかったが，昨日は外がうるさくて家で勉強できなかったという状況が説明されたあとで，He went to the city library instead and prepared for his exam.「彼は代わりに市立図書館に行き，試験に向けて準備しました」と述べられているので，正解は④。

d . His mother suggested that he have some tea to relax.「彼のお母さんはリラックスするためにお茶を飲むよう提案しました」と言い，ロンはお母さんのアドバイスに従うことにしたので，正解は③。

e . Then, she saw her dog biting something. It was her textbook.「すると，彼女は犬が何かをくわえているのを見ました。それは彼女の教科書でした」より，正解は④。

[全訳]

Question **a .** マイクが先週末キャンプに行ったとき，雨が激しく降りました。彼はとてもぬれてしまったので，風邪をひきました。彼は翌朝，お医者さんに行かなければなりませんでした。医師は彼に薬を出して，ベッドで休むように言いました。彼はまったくキャンプを楽しめませんでした。
　　　　質問：先週末，マイクに何が起きましたか。

Question **b .** ローラは日本の芸術にとても関心があります。彼女は 2 年前に日本に来て，いくつかの美術館を訪れました。彼女は自分が気に入った作品について学びました。今，彼女は大学で日本の芸術を学んでいます。
　　　　質問：ローラについて何がわかりますか。

Question **c .** ケンは試験に向けてとても一生懸命勉強しなければいけません。しかし昨日，外がとても騒がしかったのです。彼が家で勉強するのは難しいことでした。彼は代わりに市立図書館に行き，試験に向けて準備しました。
　　　　質問：ケンは昨日，どこで勉強しましたか。

Question **d .** ロンは宿題のことでストレスを感じていました。彼のお母さんはリラックスするためにお茶を飲むよう提案しました。彼は彼女のアドバイスに従うことにしました。
　　　　質問：ロンは次に何をするつもりだったでしょうか。

Question **e .** ナンシーは日本語の教科書を探していました。彼女はお兄〔弟〕さんに尋ねましたが，彼はそれがどこにあるか知らないと言いました。すると，彼女は犬が何かをくわえているのを見ました。それは彼女の教科書でした。
　　　　質問：ナンシーの教科書はどこにありましたか。

4　**a .** ②　**b .** ①　**c .** ③　**d .** ④　**e .** ①

― **読まれる英文と質問文**（各 2 回くり返す）―――――――――――――――― **CD A 51〜57**―

53 Question a. Mike usually goes to work by train while his wife goes to work by car. Today, it rained heavily, so he asked his wife to take him to work in the car.
　　　 Question : Why did Mike decide to go by car today?

54 Question b. Sue is Chinese, but she was born in England. She speaks Chinese with her family and uses English outside the home. Now she is a university student and studies German.
　　　 Question : When does Sue use Chinese?

55 Question c. Chris asked Satoshi to go with him to see a movie. Satoshi wanted to get a birthday present for his sister, so they went shopping together before watching the movie.
　　　 Question : What did Chris do first?

56 Question d. Last Saturday, John bought a used clock at a market. Right after coming home, he found the clock didn't work. The next day, he tried to change his clock for a different one at the same market, but he couldn't find a design he liked.　He got his money back instead.

Question :　On Sunday, what did John first try to do?

57 Question e.　On Tuesday, Alice called the dentist to make an appointment for 8 a.m. on Friday.　The dentist was only available at 10 a.m. on that day.　Alice hung up the phone without making an appointment.

Question :　What did Alice do on the phone?

［解説］

a． Today, it rained heavily, so ～「今日は大雨が降っていたので，～」と言っているので，②が正解。 ～ while ...「～だが，その一方…」　ask ～ to *do*「～に…してくれるように頼む」　take ～ to ...「～を…に連れていく」

b． She speaks Chinese with her family「彼女は家族とは中国語を話します」と言っているので，①が正解。 outside「～の外で」

c． they went shopping together before watching the movie「彼らは映画を見る前に，一緒に買い物に行きました」と言っているので，③が正解。④what to *do*「何を～すればいいか」

d． The next day, he tried to change his clock for a different one at the same market「翌日，彼は同じ市場で彼の時計を別のものと交換しようとしました」と言っているので，④が正解。used「中古の」 right after ～「～の直後に」　work「（機械などが）動く，機能する」　change ～ for ...「～を…と交換する」　②have his clock fixed は〈have＋O＋過去分詞〉「O を～してもらう」の形。

e． 最後に Alice hung up the phone without making an appointment.「アリスは予約を取らずに電話を切りました」と言っているので，①が正解。make an appointment「予約を取る」　available「利用できる，空きがある」　hang up「電話を切る」

［全訳］

Question **a．** マイクはふだん電車で通勤し，一方，彼の妻は車で通勤しています。今日は大雨が降っていたので，彼は妻に車で自分を会社へ乗せていってくれるように頼みました。
質問：マイクが今日は車で通勤することに決めたのはなぜですか。

Question **b．** スーは中国人ですが，イギリスで生まれました。彼女は，家族とは中国語を話し，家の外では英語を使います。今，彼女は大学生で，ドイツ語を勉強しています。
質問：スーが中国語を使うのはいつですか。

Question **c．** クリスはサトシに，自分と映画を見に行ってくれるように頼みました。サトシは姉〔妹〕のために誕生日プレゼントを買いたいと思っていたので，彼らは映画を見る前に，一緒に買い物に行きました。
質問：クリスは最初に何をしましたか。

Question **d．** この前の土曜日，ジョンは市場で中古の掛け時計を買いました。帰宅してすぐ，彼はその時計が動かないことに気づきました。翌日，彼は同じ市場で彼の時計を別のものと交換しようとしたのですが，彼の好きなデザインが見つかりませんでした。彼は代わりに返金してもらいました。
質問：日曜日に，ジョンはまず何をしようとしましたか。

Question **e．** 火曜日，アリスは，金曜日の午前8時の予約を取るために歯医者に電話しました。歯医者はその日は午前10時しか空きがありませんでした。アリスは予約をとらずに電話を切りました。
質問：アリスは電話で何をしましたか。

5　聞き方⑶　内容一致　〈実践演習 p.24〉

1　a．③　b．④　c．①　d．①　e．③

読まれる英文（各2回くり返す）　CD A 58〜64

60 Question a.　Every Wednesday, Julie comes straight home after school to watch a TV program that starts at four o'clock.　Her favorite actor is in the program.

61 Question b.　Kate's mother was very busy working tonight.　She had no time to prepare a meal for her family, so Kate did.

62 Question c.　Edward usually walks home from school, but yesterday, he was tired and it

> was raining.　He asked his mother to pick him up.
>
> **63** Question d.　Tim enjoys doing many things.　He exercises every day and takes piano lessons on Tuesdays.　He likes to draw pictures too.
>
> **64** Question e.　Last weekend, Lisa and her family drove to her grandparents' house.　Her dog doesn't like cars, so she asked her friend to take care of the dog.

[解説]　**a.** come straight home「まっすぐ家に帰る」　**c.** pick ～ up「(人)を乗り物に乗せる〔車で拾う〕」
[全訳]
Question **a.**　毎週水曜日は，ジュリーは4時に始まるテレビ番組を見るために学校が終わるとまっすぐ家に帰ります。彼女の好きな俳優がその番組に出ています。
Question **b.**　ケイトの母親は今夜，仕事でとても多忙でした。彼女は家族のために食事を作る時間がなかったので，ケイトが作りました。
Question **c.**　エドワードはふだん学校から歩いて家に帰りますが，昨日は，彼は疲れていて，雨も降っていました。彼は母親に車で迎えに来るよう頼みました。
Question **d.**　ティムは多くのことをして楽しみます。彼は毎日，運動し，毎週火曜日にはピアノのレッスンを受けます。彼は絵を描くことも好きです。
Question **e.**　先週末，リサと彼女の家族は彼女の祖父母の家に車で行きました。彼女の犬は車が好きではないので，彼女は友達に犬の世話を頼みました。

2　**a.** ①　**b.** ③　**c.** ③　**d.** ④　**e.** ③

―読まれる英文（各2回くり返す）――――――――――――――――――　**CD A 65〜71**―

> **67** Question a.　Jack found a big insect in the garden and put it in a box in his room.　The next day, his sister opened the box and was surprised.
>
> **68** Question b.　Karen has started studying Chinese recently because she will visit China this summer.　She carries her dictionary and tries to learn some new Chinese words every day.
>
> **69** Question c.　Today, an animal doctor came to Jane's school and made a speech.　She listened to the doctor and became interested in his work.
>
> **70** Question d.　Richard takes his music player everywhere to listen to music.　But, yesterday, he left it at his friend's house.　He will go and get it after work today.
>
> **71** Question e.　There was a terrible snow storm last night.　Susan is happy to see a lot of snow in the garden.　But she is not happy that her school will be closed today.

[解説]　**a.** insect「虫，昆虫」　**c.** make a speech「演説する，スピーチをする」　**d.** everywhere「どこでも」
[全訳]
Question **a.**　ジャックは庭で大きな虫を見つけて，それを彼の部屋の箱に入れました。翌日，彼のお姉〔妹〕さんがその箱を開けて，驚きました。
Question **b.**　カレンは今年の夏，中国を訪れるつもりなので，中国語の勉強を最近始めました。彼女は辞書を持ち歩き，毎日，新しい中国語の言葉を覚えようと努力しています。
Question **c.**　今日，1人の獣医がジェーンの学校に来て，スピーチをしました。彼女はその医師の話を聞いて，彼の仕事に興味を持つようになりました。
Question **d.**　リチャードは音楽を聴くために，音楽プレーヤーをどこへでも持って行きます。しかし，昨日，彼は友達の家にそれを置き忘れてきてしまいました。彼は今日，仕事のあとにそれを取りに行くつもりです。
Question **e.**　昨夜はひどいふぶきがありました。スーザンは，庭にたくさんの雪があるのを見てうれしく思っています。でも，今日，学校が休みになることはうれしくありません。

3　**a.** ①　**b.** ②　**c.** ④　**d.** ③　**e.** ①

―読まれる英文（各2回くり返す）――――――――――――――――――　**CD A 72〜78**―

> **74** Question a.　Tommy makes it a rule to get up at six o'clock every morning.　He usually

leaves for school at seven.　However, on weekends, he stays in bed until eight.

75 Question b. Naomi wanted to watch her favorite TV program that night.　However, her younger brother told her that he was going to watch a baseball game, so Naomi watched her program on the Internet the next morning.

76 Question c. Mr. Smith and his students are going to visit an art museum this afternoon.　They are supposed to meet at the school gate at one o'clock.　It'll take them about half an hour to get to the museum.

77 Question d. Mari learns sign language at school.　She often uses it while working as a volunteer.　She thinks sign language is useful for communication, because it has helped her make a lot of friends.

78 Question e. Ken and his class learned about the history of computers at school.　When his teacher showed them a picture of the first computer used in Japan, they were very surprised at how big it was.

［解説］
a. make it a rule to *do*「～することにしている」　②get to ～「～に着く」
b. tell ～ that ...「～に…と言う」　①record「～を録画〔録音〕する」
c. 〈take＋人＋時間＋to *do*〉「（人）が～するのに（時間）がかかる」　④arrive at ～「～に着く」
d. it has helped her make a lot of friends は，〈help＋O＋動詞の原形〉「Oが～するのに役立つ」の形。
e. the first computer used in Japan の used in Japan は，the first computer を修飾する過去分詞句。

［全訳］
Question **a.** トミーは毎朝6時に起きることにしています。彼はふだんは7時に学校へ出発します。しかし，週末は，彼は8時までベッドにいます。

Question **b.** ナオミはその夜，自分の大好きなテレビ番組を見たいと思いました。けれども，彼女の弟が野球の試合を見るつもりだと彼女に言ったので，ナオミは自分の（見たかった）番組を翌朝インターネットで見ました。

Question **c.** スミス先生と彼の生徒たちは，今日の午後に美術館を訪れる予定です。彼らは1時に校門に集合することになっています。彼らが美術館に着くのに30分ほどかかるでしょう。

Question **d.** マリは学校で手話を学びます。彼女はボランティアとして活動しているあいだにそれをよく使います。彼女は，手話はたくさんの友達をつくるのに役立ってきたので，コミュニケーションに役立つと考えています。

Question **e.** ケンと彼のクラスの生徒たちは学校でコンピュータの歴史について学びました。先生が彼らに，日本で使われていた最初のコンピュータの写真を見せたとき，彼らはそれがいかに大きいかにたいへん驚きました。

4　a. ④　b. ③　c. ①　d. ②　e. ④

─ 読まれる英文（各2回くり返す）────────────────**CD A 79～85**─

81 Question a. Trevor's parents will come to Japan to see him this November.　He plans to take them to Kyoto and Osaka.

82 Question b. Greg likes baking cakes.　He sometimes takes a cake to school and shares it with his friends.　He is happy to see everyone enjoying his cakes.

83 Question c. Sherry's mother teaches children the piano.　When Sherry was a child, she had piano lessons with her sister.　Now Sherry finds swimming more interesting and has stopped learning the piano.

84 Question d. Mike and his wife went shopping to buy a new washing machine.　He found a good one, but his wife didn't like it because it was too expensive.　They decided to go to other shops to see different ones next weekend.

85 Question e. At Zensho City Library, you can borrow five books for two weeks.　Later, you can borrow the same books for another two weeks unless they have been reserved by someone else.　You can return books by posting them in a box at

Zensho City Hall or Zensho Station.

[解説]

a．plan to *do*「～することを計画する，～するつもりだ」　②by themselves「彼ら自身で，彼らだけで」

b．share ～ with …「～を…と分かち合う」　be happy to *do*「～してうれしい」　②made by his friends は cakes を修飾する過去分詞句。

c．find ～ …「～が…だとわかる，気づく」　stop ～ing「～するのをやめる」

d．washing machine「洗濯機」　expensive「高価な」　decide to *do*「～することに決める」　②look for ～「～を探す」

e．unless「～しない限り」　reserve「～を予約する」　have been reserved は現在完了の受け身「～されてしまった」の形。post「～を投函する」　city hall「市役所」　①post office「郵便局」

[全訳]

Question **a．**トレバーの両親は今度の11月に，彼に会うために日本に来るでしょう。彼は彼らを京都と大阪に連れていくつもりです。

Question **b．**グレッグはケーキを焼くのが好きです。彼はときどきケーキを学校へ持っていって，友達とそれを分け合います。彼はみんなが彼のケーキを楽しんでいるのを見てうれしくなります。

Question **c．**シェリーのお母さんは子どもたちにピアノを教えています。シェリーが子どものとき，彼女は姉〔妹〕と一緒にピアノのレッスンを受けていました。今，シェリーは水泳のほうがおもしろいと思い，ピアノを習うのをやめてしまいました。

Question **d．**マイクと彼の妻は新しい洗濯機を買うために買い物に行きました。彼はよいものを見つけましたが，彼の妻はそれが高すぎるので気に入りませんでした。彼らは来週末に違う洗濯機を見に別の店へ行くことに決めました。

Question **e．**全商市立図書館では，あなたは5冊の本を2週間借りられます。その後，ほかの誰かに予約されていなければ，あなたは同じ本をもう2週間借りることができます。あなたは，全商市役所か全商駅のボックスに投函することによって，本を返却することができます。

6 聞き方⑷　会話文　〈実践演習 p.29〉

1　a．②　b．①　c．①　d．①　e．②

── 読まれる会話文と質問文（各2回くり返す）────────────── **CD A 86～94** ─

88 Alice : Hi, Mike. This is Alice.

Mike : Hi, Alice. You are calling so early. It's Sunday today, isn't it?

Alice : Sorry, but I'm worried about today's weather. It's started raining. Are you still going to the park to clean there?

Mike : Yes. The weather forecast says it'll be fine in the afternoon.

Alice : O.K. I'll go then. By the way, a couple of my friends are interested in our volunteer work.

Mike : That's great. Will you ask them to come? I want as many people as possible to join us.

Alice : Sure. I'll call them right away. When and where will we meet you?

Mike : Today's work starts at one, so I will come to your house about half an hour before the time.

Alice : All right. See you later.

89 Question a. Why did Alice call Mike?

90 Question b. What does the weather forecast say?

91 Question c. Why is Alice going to call her friends?

92 Question d. What time does Mike want to see Alice?

93 Question e. What will Alice and Mike probably do this afternoon?

[解説]　be worried about ～「～について心配している」　right away「すぐに，ただちに」

[全訳]

アリス：もしもし，マイク。アリスよ。

マイク：やあ，アリス。ずいぶん早い時間の電話だね。今日は日曜日だよね。

アリス：ごめんなさい，でも今日の天気が心配で。雨が降りはじめているの。それでも公園に行ってそこを掃除する予定なの？

マイク：そうだよ。天気予報によると午後には晴れるそうだから。

アリス：わかった。それなら私も行くわ。ところで，2，3人の友達が私たちのボランティアの仕事に興味を持っているの。

マイク：それはいいね。彼らに来るように頼んでくれる？　できるだけ多くの人に参加してもらいたいんだ。

アリス：もちろん。すぐに電話をするわね。いつ，どこで会いましょうか。

マイク：今日の仕事は1時に始まることになっているから，その30分ぐらい前にきみの家に行くよ。

アリス：わかった。じゃあ，あとで。

Question **a.** アリスはなぜマイクに電話をしたのですか。

Question **b.** 天気予報は何と言っていますか。

Question **c.** アリスはなぜ自分の友人に電話をかけようとしているのですか。

Question **d.** マイクはアリスに何時に会いたいと思っていますか。

Question **e.** アリスとマイクは今日の午後おそらく何をするでしょうか。

2　a. ①　b. ④　c. ③　d. ①　e. ②

─ 読まれる会話文と質問文（各2回くり返す）────────────CD B 01〜09─

03 Woman : Excuse me. I'm going to the city library. Could you tell me how to get there ?

　　Man : Sure. You can take a bus from the station.

　　Woman : Should I take a taxi to the station ?

　　Man : No, you can walk. All you have to do is go down this street. You'll see it on your right. It only takes five minutes.

　　Woman : Do you know what time the bus leaves ?

　　Man : Let me see. Now it's just past ten o'clock. So the next bus leaves at ten-fifteen. The bus runs every fifteen minutes.

　　Woman : Do you know what the bus fare is ?

　　Man : Fifty cents. I often go there by bus, so I'm sure about it.

　　Woman : Thank you so much for your kind help.

04 Question a. Where does the woman want to go ?

05 Question b. How will the woman probably get to the station ?

06 Question c. When does the next bus start from the station ?

07 Question d. Has the man been to the city library ?

08 Question e. Does the man know the bus fare ?

[解説]　all you have to do is 〜「〜しさえすればよい」　past「(時間が) 〜を過ぎて」　fare「運賃」

[全訳]

女性：すみません。市の図書館に行こうとしているのですが。そこへの行き方を教えていただけませんか。

男性：いいですよ。駅からバスに乗ることができます。

女性：駅まではタクシーを使うべきですか。

男性：いいえ，歩いて行けます。ただこの道に沿って行けばいいだけです。右手に見えてくるでしょう。ほんの5分です。

女性：そのバスが何時に出るかご存じですか。

男性：ええと。今，ちょうど10時を過ぎたところですね。でしたら，次のバスは10時15分発です。バスは15分おきに出ています。

女性：バスの運賃をご存じですか。

男性：50セントです。よくそこまでバスを使って行くので，これについては確かです。

女性：ご親切にありがとうございました。

Question **a.** 女性はどこへ行きたいと思っていますか。

Question **b.** おそらく女性は駅までどのように行くでしょうか。
Question **c.** 次のバスはいつ駅から出発しますか。
Question **d.** 男性は市の図書館に行ったことがありますか。
Question **e.** 男性はバスの運賃を知っていますか。

3　　a.④　b.③　c.②　d.①　e.④

─ 読まれる会話文と質問文（各2回くり返す）──────────────── **CD B 10～18**─

12 Beth : Hi, Jiro. Would you like to walk to the university with me?
　Jiro : Well, it takes more than 20 minutes if we walk there. I'd rather take a bus.
　Beth : I'm afraid the bus service has been canceled because of the town festival.
　Jiro : OK. It looks like we have to walk then.
　Beth : Lately, I've been trying to walk at least three hours a week.
　Jiro : Why? Are you trying to lose weight?
　Beth : No, it's more because I want to feel good. I don't like the idea of eating less to stay fit.
　Jiro : I agree. I used to be very careful about the amount of food I ate. I gave it up because it wasn't fun at all.
　Beth : I know. I want to eat what I want. Let's walk faster to make ourselves hungry.
　Jiro : Good idea. Do you know they've started selling hamburgers at the student restaurant?
　Beth : Yeah, I was thinking about getting one of those, too.
　Jiro : Let's get a couple before our class starts.

13 Question a. How long does it take if they walk to the university?
14 Question b. Why won't they find any buses around?
15 Question c. How is Beth trying to stay fit?
16 Question d. What was Jiro once careful about?
17 Question e. What are they probably going to do before class?

[解説]
　I'd rather ～=I would rather ～「～するほうがよい」 because of ～「～のために」 look like ～「～らしい，～ようだ」 at least「少なくとも」 lose weight「減量する，体重を減らす」 used to *do*「（以前）～した」 give ～ up「～をあきらめる」 not ～ at all「まったく～ない」 make ourselves hungry は〈make＋O＋C〉「OをCにする」の形。

[全訳]
　ベス：こんにちは，ジロウ。私と一緒に大学まで歩いて行かない？
ジロウ：そうだな，もし僕たちがそこまで歩くとしたら，20分以上かかるよね。僕はバスで行くほうがいいな。
　ベス：町のお祭りのためにバスの運行は中止になっているんじゃないかしら。
ジロウ：わかった。じゃあ，僕たちは歩かなければならないようだね。
　ベス：最近，私は1週間に少なくとも3時間は歩くようにしているのよ。
ジロウ：どうして？　減量しようとしているの？
　ベス：いいえ，それよりも，気分がよくなりたいから。健康でいるために食べる量を減らすという考えは好きではないわ。
ジロウ：賛成だよ。僕は食べるものの量にすごく気をつけていたことがあった。全然楽しくないからあきらめたよ。
　ベス：わかるわ。私は食べたいものは食べたいわ。お腹がすくようにもっと速く歩きましょう。
ジロウ：いい考えだ。学生食堂でハンバーガーの販売が始まったのを知っている？
　ベス：ええ，私もそれらのうちの1つを買うことを考えていたところよ。
ジロウ：授業が始まる前に2人の分を買おう。
Question **a.** 彼らが大学まで歩くとどのくらいの時間がかかりますか。
Question **b.** 彼らはなぜ，あたりにバスを見つけられないのでしょうか。
Question **c.** ベスはどのようにして健康を維持しようとしていますか。

Question **d.** ジロウは以前, 何について気をつけていましたか。。
Question **e.** 彼らは授業の前に, おそらく何をするでしょうか。

4　a. ②　b. ④　c. ①　d. ②　e. ③

─ 読まれる会話文と質問文 (各2回くり返す) ─────────────────────── **CD B 19～27**─

21 Bob : Hi, Lisa.　Your birthday is March 16th, right ?

　　　Lisa : Yes.　It's nice that you remember it, but why ?　It's still four months away.

　　　Bob : Well, everything starts from April in Japan, so you must have had a hard time when you were a little child.　You were smaller than most of your friends in class, right ?

　　　Lisa : That's true.　Girls who were born in April were often taller and they could run faster, so I hated playing sports.

　　　Bob : I see.　In the U.S., the school year starts from September, so students who were born in September often do better.

　　　Lisa : How, for example ?

　　　Bob : I read a book about professional basketball players and noticed that many of them were actually born in September.

　　　Lisa : Why is that ?

　　　Bob : Well, boys who were born earlier in the school year could run faster, so they were put into a special class from the start and they continued receiving special training.　That's why they're often good at sports.

　　　Lisa : It seems very unfair to me.　If I were living in the U.S., I would have a baby in September.

　　　Bob : Exactly.　That's what many American parents also think.

22 Question a.　When were Bob and Lisa having this conversation ?

23 Question b.　What did Lisa say about young Japanese girls who were born in April ?

24 Question c.　What does Bob say about American children born in September ?

25 Question d.　Why are many American basketball players born in September ?

26 Question e.　What do many American parents want ?

[解説]

　must have had は〈must＋have＋過去分詞〉「～にちがいない」の形。have a hard time「つらい時を過ごす」　hate ～ing「～するのが嫌いである」　do better「もっとうまくやる, もっと成績がよい」　were put into ～は put ... into ～「…を～に入れた」の受け身。That's why ～.「そういうわけで～だ」　unfair「不公平な」　If I were living ～, I would have ....は仮定法過去。

a. リサは3月16日の誕生日のことを It's still four months away.「まだ4か月も先よ」と言っているので, この会話は11月に行われていると考えられる。

b. Girls who were born in April were often taller and they could run faster「4月に生まれた女の子たちは, たいてい私より背が高くて速く走れた」と言っている。

c. students who were born in September often do better「9月生まれの生徒はたいてい成績がいい」と言っている。③slow learner「学習の遅い人」

d. 9月生まれのアメリカの男の子たちは could run faster, so they were put into a special class from the start and they continued receiving special training「速く走れるから, 彼らは初めから特別なクラスに入れられて, 特別なトレーニングを受け続ける」と言っている。

e. リサが I would have a baby in September「(自分がアメリカに住んでいたら) 私は9月に赤ちゃんを産むわ」と言っていて, それに対してボブが「多くのアメリカの親たちもそう考えるんだよ」と言っている。②get married「結婚する」

[全訳]

ボブ：やあ, リサ。きみの誕生日は3月16日だよね?

リサ：ええ。あなたがそれを覚えていてくれてうれしいわ, でもどうして?　まだ4か月も先よ。

ボブ：ええとね, 日本ではあらゆることが4月から始まるでしょ, だからきみが小さな子どもだったころは, つ

らかったにちがいないと思ってね。きみはクラスのほとんどの友達より小さかったでしょ？
リサ：そうなのよ。4月生まれの女の子たちは，たいてい私より背が高くて速く走れたから，私はスポーツをするのが嫌いだったわ。
ボブ：そうなんだ。アメリカでは，学年は9月に始まるから，9月生まれの生徒はたいてい成績がいいんだ。
リサ：たとえばどんなふうに？
ボブ：ぼくはプロのバスケットボール選手についての本を読んで，彼らの多くが実は9月生まれだってことに気づいたんだ。
リサ：それはどうしてなの？
ボブ：ええとね，学年の早い時期に生まれた男の子は，より速く走れるから，彼らは初めから特別なクラスに入れられて，特別なトレーニングを受け続けるんだよ。だから彼らはスポーツが得意なことが多いんだ。
リサ：それって私にはとても不公平に思えるわ。もし私がアメリカに住んでいたら，私は9月に赤ちゃんを産むわ。
ボブ：まさにそうなんだ。多くのアメリカの親たちもそう考えるんだよ。
Question **a.** ボブとリサはいつこの会話をしていましたか。
Question **b.** リサは4月生まれの日本の若い女の子について何と言いましたか。
Question **c.** ボブは9月生まれのアメリカの子どもたちについて何と言っていますか。
Question **d.** アメリカのバスケットボール選手の多くが9月生まれなのはなぜですか。
Question **e.** 多くのアメリカの親たちは何を望んでいますか。

Part 2 Reading

7 長文　〈実践演習 p.36〉

1　a. ③　b. ①　c. ②　d. ②　e. ③
[解説]〈知覚動詞 smell[see]＋目的語＋現在分詞〉「～が…しているにおいがする〔…しているのを見る〕」 shout out for help「大声で助けを求める」 fall to the ground「地面に崩れ落ちる」 fire engine(s)「消防車」〈知覚動詞 see＋目的語＋原形不定詞〉「～が…するのを見る」 think to *oneself*「ひそかに思う」 thanks to ～「～のおかげで」 put out ～「～を消す」 hold ～ in *one*'s arms「～を腕に抱く」 with care「注意して」 call out ～「～を出動させる」
[全訳]
　キースが通りを歩いていると，何かが焦げているにおいがしました。黒い煙がどこからともなく漂っていました。そこに1人の女性が右手の家から大声で助けを求めながら飛び出してくるのが見えました。次の瞬間，彼は火が見る間に大きくなっているのを目にしました。彼はポケットから携帯電話を取り出して，消防署に電話をかけました。濃い煙がまたたく間にその家のすべての窓からもうもうと出てきました。通りの人は見物のために足を止めました。
　キースが女性に近づいたとき，彼女は自分の子猫を置き去りにしてしまったと話しました。その言葉が女性の口から発せられる前に，彼女は家に急いで戻ろうとしました。キースは彼女を制止するために腕をつかみ，彼女に消防士が到着し，子猫を助けてくれるのを待つように話しました。女性は地面に崩れ落ち，泣き始めました。
　それから2，3分して，4台の消防車が同時に到着しました。消防士たちが，窓を壊して家に入るのを見ながら，キースは火から逃れようとするのが人間の本能であろうに，とひそかに考えました。しかし，この男たちはそのまったく反対のことをしていたのでした。彼にできることはその女性のかたわらにいることだけでした。
　消防士たちの活躍で，消火されました。1人の消防士が，何かを腕にそっと抱えながら，女性に近づきました。彼は彼女に子猫は寝室に隠れていたと告げました。彼女は自分の猫を救ってくれたことに対する感謝の言葉を何度も述べました。キースは安堵して，その場から立ち去りました。
a. キースは通りを歩いていたとき（①　たばこを吸うために立ち止まりました　②　女性が家に火を付けるのを見ました　③　その家が火事になっているのに気がつきました　④　その女性に助けを求めました）。
b. キースは携帯電話を（①　消防士の出動を求める　②　女性に火事を知らせる　③　その女性に電話をかける　④　その家に火を付ける）ために使いました。
c. キースはその女性が（①　助けを求める　②　家に戻る　③　地面に倒れる　④　消防士を待つ）のを制止するために腕をつかみました。

d. 第3段落の「まったく反対のことをする」という句は（①　消防車を運転すること　②　燃えている家に入ること　③　火から遠ざかること　④　その女性のそばに立っていること）を意味します。

e. 女性に近づいてきた消防士は，（①　彼女に立ち去るように言いました　②　キースに彼女の猫を抱くように頼みました　③　その火事から彼女のペットを救いました　④　彼女の猫を寝室に置き去りにしました）。

2　**a.** ③　**b.** ②　**c.** ①　**d.** ②　**e.** ③

［解説］　make people buy「人々に買わせる」←〈使役動詞 make＋目的語＋動詞の原形〉「〜に…させる」
walk by 〜「〜を歩いて通り過ぎる」

［全訳］

　スーパーマーケットで人々により多くの食品を買わせる方法を研究してきた人々がいます。彼らは，あなた方が気付きさえしない，ありとあらゆることをします。たとえば，パンや牛乳，野菜のような，誰もが買わなければならない食品は，店の至るところに分散されています。あなたが必要なものを見つけるためには，より目を引き，そしてより値段の高いもののそばを通らなければならないようになっているのです。より値段の高い食品は，鮮やかな色の絵の描かれたパッケージに包んであります。このような食品は，目の高さに置かれているので，それを見ると買いたくなるのです。いずれにせよ，あなたが買わなければいけないものは，ふつう目線よりも高い位置の棚か低い位置の棚に置かれています。

　別の研究により，人が30分間スーパーマーケットにいると1分ごとに50セント使うことがわかります。たとえば，誰かが40分間いたとすると，スーパーマーケットは（それよりも）さらに5ドル多く収入を得ることになります。そこで，スーパーマーケットは，夏や冬には快適な温度にして心地よい音楽を流します。そこは人々にとってとどまり，より多くのお金を使うのに快適な場所なのです。

　ですから，スーパーマーケットでは気を付けてください。あなたは買うつもりのなかった食品の袋を持って家に帰ることになるかもしれません。あなたではなく，スーパーマーケットがあなたはそれを買うべきだと決めているのです。

a. あなたが買わなければならない食品は（①　あなたに長い距離を歩かせないようにするために　②　それを簡単に見つけられるように　③　あなたを隅々まで連れて行くために　④　価格を上げないようにするために）スーパーマーケットの至るところに分散されています。

b. あなたが買う必要のない高価なものが（①　あなたの買う必要のあるものからずっと遠くに　②　目の高さに　③　より高い棚に　④　より低い棚に）置かれています。

c. ある研究に，1人の人が40分間スーパーマーケットにいたら，その人は（①　合計で20ドルのお金を使う　②　そこにさらに30分間いる　③　1分ごとに5ドル支払う　④　これ以上長くいたいと思わなくなる）ことが示唆されています。

d. スーパーマーケットは客により長くいてより多くのお金を使わせるために（①　温度を平均気温より低く保とうと　②　快適な環境を提供しようと　③　従業員が快適に感じられるように　④　夏や冬でさえも開業するよう）努力します。

e. （①　あなたはより少ないお金で買い物を楽しめる　②　あなたは何がほしいか考えなければならない　③　必要のないものを買ってしまう可能性がある　④　あなたはお買い得品を逃してしまうかもしれない）ので，スーパーマーケットでは注意するべきです。

3　**a.** ④　**b.** ③　**c.** ②　**d.** ④　**e.** ③

［解説］

Some .... Others 〜.「…する人々もいれば，〜する人々もいる」　people in need「困っている人々」　the poor「貧しい人々」（＝poor people）　〜, who ... は非制限用法の関係代名詞で，先行詞について補足説明を加えている。　the Nobel Prize for Peace「ノーベル平和賞」　be in good health「健康である」　last「続く」　take part「参加する」

a. 第1段落第4〜6文「休暇の時間を別の理由に使う人々もいます。彼らは何をするのでしょうか。彼らは他の人々を助けるために，ボランティア休暇を取るのです」より，「ボランティア活動をするために休暇を取る人々がいる」ということなので，④が正解。

b. 第2段落第2文に「彼ら（＝Habit for Humanity）は貧しい人々のために家を建てます」とある。the poor「貧しい人々」にもっとも近いのは③の「困っている人々」なので，③が正解。

c. 第2段落第4・5文「Habit for Humanity のボランティアは，特別な技術は必要ありません。彼らは健康でなければならないだけです」より，②が正解。

d. 第3段落第2文「彼ら（＝Earthwatch）はボランティアに，世界中の多くの場所で科学者を助けてもらっ

ています」より，④が正解。
e．第3段落最終文「彼ら（＝Earthwatch のボランティア）はふつう，寮に滞在し，一緒に食事を調理します」より，③が正解。

[全訳]

　誰でも，休暇を取るのは楽しみです。それは楽しくてくつろげます。浜辺や山々に行くのが好きな人がいます。休暇の時間を別の理由に使う人々もいます。彼らは何をするのでしょうか。彼らは他の人々を助けるために，ボランティア休暇を取るのです。ボランティアとは，お金を受け取らずに何かをする人々のことです。彼らは，困っている人々の力になりたくてこのことを行います。多くのグループが手助けする機会をボランティアに与えます。

　Habit for Humanity はこうしたグループの1つです。彼らは貧しい人々のために家を建てます。彼らのもっとも有名なボランティアは，ノーベル平和賞を受賞した元アメリカ大統領ジミー・カーターです。Habit for Humanity のボランティアは，特別な技術は必要ありません。彼らは健康でなければならないだけです。ボランティアはアメリカ合衆国で家を建てますが，彼らはまた世界中でも家を建てます。多くのボランティアが自分の移動の費用を負担します。

　ほかのグループは Earthwatch と呼ばれるものです。彼らはボランティアに，世界中の多くの場所で科学者を助けてもらっています。例えば，ボランティアは絶滅の危機にある動物の研究を手伝うかもしれません。旅のほとんどが2週間続きます。ボランティアは参加するのに約1800ドルを支払います。彼らはふつう，寮に滞在し，一緒に食事を調理します。

a．（① お金を得るために　② お金持ちの人々であるために　③ 家族のために　④ ボランティア活動をするために）休暇を取る人々がいます。
b．Habit for Humanity は（① お金持ちの人々　② ボランティア　③ 困っている人々　④ 元大統領）のために家を建てます。
c．（① 貧しいこと　② 健康であること　③ お金を持っていること　④ 特別な技術を持っていること）が，Habit for Humanity のボランティアにとってもっとも大切なことです。
d．Earthwatch は科学者が（① 旅行する　② 家を作る　③ お金を稼ぐ　④ 多くの場所で研究する）のを手伝います。
e．Earthwatch では，ボランティアは（① 貧しい人々のための食事を　② 絶滅の危機にある動物のための食事を　③ 自分たちの食事を一緒に　④ 自分たちの食事を動物たちと一緒に）用意します。

4　a．①　b．④　c．②　d．③　e．③

[解説]

smarter は smart「賢い，頭のよい」の比較級。who ... nine は three five-year-old chimpanzees を修飾する関係代名詞節。had been taught は完了形の受動態。テストの前に教えられていたので，過去完了になっている。the other eight numbers は，触った数字以外の8つの数字を指している。what the other numbers were は間接疑問。makes humans different は〈make＋O＋C〉「OをCにする」の形。who ... question は scientists を修飾する関係代名詞節。sure のあとに what makes humans different from animals が省略されている。

a．第1段落第2文には，日本の科学者たちが若いチンパンジーと人間の成人に対して短期記憶のテストを行ったと書かれていて，続く第3文には「科学者たちは一部のチンパンジーがより優れた記憶力を持っていることを発見しました」とあるので，①が正解。
b．第1段落最終文に「多くの人々は，人間の脳はあらゆる点でチンパンジーの脳よりも優れていると思っていました」とあるが，実験の結果，チンパンジーの脳は少なくとも短期記憶の能力において人間の脳より優れているとわかったのだから，④が正解。
c．最初のテストの概要は第2段落第1〜4文に書かれていて，第3文に「1つの数字に触れると，残りの8つの数字が白い四角に変わりました」とあるので，②が正解。
d．2番目のテストの概要は第2段落の第6文以降に書かれていて，第7文に「このテストでは，5つの数字が1秒に満たない間，画面に表示されました」とあるので，③が正解。
e．最終段落最終文に「この疑問に答えようとしている科学者たちがいますが，今のところ彼らはわかっていません」とある。「この疑問」とは前文の「人間を動物から区別するものは何なのでしょうか」という疑問のことなので，③が正解。

[全訳]

　あなたは自分がチンパンジーより頭がよいと思いますか。日本の科学者たちは，数頭の若いチンパンジーと数名の大人の人間に対して短期記憶テストを行いました。科学者たちは一部のチンパンジーがより優れた記憶力を持っていることを発見しました。これは驚くべきことです。多くの人々は，人間の脳はあらゆる点でチンパンジーの脳よりも優れていると思っていました。

　そのテストは，12人の大学生と，１から９までの数字の順序を教えられた３頭の５歳のチンパンジーに対して行われました。彼らはコンピュータの画面上の９つの数字を見ました。１つの数字に触れると，残りの８つの数字が白い四角に変わりました。テストは，残りの数字が何であるかを記憶し，それから正しい順番で四角を押す，というものでした。アユムというチンパンジーはこのテストでもっとも優秀でした。その後，彼らは２番目のテストをしました。このテストでは，５つの数字が１秒に満たない間，画面に表示されました。それからそれらは白い四角に置き換えられました。今度も，テストは正方形を正しい順番で押すことでした。アユムはこのテストでももっとも優秀でした。

　一部のチンパンジーがこのように人間よりも優れているのなら，人間を動物から区別するものは何なのでしょうか。この疑問に答えようとしている科学者たちがいますが，今のところ彼らはわかっていません。

a.（①　若いチンパンジーは　②　学生たちは　③　年老いたチンパンジーは　④　成人の人間は）短期記憶のテストでより優れた結果を示しました。

b.　人間の脳と比べて，ある意味でチンパンジーの脳は（①　より大きいです。　②　より短いです。　③　より長いです。　④　より優れています。）

c.　最初のテストである特定の数字が触れられると，（①　５つの　②　８つの　③　９つの　④　12個の）数字が白い四角に変わりました。

d.　２番目のテストでは，生徒たちとアユムは（①　間違った数字を　②　白い画面を　③　５つの数字を　④　９つの四角を）見ることができました。

e.　人間の脳と動物の脳の違いは（①　明白です。　②　知られています。　③　はっきりしません。　④　理解されています。）

8　会話文　〈実践演習 p.43〉

1　(a)—③　(b)—⑥　(c)—⑤　(d)—②　(e)—①

[解説]　on sale「セール中で」　bargain「お買い得品」　fit「（寸法などが人）に合う」　try ～ on「～を試着する」

店での客と店員の会話である。買い物の場面でよく使われる表現に慣れていれば，容易に空所の直後の発言から適当な選択肢を選べるだろう。　(a)　直後の「お買い得品のようですね」に着目しよう。　(b)　前で青のセーターが話題になっており，あとで店員が「黒と赤がございます」と答えていることから，適切な文を判断して選ぼう。　(c)　あとの店員の「いかがですか」と客の「ぴったりです」という発言から，客は試着しているとわかる。　(d)　店員が金額を答えていることから，客は値段を尋ねたと判断できる。　(e)　あとで客が「クレジットカードは使えますか」と尋ねていることから，ここでは支払い方法が話題になっているとわかる。

[全訳]
〈店で〉
店員：いらっしゃいませ。
客　：実は，ただ見ているだけなんですが，あの青のセーターにちょっと興味があるんです。
店員：こちらのセーターは現在，セール中でございます。③価格が半額以下になっております。
客　：それはお買い得品のようですね。⑥ほかの色はありますか。
店員：お待くださいませ。黒と赤がございます。
客　：ラージ・サイズの黒のセーターはありますか。⑤試着してみたいので。
店員：こちらでございます。いかがでしょうか。
客　：ぴったりですね，ただ，赤も試着してみたいかもしれませんね。
店員：すみません，お客様より小さなサイズの在庫しかありません。
客　：いいですよ。どうせ赤はそれほど気に入らないでしょうから。②これはおいくらですか。
店員：59ドル99セントになります。
客　：わかりました。こちらをいただきます。
店員：ありがとうございます。①お支払いはどうなさいますか。

客 ：クレジットカードは使えますか。

2 (a)—⑤ (b)—③ (c)—① (d)—⑥ (e)—④

[解説] have a word with ～「～とちょっと話をする」 I have a favor to ask of you.「あなたにお願いがある」 What is ～ like ?「～はどのような状態〔感じ〕か」 be sure to *do*「必ず～する」
職場の同僚同士の会話である。 (a) yes で答えられる質問文を選べばよい。 (b) 直後の I want you to ...「君に…してもらいたいんだ」から，ここでは何かを依頼しているとわかる。 (c) 直後で it's quite warm and sunny と答えていることから，天気に関する質問がなされたと判断できる。 (d) 前後の「一緒に行けたらいいのに」と「でも，今回の旅はかなり楽しいはず」をつなぐ発言を選ぶ。 (e) 直後の「心配しないで」に着目。

[全訳]

マイケル ：レイチェル，今，ちょっと話せるかな？
レイチェル：もちろんよ。⑤出張に行くんでしょう？
マイケル ：そうなんだ。あと30分で空港に向かうつもりなんだけど。
レイチェル：どこへ行くの？
マイケル ：ニューヨークだよ。今回は，新しいデザイナーと会う予定なんだ。
レイチェル：おもしろそうね。それで，私に話したいことって何？
マイケル ：③お願いがあるんだ。ぼくが留守の間，毎晩，レジを確認してほしいんだ。
レイチェル：わかったわ。ニューヨークにはどれぐらいいるの？
マイケル ：ほんの1週間かそこいらだよ。
レイチェル：①天気はどうなのかしら？
マイケル ：かなり暖かくて，晴れているらしいね。
レイチェル：運がいいわね！　私も一緒に行けたらいいのに。
マイケル ：⑥休暇でそこに行くわけじゃないんだよ。
レイチェル：でも，今回の旅はかなり楽しいはずよ。
マイケル ：そう願うよ。そうだ，これを言い忘れるところだった。④出かけるときは必ずすべてのドアに鍵をかけて。
レイチェル：心配しないで。よい旅を！

3 (a)—⑥ (b)—① (c)—② (d)—③ (e)—⑤

[解説]
the time と I の間に関係副詞 when が省略されていると考える。I did.＝I did the right thing. Good for you.「(感心して) えらいぞ，やるじゃないか」 call ～ in「～を招く」 Very funny. は冗談を言ったりふざけたりしている相手に対して「ちっともおもしろくないぞ，笑えないぞ」と言うときに使う表現。シゲオは，マックスが「その3万円は自分がなくしたものだ」と言いたいのだと思ったので，このように応答している。missing「見あたらない」 turn up「(偶然，ひょっこり) 見つかる」

(a) 直後で「中には3万円くらい入ってたんだ」と言っているので，wallet「財布」という単語のある⑥が適切。
(b) 直前の Good for you. は相手の行動をほめる慣用表現なので，①を入れれば話の流れに合う。
(c) シゲオが拾ったお金を警察からもらった，と言っていることに注目。3か月経っても落とし主が現れなかったために，拾ったお金がシゲオのものになったのだと考えられるので，②を選ぶ。
(d) マックスが「ぼくは次の駅で降りて歩かなきゃならなかったんだ！」と答えているので，帰宅方法を尋ねている③が適切。
(e) 直前で，なくしたお金がすぐに出てきたと言っていて，直後で「それはずっとズボンのポケットに入ってたんだ！」と言っているので，⑤を入れれば話の流れに合う。

[全訳]

シゲオ：電車の中でお金を見つけたときのことって，きみに話したかな。
マックス：話してないと思うよ。何があったの？
シゲオ：⑥コンサートに行く途中で，隣の席に財布があるのを見たんだ。中には3万円くらい入ってたんだ。
マックス：きみが正しいことをしたならいいんだけど。
シゲオ：したよ。ぼくは切符売り場でそれを渡したんだ。
マックス：えらいぞ。①きみは正直な男だね。
シゲオ：で，約3か月後にうれしい驚きがあったんだ。警察がぼくを招いて，ぼくにそのお金をくれたんだ。

　　　　②彼らはそれをなくした人を見つけられなかったんだよ。
マックス：それはおもしろい。不思議なことに，ぼく自身も電車で約3万円をなくしたんだ。
　シゲオ：おいおい。ちっともおもしろくないぞ。
マックス：いや，違うんだ。これはぼくがドイツにいたときのことだよ。ぼくは約3万円相当のお金をなくしたんだ。
　シゲオ：ああ，そういうことか。何があったの？
マックス：財布の中のものを探していて，切符と全部のお金が見あたらないのに気づいたんだ！
　シゲオ：わあ，きみはどうしたの？　③どうやって家に帰ったの？
マックス：ぼくは次の駅で降りて歩かなきゃならなかったんだ！　ぼくはすごく腹が立ったよ。
　シゲオ：警察には言ったの？
マックス：いいや。運よく，お金はすぐに出てきたんだ。⑤洗濯したときにそれを見つけたんだ。それはずっとズボンのポケットに入ってたんだ！

4　(a)―⑤　(b)―②　(c)―⑥　(d)―④　(e)―①

[解説]
(a)　ボブの「どうしたの？」への返答。直後の文で「そして，彼に何をあげたらいいか思い浮かばないのよ」と言っているので，him「彼に」にあたるものが含まれているものが入る。⑤の my boyfriend を指すと考えると自然なので，⑤が正解。
(b)　空所の前では，ボーイフレンドが必要な新しい野球用グローブを買うためにスポーツ店へ行ったと述べている。これに対し，空所のあとでは「何もかも高すぎたの」と言っているので，お店には行ったが何も買わなかったという内容になる②が正解。
(c)　前の部分で，ベンは「スポーツワールドには行ってみた？」とスポーツ店を挙げているが，クミコは「そこは聞いたことがないわ」と答えている。これを受けて，ベンは空所の前で「新しいお店だから，オープニング週の目玉商品がたくさんあるよ」と言っている。その具体的な内容と考えられる⑥を入れると，クミコの「すばらしい」という応答につながる。
(d)　ベンが紹介したスポーツワールドというお店の場所についてのやりとりである。クミコが「リンカーン通りのどこ？」と尋ねると，ベンは「マニングビルはわかる？」と聞いている。クミコの答えを聞いて，ベンは「いや，それはアダムズビルだ。マニングビルは…」と言っているので，ビルについて確認している④を入れる。
(e)　ベンがマニングビルについて説明すると，クミコが「わかった。それがどこか知っているわ」と言っている。これを聞いたベンの言葉なので，マニングビルとスポーツワールドの位置関係を説明する①を入れる。

[全訳]
　ベン：やあ！　どうしたの？
クミコ：⑤明日，私のボーイフレンドの誕生日なの。そして，彼に何をあげたらいいか思い浮かばないのよ。
　ベン：まったく思い浮かばないの？
クミコ：そうね，彼は新しい野球用グローブが必要だから，スポーツ店へ行ったの。②でも彼が本当に欲しいものを私は買えなかったわ。何もかも高すぎたの。
　ベン：スポーツワールドには行ってみた？
クミコ：そこは聞いたことがないわ。
　ベン：新しいお店だから，オープニング週の目玉商品がたくさんあるよ。⑥ほとんど全品30〜40％引きだ。
クミコ：すばらしい。それはどこにあるの？
　ベン：リンカーン通りだよ。
クミコ：リンカーン通りのどこ？
　ベン：マニングビルはわかる？
クミコ：④それはキャピタルホテルそばの大きくて黄色いオフィスビル？
　ベン：いや，それはアダムズビルだ。マニングビルは，図書館の向かいの高くてガラス張りのビルだ。上階にレストランがある。
クミコ：わかった。それがどこか知っているわ。
　ベン：①スポーツワールドはそのすぐそばだよ。
クミコ：昼食後にそこへ行ってみるわ。ありがとう！
　ベン：お役に立ててうれしいよ。がんばって！

Part 3 Writing

❾ 適語選択（短文）

〈実践演習 p.50〉

1 a.④ b.① c.④ d.① e.①

[解説]

a. inventor は動詞 invent「発明する」＋or「人」からなる名詞。

b. smoking は health problems の原因として一般に知られていることから，「～を引き起こす」を意味する cause が最適。

c. compare with ～「～と肩を並べる，～に匹敵する」は頻出の動詞句。

d. You can't miss it. は道案内で「すぐにわかります，見逃すことはありません」という意味の決まり文句。

e. 選択肢はそれぞれ①「明白な」，②「忠実な」，③「感謝して」，④「賢明な，賢い」という意味の形容詞。

[全訳]

a. アレクサンダー・グラハム・ベルは電話の発明者だと考えられています。

b. 喫煙は健康問題を引き起こしうることはよく知られています。

c. 仕事のあと家に帰ったときの温かな入浴に匹敵するものはありません。

d. 次の角を右に曲がれば，その図書館は左手に見えます。すぐにわかりますよ。

e. 私たちの計画が完全なる失敗だったことは明白でした。

2 a.④ b.④ c.③ d.① e.②

[解説]

a. ①は「乗務員，スタッフ」，②は「ジャーナリスト」，③は「役人」，④は「泥棒」を意味する名詞。

b. 〈prove＋目的語＋補語〉＝「～が…であることを証明する」

c. a large population で「大きな人口」を意味する。そのほかの選択肢は，①「距離」，②「寸法，測量（する）」，④「気温」。

d. come to で「意識が戻る，気がつく」の意味の自動詞の役割を果たす。

e. lack of ～は「～の不足〔欠如〕」。

[全訳]

a. 私たちの家に押し入った泥棒はついに警察に捕まりました。

b. その研究結果は，彼が間違っていることを証明しました。

c. 大阪は日本でもっとも混雑している都市のひとつです。そこは大きな人口を抱えています。

d. 意識が戻ったとき，ボブは通りに横たわっていて，彼の財布はありませんでした。

e. 私は，ほとんどの誤解はコミュニケーションの欠如からくると思っています。

3 a.③ b.④ c.① d.② e.②

[解説]

a. mild には「（天候などが）穏やかな」という意味があるので，③「気候」を入れれば文意が通る。①「作物」，②「公害」，④「洪水」

b. crowded は人や物でいっぱいの状態を表す形容詞。ここでは，トムの部屋がいっぱいの状態だ，ということなので，④「家具」が適切。①「成長」，②「情報」，③「進歩」

c. she admires は things を修飾する関係代名詞節。admire は「～を称賛する，～に見とれる」という意味。①「ねたむ，嫉妬する」を入れれば文意が通る。②「貴重な」，③「伝統的な」，④「自然な」

d. too ～ for ... to do は「～すぎて…は―できない」という意味なので，②「～に手が届く」が適切。①「～を解決する」，③「～に注意を払う」，④「（時間など）を割く，～なしですます」

e. your coffee with sugar「砂糖入りのコーヒー」という語句に合うのは②「～のほうが好きである」だけ。①「～を妨げる」，③「～を準備する」，④「～を押す」

[全訳]

a. 日本は温暖な気候の国です。

b. トムの部屋はたくさんの家具でいっぱいです。

c. シンディーは見とれるようなものを目にしても，決してうらやんだりしません。

d. 木の上のボールは高すぎて私には手が届きません。

e. コーヒーは砂糖を入れたほうがいいですか。

4　**a.** ①　**b.** ①　**c.** ④　**d.** ③　**e.** ④
[解説]
a. あとに about が続いているので，①を入れて be anxious about ～「～のことを心配している」の表現にする。②ashamed「恥ずかしい」，③aware「気づいて」，④awful「恐ろしい，ひどい」は，あとの about 以下につながらないので不適。
b. To pass the exam は〈目的〉を表す to 不定詞。①を入れて brush up ～「～を勉強し直す，学び直す」の表現にすると，自然な文意になる。②の give up ～ は「～をあきらめる」，③の show up は「現れる」，④の turn up ～ は「（音量など）を大きくする，姿を現す」の意味で，自然な文意にならないのでいずれも不適。
c. because 以下は前半の「この紙を切ることができない」ことの理由を示している。④missing「（本来あるべき場所に）ない，見あたらない」を入れると自然な意味の文になる。①curious「好奇心が強い」，②selfish「利己的な，わがままな」，③convenient「便利な」は，いずれも自然な文意にならないので不適。
d. at 100km と hour の関係を考える。③per「～につき」を入れると「時速100キロメートルで」という意味になる。①below「～より下に」，②beyond「～の向こうに，～を超えて」，④toward「～のほうへ，～へ向かって」は，いずれも意味をなさないので不適。
e. 〈形容詞＋enough to *do*〉は「～するのに十分…」という意味。形容詞 high と to 以下の内容につながるのは④salary「給料」。①action「行動，活動」，②economy「経済」，③height「高さ」は，いずれも不適。
[全訳]
a. 彼女は一人で海外旅行をすることをとても心配しています。
b. 試験に合格するために，あなたは英語を学び直すべきです。
c. はさみが見あたらないので，この紙を切ることができません。
d. この列車は時速100キロメートルで走行します。
e. 彼の給料は家族を養っていくのに十分な多さです。

5　**a.** ③　**b.** ④　**c.** ④　**d.** ①　**e.** ③
[解説]
a. ①「誕生」，②「習慣，癖」，③「情報」，④「自然」の中で，旅行する前に必要なものといえば，③「情報」。
b. As ～の部分はスーザンが道に迷った理由を述べているので，④stranger「（その場所に）初めて来た人，不慣れな人」が正解。①「経営者，支配人」，②「近所の人，隣人」，③「社長，大統領」　get lost「道に迷う」　on the way「途中で」
c. make up *one's* mind で「決心する」という意味なので，④が正解。which college 以下は間接疑問で，which の前に about が省略されている。①の catch up は「追いつく」，②の give up は「あきらめる」，③の get up は「起きる」という意味を表す。
d. add ～ to ...「～を…に加える」を使えば文意が通るので，①が正解。②「～を借りた」，③「～を決めた」，④「～を分けた」
e. コンマ以下の「それを大事に扱ってください」という文意から，③「貴重な，高価な」が適切。①「安い」，②「暗い」，④「規則正しい」
[全訳]
a. 私たちは旅行をする前にたくさんの情報が必要です。
b. スーザンはそこに初めて来たので，途中で道に迷いました。
c. 彼は自分がどの大学に進むか決心しました。
d. 彼女はトムを自分のアドレス帳に加えました。
e. この絵はとても貴重なので，大事に扱ってください。

6　**a.** ③　**b.** ④　**c.** ④　**d.** ①　**e.** ④
[解説]
a. a lot of good「たくさんのよい」が修飾し，in my high school「高校で」得られたものとしては，③experiences「経験」が正解。①checks「検査」，②crowds「群衆」，④matters「問題」はいずれも不適。
b. 空所のあとは「この国では，お年寄りの数において」という内容なので，「増加，伸び」を表す④growth を入れると，have seen の目的語として自然につながる。①goal「目標，ゴール」，②grade「等級，学年」，③grain「粒，穀物」はいずれも不適。
c. 目的語の our energy problems「私たちのエネルギー問題」とつながるのは④solve「～を解決する」。

①gather「～を集める」，②hunt「～を狩る」，③pack「～を荷造りする，～を詰め込む」はいずれも不適。

d．病気を理由に旅行に対して行うこととしては，①canceled「～を中止した」が自然。②divided「～を分けた」，③followed「～のあとについていった」，④ordered「～を注文した」はいずれも不適。

e．It は形式主語で，真主語は to give 以下。「1人の子どもにだけプレゼントをあげること」についての否定文として自然なのは④fair「公平な」。①basic「基本の」，②calm「穏やかな，冷静な」，③chief「最高（位）の，主要な」はいずれも不適。

[全訳]

a．私は高校でたくさんのよい経験をしました。

b．この国では，お年寄りの数における増加が見られます。

c．私たちはできるだけ早くエネルギー問題を解決する必要があります。

d．トムは病気のために旅行を中止しました。

e．1人の子どもにだけプレゼントをあげるのは公平ではありません。

10 適語選択（長文） 〈実践演習 p.54〉

1 ⓐ—① ⓑ—③ ⓒ—④ ⓓ—① ⓔ—③

[解説]

ⓐ 「急いでペットを所有した人が自分自身とその動物を不幸にする」という前後の文脈から，このような人に「その動物についての十分な知識があるのかどうか」判断する。 ⓑ アパート住まいの人にダルメシアンが向かない理由は，次の文の「ダルメシアンは長い距離を走る」ことにあるとわかる。 ③unless「～でない限り」 ⓒ grow to weigh ～「成長して～の重さになる」この to weigh は結果を表す不定詞。 ⓓ 直後の or は対比を表す。後ろの文に述べられているペットは飼い主にそれほど大きな関心を示さない。これに対して，or の前の部分で述べられている動物はどうなのかを考える。 ⓔ 前後の文脈から，find a good （ ） for you and your life style は「自分と自分のライフスタイルに合ったペットを見つける」という意味合いになるとわかる。③は a match for ～の形で「～によくつり合う人〔もの〕」を意味する。

[全訳]

『101匹わんちゃん』のような映画が出ると，人々はスクリーンで見たものと同じような子犬を飼うためにペットショップへと急ぎます。

もし，みなさんが，テレビ番組や雑誌で見たペットの豚や犬がほしくなったら，立ちどまってちょっと調べてみてください。動物について十分な知識がないままに急いでペットを所有してしまった多くの人が自分自身とその動物を不幸にしてしまっているのです。たとえば，あなたがアパートの部屋に住んでいるとすれば，あなたが長距離ランナーでもない限り，おそらくダルメシアンはあなたに向いていないでしょう。ダルメシアンは家のペットとしてではなく長い距離を走るために生まれてきたのです。かわいい小さな豚の赤ちゃんは，成長すると125ポンドもの体重になりますし，頭もよく冷蔵庫を開けることができるようになるのです。

ペットについて決心する前に，自分自身の生活について考えてみてください。あなたは学校や仕事にどれだけ長い時間行っているでしょうか。もし，日中に家にいられないのであれば，あなたのペットに餌をやったり，運動させたりするために来てくれる人はいますか。もし，いないのであれば，一日8時間もの間，ひとりっきりにしておける動物を検討したほうがよいかもしれません。あなたは自分にたくさんの関心を寄せてくれる動物がほしいですか，それともあなたが一緒に遊ぼうがそうでなかろうがかまわないペットといるほうが幸せですか。

これらの問題についてはっきりした答えを持ち，それでもペットがほしいのであれば，ペットショップに行く前に検討しているペットについて情報を集めて，自分や自分の生活スタイルによく合ったものを見つけたほうがよいでしょう。

2 ⓐ—① ⓑ—④ ⓒ—① ⓓ—① ⓔ—②

[解説]

ⓐ be true of ～「～について当てはまる」 ②opposite「反対の」 ③nervous「神経質な」 ④fortunate「運のよい」 ⓑ 前文で述べられている「定期的な運動」の効能をさらに加えていることから判断しよう。①However「しかしながら」 ②Therefore「そのため」 ③As a result「その結果」 ④What's more「さらに」 ⓒ ①suggest「勧める」 ②promise「約束する」 ③realize「気がつく」 ④whisper「ささやく」 ⓓ light physical activity「軽い肉体的な活動」＝light exercise「軽い運動」 ②traditional「伝統的な」 ③successful「成功した」 ④private「個人的な」 ⓔ suffer from ～「～に苦しむ，（病気など）にかかる」⇔①recover

「回復する」　③protect「予防する」　④gain「得る」

［全訳］

　時に，もっとも安くすむ問題解決方法が最善であることがあります。このことは，健康を改善することについても当てはまります。

　定期的な運動は，心臓病，脳卒中，高血圧，糖尿病，腰痛，骨粗しょう症を予防するのに役立ちます。さらには，あなたの気分を高め，ストレスとうまくつきあい，よりよい睡眠をとるのにも役立ちます。これらの問題を解決するために，アメリカ人は健康補助食品やビタミン剤に年間，約700億ドル，医者に処方される薬に3000億ドル近くものお金を費やしているのです。

　専門家は，もっとも大きな健康上の恩恵を受けるために，20分から30分程度の心拍数を上げる肉体的な活動を週に３回以上行い，筋肉を強くするような活動を少なくとも週２回行うことを勧めます。しかし，もしあなたがこのようなレベルの活動ができないのであれば，一日に30分以上の軽い肉体的な活動を１週間に少なくとも５回行えば，多くの健康上の恩恵を受けることができます。毎日，快適なペースの散歩を30分間行うといったくらいのシンプルで，楽しいことが，健康状態を大いに改善することが証明されています。水泳もまた，健康を高める楽しい活動です。

　数百万人のアメリカ人が，もっと運動しさえすれば改善されうる，あるいは治る健康問題に苦しんでいるのは残念なことです。

3　ⓐ—①　ⓑ—②　ⓒ—④　ⓓ—③　ⓔ—①

［解説］

ⓐ　空所を含む文は「彼はヴェスビオス火山の近くに（　　）温泉がいくつかあることを知っていました」という意味。直後の文に He decided to create his own「彼は自分自身の温泉を作ることにしました」とあるのに注目すると，（　　）hot springs と「自分で作った温泉」が対比されていると考えられるので，①「天然の」が適切。②「偽の」，③「公的な」，④「役に立たない」

ⓑ　空所を含む文は「彼は建物の下の暖炉で水を（　　）によって，自分自身の温泉を作ることにしました」という意味。his own＝his own hot spring「彼自身の温泉」ということだから，②「～を加熱すること」が適切。①「～をきれいにすること」，③「～を溶かすこと」，④「～を作ること」

ⓒ　空所の前は「多くのローマ人は毎日数時間，様々な種類の風呂に入りました」という意味。空所のあとは，after ～「～したあと」，Next「次に」，From there, they moved to ～「そこから，彼らは～へ移動しました」と続くので，④「一般的に」を入れれば，ローマ人の一般的な入浴方法の説明にうまくつながる。①「その後」や②「このようにして」は，空所の前には入浴方法の説明が出てきていないので，不適切。③「このために」

ⓓ　空所を含む文は「スポーツの場所（　　），テルマエには公園やレストランがあり，図書館や小劇場がある場合もありました」という意味。「スポーツの場所」はすでに第２段落に出てきているので，③「～だけでなく」を入れれば，スポーツの場所以外の施設を追加している文の内容に合う。①「～に備えて」，②「～の観点から見れば」，④「～のために」

ⓔ　空所のあとは「テルマエは当時もっとも人気のある集会場でした」という意味。空所の前の部分では，テルマエが様々な施設を備えた交流の場であったことが述べられているので，空所のあとの文は段落の内容をまとめていることがわかる。よって，①「要するに」が適切。②「最後には」，③「その代わりに」，④「最終的に」

［全訳］

　紀元前１世紀の初めに，ある裕福なローマの実業家がテルマエ（すなわち公衆浴場）を考えつきました。彼はヴェスビオス火山の近くに天然の温泉がいくつかあることを知っていました。彼は建物の下の暖炉で水を加熱することによって，自分自身の温泉を作ることにしました。こうした小さな浴場，すなわちバルネアは非常に人気があり，すぐにローマ帝国中のあちこちに巨大な公衆浴場が建設されはじめました。

　多くのローマ人は毎日数時間，様々な種類の風呂に入りました。一般的に，客は少額の金を支払ってから，更衣室で服を脱ぎ，その後，運動場で運動しました。次に，彼らは水風呂に入ったり，プールで体を冷やしたりしました。そこから，彼らは温かい風呂へ移動するか，あるいは直接熱い風呂に入りました。

　入浴はローマの生活と文化の重要な一部でした。しかし，客は風呂に入るためだけにテルマエを訪れたわけではありませんでした。テルマエには，スポーツの場所だけでなく，テルマエには公園やレストランがあり，図書館や小劇場がある場合もありました。人々は友人や見知らぬ人とおしゃべりをし，しばしば自分たちの生活や事業について話し合いました。要するに，テルマエは当時もっとも人気のある集会場だったのです。

4　ⓐ—③　ⓑ—①　ⓒ—②　ⓓ—①　ⓔ—③

[解説]
ⓐ　空所の前の文では「クラウドファンディング」について説明している。空所を含む文は「（　　），多くのさまざまなクラウドファンディングのウェブページがありますが，その考えが始まったとき，それは新しい商売の考えのために用いられました」という意味で，クラウドファンディングが始まったときと現在のことを述べているので，③「最近は」を入れると自然につながる。①「長い間」，②「当時」，④「少しの間，一瞬」はいずれも自然につながらない。

ⓑ　空所を含む文は「例えば，アルバムを作りたい音楽家はファンにお金を（　　）ことができ，写真家は新しい本を作るためにお金を得ることができるでしょう」という意味。あとに〈O(fans)＋for money〉が続いていることに着目し，ask ～ for ...「～に…をくれと頼む」の形になるように①を入れると自然につながる。②「～を助ける，手伝う」，③「～を費やす」，④「～を取る」は，いずれもあとの部分につながらない。

ⓒ　空所を含む文は「ときには，クラウドファンディングは人々の生活に本当の（　　）をもたらすことがあります」という意味。あとの部分では，クラウドファンディングによって生活が一変する可能性のある例が述べられている。make a difference で「違いをもたらす」という意味になるので，②「違い」を入れると自然につながる。①「問題」，③「間違い」，④「損害」では自然につながらない。

ⓓ　前文は「あるクラウドファンディングのウェブサイトでは，人々が医療問題について書いています」という意味である。一方，空所を含む文とそのあとの文は「（　　），口の手術に支払うために200ドルが必要な農家の人もいるかもしれないし，耳が聞こえない大学生がいるかもしれません。もし彼女が400ドルを受け取れば，耳の手術にお金が払えるでしょう」という内容で，「医療問題」についての具体的な内容である。したがって，①「例えば」を入れると前後が自然につながる。②「ある〔一つの〕理由で」，③「幸運にも」，④「驚くべきことに」は，前後が自然につながらない。

ⓔ　空所を含む文の if 節は「困っている人や，自分が信じる何かのためにお金を募りたいと思うなら」という意味。これに対する主節なので，クラウドファンディングをするよう勧める文となるように，why not ～?「～してはどうですか」という意味になる③が適切。①「あなたはいつ～しましたか」，②「何があなたを～させましたか〔なぜあなたは～したのですか〕」，④「なぜあなたは～するのですか」はいずれも不自然。

[全訳]
　「クラウドファンディング」はインターネットで大勢の人々からお金を集める方法です。最近は，多くのさまざまなクラウドファンディングのウェブページがありますが，その考えが始まったとき，それは新しい商売の考えのために用いられました。人々は今や，それを多くの理由で用います。例えば，アルバムを作りたい音楽家はファンにお金を頼むことができ，写真家は新しい本を作るためにお金を得ることができるでしょう。ときには，クラウドファンディングは人々の生活に本当の違いをもたらすことがあります。
　貧しい国々では，医療がとても高くなることがあります。あるクラウドファンディングのウェブサイトでは，人々が医療問題について書いています。例えば，口の手術に支払うために200ドルが必要な農家の人もいるかもしれないし，耳が聞こえない大学生がいるかもしれません。もし彼女が400ドルを受け取れば，耳の手術にお金が払えるでしょう。こうした問題について読んだ人々が，それらの貧しい人々に，必要なお金を寄付しようと決めることもあります。
　それゆえに，もしあなたがこのようなよい理由に対してお金を寄付したいと思うなら，クラウドファンディングのウェブサイトを訪れなさい。また，困っている人や，自分が信じる何かのためにお金を募りたいと思うなら，あなた自身でクラウドファンディングをしてみてはどうでしょうか。

11　語形変化　〈実践演習 p.59〉

1　a.② b.① c.② d.③ e.②
[解説]
a．be used to ～は「～に慣れている」を意味する重要な慣用句。to のあとには(動)名詞がくる。used to *do*「かつては（よく）～したものだった」と混同しないようにしよう。
b．〈使役動詞 let＋目的語＋動詞の原形〉の形。「～に（自由に）…させる」という意味。
c．〈allow＋目的語＋to＋動詞の原形〉で「～に…するのを許す」。
d．bore は心理状態を表す動詞で，主語は「映画」。boring「（物事が）退屈させるような」を選ぶ。
e．〈be sure of＋A＋動名詞〉で「A が～するのを確信している」という意味になるように，A に動名詞の意味上の主語がくる。目的格あるいは所有格を用いる。

[全訳]

a. 私は小さな車を運転するのに慣れていません。

b. 両親はたいてい週末には私たちが夜更かしするのを許します。

c. 彼の先生は彼が帰宅するのを許しませんでした。

d. その映画はとても退屈だったので，私は眠くなりました。

e. 私は彼が必ず今夜来ると思います。

2　**a.** ②　**b.** ③　**c.** ①　**d.** ②　**e.** ③

[解説]

a. Having を入れることによって，理由を表す分詞構文が完成する。Having nothing else to do は，Because he had nothing else to do と同意。

b. 主語と補語には「～は…される」という受動関係があることから，③の close の過去分詞を選ぶ。〈remain＋過去分詞〉で「～された状態のままである」という意味を表す。

c. ケンが会場に到着したときよりもさらに30分前のことを表すために過去完了を用いる。

d. 〈should have＋過去分詞〉で「～すべきだったのに（しなかった）」。

e. 〈it is no use＋動名詞（～ing）〉で「～しても無駄だ」。重要な慣用句。

[全訳]

a. ほかに何もすることがなかったので，ボブは一日中，テレビを見て過ごしました。

b. そのレストランは2週間閉められたままでした。

c. ケンがそこに到着する30分前には会議は終わっていました。

d. A：パーティはどうでしたか。B：とても楽しかったです。あなたも来るべきでしたよ。

e. そのような本を読んでも役に立ちません。

3　**a.** ②　**b.** ③　**c.** ②　**d.** ②　**e.** ①

[解説]

a. 〈keep＋O＋C〉「OをCしたままにする」のOとCの関係を考える。lock は「～に鍵をかける」という意味の他動詞なので，「ドアが鍵をかけられたままの状態にする」と受け身の意味になる過去分詞の②が正解。

b. football match を修飾する形容詞を選ぶ。「（物事が）わくわくする」という意味の③が正解。①excite は動詞，②excited は「（人が）興奮した」という意味の形容詞。

c. than があることに着目し，比較級の②を選ぶ。know better than to *do* で「～しないほうがよいとわかっている，～するほどばかではない」という意味になる。

d. living alone「一人で住むこと」は動名詞で about の目的語になっている。この動名詞の意味上の主語「私が」を表現するには，動名詞の前に所有格または目的格を置く。ここでは所有格の②が正解。

e. doesn't like *doing* は「～することが好きではない」で，being に続く形を選ぶ。「言われること」と受け身の意味になるように動名詞の受動態の形になる①が正解。②の現在分詞，③の to 不定詞ではここでは意味をなさないので不適。

[全訳]

a. 離れるときは必ずドアの鍵をかけたままにしてください。

b. 私は昨日，テレビでわくわくするフットボールの試合を見ました。

c. アツシはそんなことするほどばかではありません。

d. 私の母は私が一人で住むことを心配しています。

e. 私の弟は，母に何を食べるべきかを言われることが好きではありません。

4　**a.** ①　**b.** ②　**c.** ②　**d.** ②　**e.** ③

[解説]

a. 〈make＋O＋*do*〉で「Oに～させる」という意味になるので，原形の①clean が正解。〈make＋O＋過去分詞〉の形は，Oと過去分詞が「Oが～される」という受け身の意味関係になるので，②cleaned を入れると「姉〔妹〕が掃除される」というおかしな意味になってしまう。

b. grew more and more（　　）は，〈grow＋形容詞〉「～になる」の形容詞が〈比較級＋and＋比較級〉「ますます～」になった形。①excite は「興奮させる」という意味の動詞なので，入らない。②excited は「興奮して」という意味の形容詞で，「人」を主語にする。③exciting は「興奮させるような」という意味で，「もの・こと」を主語にする。ここでは People が主語なので，②が正解。

c. the（　　）window で「割れた窓」という意味になるはず。「窓が割られる」という受け身の関係が成立

するよう，過去分詞の②broken を入れる。

d ．〈the＋比較級＋of the two〉で「2つのうち〜なほう」という意味を表すので，②heavier が正解。Shall I 〜?「〜しましょうか」

e ．in *oneself* で「それ自体」という意味なので，③itself が正解。

［全訳］

a ．私はけさ，姉〔妹〕に彼女の部屋を掃除させました。

b ．そのテニスの試合を見ていた人々は，ますます興奮してきました。

c ．スティーブは割れた窓を修理しました。

d ．その2つのかばんのうち重いほうを運びましょうか。

e ．インターネットそのものは，子どもたちにとって悪いものではありません。

5　a ．③　b ．③　c ．②　d ．①　e ．③

［解説］

a ．forget to *do* は「〜することを忘れる」，forget 〜ing は「（過去に）〜したことを忘れる」。ここでは「家を出るときはドアにかぎをかけることを忘れないで」ということなので，to *do* の形の③を選ぶ。

b ．women を修飾する分詞を選ぶ。women と work は「女性が働く」という能動の関係なので，現在分詞の③を選ぶ。

c ．feel like 〜ing で「〜したい気がする」という意味になるので，②を選ぶ。

d ．比較級 larger の前に置いてその意味を強調することができるのは①の much。

e ．〈S(Ted)＋V(makes)＋O(his lunch)〉で文は成立しているので，「彼自身で」と強調の意味になる再帰代名詞の③himself を選ぶ。make は「（人）に（もの）を作る」の形もとるが，その場合は〈make＋人＋もの〉の語順になるので，①him は不適。

［全訳］

a ．家を出るときはドアにかぎをかけるのを忘れないで。

b ．日本で働いている女性の数が増えています。

c ．今は，彼と話す気分ではありません。

d ．大人の手は子どもの手よりもずっと大きいです。

e ．テッドはときどき昼食を自分自身で作ります。

6　a ．②　b ．②　c ．③　d ．①　e ．②

［解説］

a ．選択肢を見て，適切な関係代名詞を選ぶ問題だと判断する。直後の parent は数えられる名詞の単数形だが，a や the がついていないので，parent 1 語で is の主語になることはできない。所有格の関係代名詞 whose を入れて whose parent「その人の親」とすれば，is の主語になることができるので，②が正解。

b ．keep ... 〜ing で「…に〜させつづける」という意味を表すので，②が正解。

c ．take care of 〜で「〜の世話をする，看病をする」という意味。when you are sick とあるので，病気なのは「あなた自身」なのだから，③が正解。

d ．比較級を強調するときは much や far を使うので，①が正解。

e ．as if「まるで〜かのように」に続く節では仮定法を使う。仮定法過去では，主語が何であっても be 動詞は were にするので，②が正解。

［全訳］

a ．親が音楽家である人は，音楽家になることが多いです。

b ．屋外で待たせてしまってすみません。

c ．病気のときには十分にあなた自身の体をいたわる必要があります。

d ．トムはボブよりもずっと背が高いです。

e ．姉〔妹〕はまるで私たちの先生であるかのように話します。

7　a ．③　b ．③　c ．②　d ．③　e ．②

［解説］

a ．It は形式主語で，真主語は that 以下。take part in 〜 は「〜に参加する」。「あなたが体育祭に参加できないこと」について表現するには，③「（物事が）がっかりする（ような）」。②は「（人が）がっかりした，落胆した」というときに用いる。

b ．be able to *do* で「〜できる」という意味になる。正解は③。

c. admit は目的語に不定詞ではなく動名詞をとる動詞。したがって，②が正解。

d. as long as 〜 は「〜する限り」という意味。「間に合う，役に立つ」という意味の do を用いた③が正解。①は三人称単数の主語に合わない。②は as long as 以下の時制に合わない。

e. 文の主語は often の前まで。直後に parent があるので，「（その人の）親がミュージシャンである人」という所有の意味になるように，所有格の関係代名詞②whose を選ぶ。

[全訳]

a. あなたが体育祭に参加できないのはがっかりです。

b. アマンダはあきらめず，競走を終えることができました。

c. スティーブはうそをついたことを認めました。

d. よく書けるならどんなペンでもかまいません。

e. 親がミュージシャンの人はしばしばミュージシャンになります。

12　語順整序　〈実践演習 p.63〉

1　a. ①　b. ④　c. ③　d. ②　e. ①

[解説]

a. ask O to *do* と〈help＋O＋動詞の原形（原形不定詞）〉の形を組み合わせる。

b. a lot of time, the study と選択肢 spent から，「たくさんの時間がその研究に費やされた」というおおまかな文意をおさえることが重要。spend O on 〜「O を〜に費やす」の O を主語とする受動態の語順に。

c. 〈keep＋O＋from＋動名詞（〜ing）〉は「O が〜するのを妨げる」。

d. it is a pity that 〜「〜とは残念だ」の感嘆文。〈What＋a＋名詞（pity）＋主語（it）＋動詞（is）...!〉の語順に並べる。

e. 〈be 動詞＋not sure＋what で始まる間接疑問文〉＝「何が〜のかわからない」

[全訳]

a. 彼女は私にそのテーブルを動かすのを手伝うように頼みました。

b. たくさんの時間がその研究に費やされてきました。

c. 私たちの便は雪によって離陸を妨げられたために遅れてしまいました。

d. あなたが一緒に来られないなんてなんて残念なのでしょう！

e. 車が動きませんでしたが，私はどこが悪いのかわかりませんでした。

2　a. ③　b. ③　c. ④　d. ①　e. ②

[解説]

a. take care of 〜の受動態は，〈be 動詞＋taken care of (by ...)〉。

b. What do you say to 〜ing ...? は「〜するのはどうですか」という勧誘・提案の表現。

c. 〈get＋O＋過去分詞〉で「(人が)O を〜してもらう」。この get は使役を表す。

d. 〈those＋who 節〉で「〜する人々」。この those は people と同意。

e. 〈S＋seem(s)＋完了不定詞（to have＋過去分詞）〉は「S は〜していたようだ」。

[全訳]

a. 私たちはその男の子があの年配のご夫婦によって世話をされてきたと思っています。

b. もう1杯ミルクをいかがですか。

c. あなたはすぐにでも髪を切ってもらったほうがいいでしょう。

d. この助言は，留学したい人々のためのものです。

e. 彼の発言から判断すると，ボブは真実を知っていたようです。

3　a. ②　b. ②　c. ①　d. ④　e. ③

[解説]

a. 文頭の What を関係代名詞として使い，What the boy said「その少年が言ったこと」を主語にする。

b. in favor of 〜「〜に賛成して」が使われていると考える。

c. sorry のあとに完了形の不定詞 to have caused を続ける。〈cause＋人＋〜〉「(人)に〜を引き起こす，もたらす」を使って cause you a lot of trouble「あなたに多大な迷惑をかける」とする。

d. 〈it is＋形容詞＋of＋人＋to *do*〉「(人)が〜するとは…だ」の形にする。

e. a quarter past 〜で「〜時15分過ぎ」という意味になる。「（時計・地図など）が〜を示す」と言うとき

は say を使うことにも注意。

[全訳]

a． その少年が言ったことは正しくありませんでした。

b． 母は私の計画におおいに賛成しました。

c． あなたに多大なご迷惑をおかけして申し訳ありません。

d． 道を渡ろうとしているときにお年寄りの女性を助けるとは，ナツコは親切でした。

e． 私の腕時計は今7時15分過ぎを指しています。

4 　a．① b．④ c．② d．② e．②

[解説]

a．〈It is[was]＋形容詞＋of＋人＋to 不定詞〉「（人）が～するのは…だ〔だった〕」の形にする。

b． moving on the street が The cars を修飾する現在分詞句となるように後置する。〈look＋形容詞〉「～に見える」

c．〈tell＋O＋not to *do*〉で「O に～しないように言う」という意味になる。

d． out of *one*'s reach「（人）の手の届かないところに」

e． must のあとには動詞の原形が続く。〈keep＋O＋C〉「O を C（の状態）にしておく」

[全訳]

a． ケイタがそのお年寄りの男性を助けたのは親切でした。

b． 通りを移動している車はここからだととても小さく見えます。

c． 私の姉〔妹〕は私に，そのようなことをもうしないようにと言いました。

d． ケイコのお母さんは熱い鍋を赤ちゃんの手の届かないところに動かしました。

e． 私たちは自分たちの部屋をきれいにしておかなければいけません。

5 　a．④ b．④ c．③ d．③ e．②

[解説]

a． on *one*'s way home で「帰宅途中で」。

b．〈would like＋O＋to *do*〉で「O に～してほしい」。

c． find fault with ～ で「～のあら探しをする，～の間違いを見つける」。文全体は It is ～ to *do*「…するのは～だ」の形式主語構文。others は「他人」。

d．〈It has been＋期間＋since ～.〉で「～してから…（の期間）がたった」という意味。has been は is になることもある。

e． get to know ～ で「～と知り合う，～と知り合いになる」という意味。tell me ～「私に～を教える」に how you got to know her「どうやって彼女と知り合いになったのか」という間接疑問をつないだ形。

[全訳]

a． 家に帰る途中で牛乳を買ってくれませんか。

b． 私はあなたにもっと慎重になってほしいです。

c． 他人の仕事のあら探しをするのは簡単です。

d． 私が故郷の町に戻ってから10年がたちました。

e． あなたがどうやって彼女と知り合いになったのか，私に教えてください。

6 　a．④ b．① c．② d．④ e．②

[解説]

a． should のあとには動詞 finish を置き，finish の目的語に your homework を続ける。

b．〈The＋比較級＋S'＋V'，the＋比較級＋S＋V〉「～すればするほどますます…」の形にする。

c．〈形容詞＋enough to *do*〉「～するのに十分…」の形にする。

d． There is ～.「～がある」の文の be 動詞の部分に used to be ～「（以前は）～だった」を置く。

e．〈tell＋O＋who ～〉「誰が～かを O に教える」の形にする。

[全訳]

a． あなたは宿題をできるだけ早く終えるべきです。

b． 私は数学を勉強すればするほど，ますますそれをおもしろいと思いました。

c． 10歳の少年たちは，1人で旅行するのに十分な年齢ではありません。

d． 私の学校の近くには，かつて古い教会がありました。

e． この手紙を誰が書いたかを私に教えてください。

第１回　英語検定模擬試験解答

⟨p.71⟩

1　a. ②　b. ①　c. ④　d. ①　e. ③
2　a. ②　b. ①　c. ③　d. ①　e. ④
3　a. ①　b. ③　c. ②　d. ③　e. ③

―読まれる対話文と質問文（各２回くり返す）――――――――――――――――――――――――――――――― CD B 29～35―

31 Question a.　Woman : Dad, my piano concert is on the first Sunday of next month. Can you come ?
　　　　　　　　　Man : I think your brother's soccer game will be on the first Sunday of next month, too. Let me see...
　　　　　　　　　Woman : It's on June 12th. Mine is the week before that, so you can come !
　　　　　　　　　Question : When is the girl's concert ?

32 Question b.　Man : Please help me choose a tie.
　　　　　　　　　Woman : This tie with a lot of stars is very nice.
　　　　　　　　　Man : Well, I'm going to a serious meeting.
　　　　　　　　　Woman : Then how about this plain gray one ?
　　　　　　　　　Man : I like it.
　　　　　　　　　Question : Which tie will the man wear ?

33 Question c.　Woman : Hello, I'm doing some shopping and forgot to bring the list. Can you take a look ?
　　　　　　　　　Man : All right. Do you want me to read it ?
　　　　　　　　　Woman : I got the fish, apples, and meat. What else do I need to buy ?
　　　　　　　　　Question : What will the man answer ?

34 Question d.　Woman : I'm in front of your apartment now. Where's your room ?
　　　　　　　　　Man : Come up the stairs to the second floor. From the stairs, turn right. Then go straight to the end of the floor. It's on the right.
　　　　　　　　　Question : Where is the man's room ?

35 Question e.　Woman : Are you ready to order ?
　　　　　　　　　Man : Well, what's today's special ?
　　　　　　　　　Woman : A hamburger steak with salad and soup. You can choose between rice or bread.
　　　　　　　　　Man : I had a hamburger last night. Well, I'll have spaghetti and soup, please.
　　　　　　　　　Question : What will the man eat ?

4　a. ③　b. ②　c. ①　d. ③　e. ④

―読まれる英文と質問文（各２回くり返す）――――――――――――――――――――――――――――――― CD B 36～42―

38 Question a.　Tom wanted to watch a soccer game on TV, but his sister wanted to watch a drama. So he watched it on the Internet.
　　　　　　　　　Question : What did Tom do ?

39 Question b.　Ann came to Tokyo with her family two years ago and is now a high school student. Her parents tell her that she can choose a Japanese university or an American university. Ann wants to learn more about Japanese culture in Japan.
　　　　　　　　　Question : What is Ann going to do after she graduates from high school ?

40 Question c.　Nancy's bicycle broke down yesterday, so she took the bus to school today. She felt the bus was very comfortable. But on her way home on the bus, she couldn't go to her favorite park. She thought she wouldn't change the way she went to school.

Question : What did Nancy decide to do?

41 Question d. John started learning to play the piano when he was five years old.　He enjoyed taking lessons with his friends.　But he wanted to practice more, so he started taking private lessons from his aunt last month.

Question : Why did John begin to take private lessons?

42 Question e. Michael wanted to buy a book about space, but it was expensive.　He looked for the same book in the library but couldn't find it.　When he asked the woman in the library about the book, she took it from the shelf behind the counter.　He was very happy, and he read it at home.

Question : How could Michael get the book?

［全訳］

Question **a.** トムはテレビでサッカーの試合を見たかったのですが，彼の妹〔姉〕はドラマを見たいと思いました。それで彼はインターネットでそれを見ました。

質問：トムは何をしましたか。

Question **b.** アンは2年前に家族と一緒に東京に来て，今は高校生です。アンの両親は彼女に，日本の大学かアメリカの大学かを選べると言います。アンは日本で日本の文化についてもっと学びたいと思っています。

質問：アンは高校卒業後，何をするつもりですか。

Question **c.** ナンシーは昨日，自転車が壊れたので，今日はバスで学校に来ました。彼女はバスはとても快適だと思いました。しかしバスで家に帰る途中，大好きな公園に行くことができませんでした。彼女は学校へ行く方法を変えないだろうと思いました。

質問：ナンシーは何をすることに決めましたか。

Question **d.** ジョンは5歳のときにピアノを習い始めました。彼は友達とレッスンを受けるのを楽しみました。しかし，彼はもっと練習したかったので，先月おばさんから個人レッスンを受け始めました。

質問：ジョンはなぜ個人レッスンを受け始めたのですか。

Question **e.** マイケルは宇宙に関する本を買いたかったのですが，それは高かったです。彼は図書館で同じ本を探しましたが，見つけられませんでした。図書館の女性にその本について尋ねると，彼女はカウンターの後ろの棚から取り出してくれました。彼はとても喜んで，家でその本を読みました。

質問：マイケルはどうやってその本を入手できましたか。

5　a. ③　b. ③　c. ④　d. ②　e. ①

──読まれる英文（各2回くり返す）────────── CD B 43～49──

45 Question a. Alice usually goes for a walk after dinner.　But today, she will take her dog for a walk in the park before dinner.

46 Question b. Kathy likes to play video games, but her brother doesn't like them.　Kathy wishes she could play them with him.

47 Question c. It is raining now, but it will stop by tomorrow morning.　Tomorrow it will be cloudy and a little cold in the morning.　In the afternoon, it will be clear and sunny, perfect conditions for exercising.

48 Question d. Jill likes to cook.　When she looked for tomatoes to make a salad, she could not find them.　So she used apples instead.　She was happy because it was delicious.

49 Question e. Takeshi's sister's birthday is next week, but he doesn't know what to buy her.　His parents told him that they bought her a movie DVD.　Then he decided to buy a book about the movie for her to enjoy reading the story.

6　a. ②　b. ③　c. ④　d. ③　e. ①

──読まれる会話文と質問文（2回くり返す）────────── CD B 50～58──

52 Saki : Mike, where are you going?　We need to clean our classroom.

Mike : Oh, right, Saki.　I forgot.

Saki : In your country, students don't clean the classrooms, do they?

```
    Mike : No.  There are people who do it as their job.
    Saki : So the classrooms are always clean?
    Mike : Not really.  Some students make classrooms dirty because they don't have to clean
           them themselves.
    Saki : That's too bad.
    Mike : But many people around the world think students cleaning the classrooms is great.
           For example, in Singapore, students have to clean their classrooms.  It began in
           2016.
    Saki : Really?  How do people feel about it?
    Mike : Some are for it, and others are against it.  Some children have never even cleaned
           their houses.
    Saki : Really?  Well, now I know that what's usual for us is sometimes unusual in other
           places.
53 Question a. In Mike's country, who cleans the classrooms?
54 Question b. What are school classrooms like in Mike's country?
55 Question c. In Singapore, when did the students start cleaning the classrooms?
56 Question d. What do people in Singapore think about cleaning classrooms?
57 Question e. How does Saki feel in the end?
```

[全訳]

サキ：マイク，どこに行くの？　教室の掃除をしないと。

マイク：ああ，そうか，サキ。忘れていたよ。

サキ：あなたの国では，生徒は教室を掃除しないのよね？

マイク：しないよ。仕事としてやっている人がいるんだ。

サキ：じゃあ，教室はいつもきれいなの？

マイク：そうでもない。生徒の中には，自分が掃除をしなくていいからといって，教室を汚す人がいるよ。

サキ：それは残念ね。

マイク：でも，世界中の多くの人が，生徒が教室を掃除することはすばらしいと思っているよ。例えば，シンガポールでは，生徒が教室を掃除しなければならないんだ。2016年に始まったんだ。

サキ：そうなの？　人々はそれについてどう思っているのかしら？

マイク：賛成している人もいれば，反対している人もいるね。家を一度も掃除したことさえない子どももいるし。

サキ：本当に？　ああ，今，私たちにとっては普通のことでも，ほかの場所では時には普通ではないことがあるとわかったわ。

Question a. マイクの国では，誰が教室を掃除しますか。

Question b. マイクの国では，学校の教室はどのようですか。

Question c. シンガポールでは，いつ生徒が教室を掃除し始めましたか。

Question d. シンガポールの人々は，教室を掃除することについてどう考えていますか。

Question e. サキは最後にどう感じていますか。

7　a.②　b.③　c.①　d.②　e.③

[全訳]

あなたはどのようなスポーツをしますか。部活動でスポーツをしますか，あるいは登下校で歩きますか。もし何もしていなくて運動の必要性を感じたら，ウォーキングをしてみませんか。

ウォーキングは，特別なものがなくても，すぐに簡単に運動を始められる方法です。きつすぎると感じたら，ゆっくり歩いたり，時間を短くしたりすることができます。楽すぎると感じたら，速く歩いたり，時間を長くしたりすることができます。ウォーキングは誰にとっても最適な運動なのです。

歩くのに最適な時間はいつでしょうか。朝のウォーキングは，体を目覚めさせ，1日の早い時間に脂肪を燃焼させ始めるので，減量によいと言われています。一方，夕方のウォーキングは，体温がすでに上昇してより動きやすくなっているため，身体的な運動に適しています。しかし，もっとも重要なのは，定期的にウォーキングを続けることです。

どんなスポーツでもそうですが，歩くときにはいくつか心に留めておくべきことがあります。まず，夏の昼間

や冬の早朝に歩くのは避けたほうがよいでしょう。それらは体に負担のかかる時間帯です。また，お腹がとても
すいているときや満腹すぎるときも歩くのを避けるべきです。最後に，気分がすぐれないときには，歩くのをや
めることも大切です。

　歩きたくなる助けとなるものを持つのはよい考えです。あなたが歩いた歩数を数える道具や，歩くことでごほ
うびをくれるアプリ，歩くことを楽しませてくれるゲームは，すべて歩くことを楽しくしてくれます。しかし，
それらを使うときは，周囲に気を配りましょう。また，見つけたものを写真に撮ったり，歩いているときに思っ
たことを一言書きとめたりするのもいいでしょう。何か楽しいことを見つけることが，運動を続ける秘訣です。

8　(a)—④　(b)—②　(c)—⑤　(d)—①　(e)—⑥

[全訳]

　ハンナ：スミス先生，私と話をする時間はありますか。

スミス先生：はい，あります。④どのような用件でしょうか。

　ハンナ：宿題のレポートを金曜日までに提出しなければならないのですが，もう少し時間をいただけません
　　　　　か。

スミス先生：そうですね，今日は水曜日で，あなたは間に合うと思いますよ。何が問題なのですか。

　ハンナ：明日の夕方，祖母が私の家に来ます。祖母は動くのが難しいので，私が手伝わなければなりません。
　　　　　私はレポートの3分の1は終えています。②先生にそれを見せられるようにここに持ってきました。

スミス先生：では，見せてください。

　ハンナ：私は今夜，もう3分の1を書くつもりです。そして，明日，残りの3分の1を書くつもりでした。

スミス先生：なるほど。⑤何が起きているのかわかりました。いつレポートを完成できると思いますか。

　ハンナ：土曜日に学校にいらっしゃるならお渡しできます。

スミス先生：①私は土曜日には来ません。では，来週の月曜日にレポートを持って私のところに来てください。

　ハンナ：わかりました。そのようにします。どうもありがとうございます。

スミス先生：あなたは計画を立てて，うまくいかないと思ったらすぐに私にアドバイスを求めたのはよかったで
　　　　　すね。⑥あなたのレポートを読むのを楽しみにしています。

　ハンナ：ありがとうございます。先生とお話しできてよかったです。

9　a.③　b.④　c.①　d.③　e.④

10　(a)—③　(b)—①　(c)—②　(d)—④　(e)—①

[全訳]

　あなたは友達にメッセージを送るのに絵文字を使いますか。絵文字とは，文字として扱われる絵です。顔や道
具，記号など，いろいろな絵文字があります。多くの語を使わずに1つの絵を使って考えを伝えることができる
ので，それらは便利です。

　絵文字の起源は，古代に見つけることができます。いくつかの研究によると，何万年も前に，壁に記号が書か
れていました。驚くべきことに，異なる地域で同じ記号が見つかりました。研究者は，当時の人々が，意思疎通
するために共通の記号を使っていたと考えています。

　現代の絵文字も，異なる言語を使う人々を結びつけます。例えば，笑っている絵文字の顔を見ると，世界中の
人は喜びを分かち合います。一方で，1つの絵文字が時には異なる意味を持つこともありえます。例えば，日本
では謝罪の意味で使われる絵文字が，他国では腕立て伏せをすることと見られます。加えて，1つの絵文字が，
異なる携帯電話やコンピュータでいつも同じように見えるとは限らないかもしれません。絵文字は確かに便利な
ものですが，それらを使うときには，これらの問題に気づいていることが大切です。

11　a.②　b.①　c.③　d.③　e.②

12　a.③　b.②　c.②　d.①　e.②

※模擬試験問題の解説を弊社Webサイトにご用意しています。

第2回　英語検定模擬試験解答　〈p.81〉

＊ 1 ～ 4 各1点　 5 ～ 12 各2点　100点満点

1	a. ③	b. ④	c. ①	d. ④	e. ①
2	a. ③	b. ②	c. ②	d. ①	e. ②
3	a. ③	b. ③	c. ①	d. ③	e. ③

読まれる対話文と質問文（各2回くり返す）　　　　　　　　　**CD B 61～67**

63 Question a.　Woman : This computer is light and easy to carry around.
　　　　　　　　　Man : It is a little expensive for me. How about this one?
　　　　　　　　　Woman : The size is the same, but it is a little heavier. If price is important to you, how about this one?
　　　　　　　　　Man : It's a little bigger, but I'll take it.
　　　　　　　　　Question : Which computer will the man buy?

64 Question b.　Man : Where shall we go for a walk today? On the road by the sea?
　　　　　　　　　Woman : I don't like that road because it's too windy. The same goes for the road along the river.
　　　　　　　　　Man : Which do you like better, the road near the tower or the one around the park?
　　　　　　　　　Woman : I prefer the latter because we can take a break at a coffee shop on the way.
　　　　　　　　　Question : Which road will they take for their walk?

65 Question c.　Woman : What's the matter?
　　　　　　　　　Man : I pressed the button, but it doesn't work.
　　　　　　　　　Woman : Is the water running?
　　　　　　　　　Man : Oh, that's it. It's working now.
　　　　　　　　　Question : Which machine are they talking about?

66 Question d.　Woman : This is a picture of when I was little.
　　　　　　　　　Man : You are the smallest. Who are these women?
　　　　　　　　　Woman : The taller is my mother, and the other is her sister.
　　　　　　　　　Question : Who is the woman's aunt?

67 Question e.　Woman : Look at the price list of the zoo.
　　　　　　　　　Man : The prices will go up the day we go. That's too bad. We'll have to pay for us two adults, so...
　　　　　　　　　Woman : Wait, it's Amy's birthday. She will be twelve on that day.
　　　　　　　　　Question : How much will they pay in total?

| 4 | a. ② | b. ④ | c. ② | d. ④ | e. ② |

読まれる英文と質問文（各2回くり返す）　　　　　　　　　**CD B 68～74**

70 Question a.　Jeff had to leave school between classes. He asked his teacher Ms. Brown, and she allowed him to go. He went to buy medicine, went home, gave it to his sick mother, and returned to school to attend classes again.
　　　　　　　　　Question : What did Jeff do?

71 Question b.　Karen called to have a pizza delivered and ordered a bacon tomato pizza and French fries, but the bacon tomato pizza was sold out. So she asked for an onion and potato pizza instead. When she heard it would take an hour to be delivered, she gave up on the order.
　　　　　　　　　Question : What did Karen get in the end?

72 Question c.　Ken likes to play sports and study. He practices soccer on Mondays, Wednesdays, and Fridays. On the weekends, he often plays in a soccer game. On Tuesdays and Thursdays, he learns English after school. He is very busy, but he enjoys his life.

Question：How often does Ken learn English?

73 Question d. Yuri used the Internet to rent a bike. When she went to the station and tried to ride the bike, she noticed that it was broken. She didn't know what to do, and then a man came and fixed it. She thanked him a lot.

Question：Who repaired the bike?

74 Question e. Takuya wore a cap in the summer, but he still felt very hot. His mother suggested an umbrella that blocks the sun, but he didn't like it. One day, one of his friends had a nice umbrella. The friend told Takuya that it was for camping. Then Takuya went to the store, bought one, and started using it. He thought he should have used it earlier.

Question：What does Takuya finally use to avoid the summer heat?

［全訳］

Question **a.** ジェフは授業の合間に学校を離れなければなりませんでした。彼は担任のブラウン先生にお願いして，先生は彼が行くことを許可しました。彼は薬を買いに行き，家に帰って病気の母親にそれを渡し，学校に戻って再び授業に出席しました。

質問：ジェフは何をしましたか。

Question **b.** カレンはピザを配達してもらうために電話して，ベーコントマトピザとフライドポテトを注文しましたが，ベーコントマトピザは売り切れでした。そこで彼女は代わりにオニオンポテトピザを頼みました。配達されるのに1時間かかるだろうと聞いて，彼女はその注文をあきらめました。

質問：カレンは最終的に何を手に入れましたか。

Question **c.** ケンはスポーツと勉強が好きです。彼は月曜日，水曜日，金曜日にサッカーの練習をします。週末には，よくサッカーの試合に出ます。火曜日と木曜日は，放課後に英語を習います。彼はとても忙しいですが，生活を楽しんでいます。

質問：ケンはどのくらいの頻度で英語を習いますか。

Question **d.** ユリはインターネットを使って自転車を借りました。彼女がステーションに行って自転車に乗ろうとしたとき，自転車が壊れていることに気づきました。彼女はどうしたらいいかわからなかったのですが，そのとき男性が来てそれを修理してくれました。彼女は彼にとても感謝しました。

質問：誰がその自転車を修理しましたか。

Question **e.** タクヤは夏に帽子をかぶっていましたが，それでもとても暑く感じていました。彼の母親は太陽を遮る傘を勧めましたが，彼はそれを好みませんでした。ある日，友達の1人がすてきな日傘を持っていました。その友達は，タクヤにそれはキャンプ用だと教えました。それからタクヤは店に行って日傘を買い，それを使い始めました。彼はもっと早くそれを使えばよかったと思いました。

質問：夏の暑さを避けるために，タクヤは最終的に何を使いますか。

5　a.④　b.④　c.③　d.③　e.④

読まれる英文（各2回くり返す）　　　　　　　　　　　**CD B 75〜81**

77 Question a. Emi planned to go to the library after school, but her mother asked her to buy some stamps. So she went to the post office on her way home instead of the library.

78 Question b. Ben has been busy with work and wants to sleep more. He also wants to get more exercise and is wondering which he should spend his time on.

79 Question c. Lisa went to a restaurant with her friends. The food looked so nice that she started eating right away and forgot to take pictures to share.

80 Question d. Nick bought a shirt at the store, but it was too small when he tried it on at home. So the next day he went to the store, returned it, and got his money back.

81 Question e. Nancy answered the telephone, and it was her grandmother looking for her father. When Nancy told her that he wasn't home, she said she would send him an email.

6　a. ②　b. ①　c. ④　d. ②　e. ③

読まれる会話文と質問文（2回くり返す）　　　　　　　　　　　　　　　　　　　　　　　　CD B 82〜90

84 Ryo : Kate, have you listened to that band's new album? It's really cool.

　Kate : I don't think we can get the new CD yet. How did you listen to it, Ryo?

　Ryo : Don't you listen to songs on the Internet? You could get all the songs on the album yesterday.

　Kate : Really? Well, I'll wait until I can get the CD.

　Ryo : Why? It's more convenient to listen to music on the computer or the phone. You can get songs as soon as they go on sale.

　Kate : For me, it's exciting to look at and touch the jackets. And CDs often come with special gifts. Also, I can listen without a phone or computer.

　Ryo : I see. Well, I'll wait for you to get the CD to tell you what I think about the songs.

　Kate : Thank you. I know it sounds great. I can't wait!

　Ryo : The CD goes on sale in two days. See you then!

85 Question a. When could the songs from the album be bought from the Internet?

86 Question b. How did Ryo listen to the new album?

87 Question c. Which is NOT a reason why Kate likes CDs?

88 Question d. What will Ryo wait to do?

89 Question e. When will Ryo and Kate meet?

[全訳]

リョウ：ケイト，あのバンドのニューアルバムは聴いた？　すごくかっこいいよ。

ケイト：まだその新しいCDを入手できないと思うんだけど。どうやってそれを聴いたの，リョウ？

リョウ：インターネットで曲を聴かないの？　昨日アルバムの曲が全部入手できるようになったよ。

ケイト：そうなの？　そうねえ，私はCDを入手できるまで待つわ。

リョウ：どうして？　コンピュータや電話で音楽聴くほうが便利だよ。曲が発売され次第入手できるから。

ケイト：私にとっては，ジャケットを見たり触ったりするのがわくわくするのよ。そしてCDには特別なプレゼントが付いていることが多いし。それに，電話やコンピュータがなくても聴けるしね。

リョウ：なるほど。じゃあ，曲についてどう思うかきみに話すのは，きみがCDを入手するまで待つよ。

ケイト：ありがとう。すばらしいだろうということはわかるわ。待ち遠しいな！

リョウ：あと2日でCDが発売されるね。そのときに！

Question **a.** アルバムの曲がインターネットで買えるようになったのはいつですか。

Question **b.** リョウは新しいアルバムをどのようにして聴きましたか。

Question **c.** ケイトがCDを好きな理由ではないものはどれですか。

Question **d.** リョウは何をすることを待ちますか。

Question **e.** リョウとケイトはいつ会うでしょうか。

7　a. ①　b. ④　c. ③　d. ②　e. ③

[全訳]

　テッドは，母親と一緒に小さなアパートに住んでいました。子どものころ，友達の家に行ってそこに友達の父親がいるのを見ると，少し不自然な気がしました。ドラマや本やさまざまなほかのもので，当たり前のように父親が登場するのを見て，彼は違和感を覚えていました。彼にとっては，父親が一緒にいないことは日常だったのです。

　テッドは母親に大学に行きたいと言いました。彼女は賛成しましたが，お金のことが心配でした。テッドは母親に，奨学金をもらうつもりだと言いました。そして，彼は一生懸命勉強して大学に入学しました。テッドは，アルバイトをし始め，奨学金の助けを借りて一生懸命勉強しました。望みどおりに工学の勉強ができたので，忙しくも幸せな時間でした。

　テッドは片耳が聞こえませんでした。自分の名前が呼ばれても，それがどちらの側から来ているものか判断するのが難しかったのです。ある日，彼は母親からメッセージを受け取りました。そこには「耳の手術ができるかもしれないわ」と書かれていて，ある記事が添付されていました。その記事には，手術をすれば一部の耳の聞こ

えない人々が聞こえるようになるかもしれないと書かれていました。テッドは「手術なんかしなくていい。これが僕の日常なんだ」と書いたメッセージを母親に送りました。

テッドは大学院に進学し，優秀な成績で卒業しました。その後，彼はある会社で働き始め，大きな貢献をしました。会社は彼に報酬を与えました。彼はそのお金を使って母親に住むための大きな家を建ててあげたいと思いました。彼がその考えについて母親に話すと，彼女は「新しい家はいらないわ。必要なものはすでにあるのだから。これが私たちの日常よ」と言いました。

8　(a)—④　(b)—①　(c)—②　(d)—③　(e)—⑤

[全訳]

ユウコ：久しぶり！　④最後に会ってからどのくらい経ったかしら？

ボブ：5年ぶりだね。まだピアノを弾いているの？

ユウコ：いいえ，3年前に練習するのをやめてしまったの。あなたはまだ野球をやっているの？

ボブ：ううん，①今はサッカーに夢中だよ。サッカー選手になるのが夢なんだ。じゃあ，ピアニストになるというきみの夢はあきらめたの？

ユウコ：ええ，今は作家になりたいと思っているの。

ボブ：作家？　なぜ？

ユウコ：ピアノをやめたら，ほかのことをする時間がもっとできたので，いろいろなところを旅したの。現地の人に会って，どうやって生活しているのか尋ねたの。②そして，それについてブログに書いたら，たくさんの人が読んでくれたのよ。

ボブ：へえ。それで？

ユウコ：読者の1人がそれを電子書籍にしたらどうかと提案してくれたのよ。③そしてそれがよく売れたの。

ボブ：それはすごい。

ユウコ：そのとき，私は作家になることを考え始めたの。

ボブ：なるほど。⑤ぼくたちの夢がかなうといいね。

9　a.②　b.③　c.②　d.④　e.①

10　(a)—④　(b)—②　(c)—①　(d)—②　(e)—②

[全訳]

今までに時差ぼけを経験したことがありますか。時差ぼけとは，別の時間帯に旅行したときに，夜眠れない，あるいは日中眠く感じるなどの身体的状態の変化のことです。時差ぼけは，時差が人間の体のリズムに影響を与えるときに起こります。例えば，日本を出発して，ヨーロッパなどの西側に飛ぶ場合より，アメリカ合衆国などの東側に飛ぶ場合のほうが時差ぼけが強くなります。

時差ぼけに対処するいくつかの方法があります。まず，出発前に十分な休息と睡眠をとることが大切です。飛行機の中では，時計を目的地の時間に合わせましょう。その時間に合わせて食事や睡眠をとるようにしましょう。到着したら，日中には太陽の光をたっぷり浴び，現地時間に合わせて食事をして，体が現地の時間帯に順応する手助けをしましょう。

しかし，これらのコツは必ずしもうまくいくとは限りません。わずか数日の滞在であれば，順応できる前に帰国日が来るでしょう。この場合，生活のリズムは変えないほうがいいのです。また，時差ぼけに苦しむだけでなく，移動に疲れるでしょう。そのため，自分のペースで行動できるような計画を立てることも大切かもしれません。

11　a.③　b.②　c.③　d.③　e.③

12　a.①　b.②　c.④　d.②　e.③

※模擬試験問題の解説を弊社Webサイトにご用意しています。

<h1>令和5年度(第70回) 英語検定試験解答 〈p.91〉</h1>

* 1 ～ 4 各1点　 5 ～ 12 各2点　100点満点

＊全商英語検定の「音声」については，全国商業高等学校協会のホームページからダウンロードできます。
（https://zensho.or.jp/examination/pastexams/english/）

1　a．③　b．②　c．③　d．①　e．④

[解説]

a．① ad-míre　感心する，感嘆する　② con-tról　支配，管理，支配する，抑制する
　　③ éf-fort　努力　④ re-páir　修繕，修理，修繕する，修理する

b．① be-sídes　～に加えて，～のほかに　② fór-tune　運，幸運，富，財産
　　③ in-strúct　指図する，教える　④ per-fórm　行う，果たす，演じる，演奏する

c．① ap-péar-ance　出現，外観，外見　② o-pín-ion　意見，世論，見解
　　③ prín-ci-pal　校長，長，最も重要な，主な　④ re-cóv-er　取りもどす，健康を回復する，直る

d．① cít-i-zen　市民，一般人　② de-vél-op　開発する，発達させる，発達する
　　③ im-pá-tient　気短な，せっかちな　④ suc-céss-ful　成功した，上首尾の

e．① a-bíl-i-ty　能力，才能　② in-dús-tri-al　産業の，工業の
　　③ par-tíc-u-lar　特定の，格別の，特有の　④ vál-u-a-ble　高価な，貴重な

2　a．①　b．③　c．①　d．④　e．②

[解説]

a．tell him to cut off は〈tell＋O＋to *do*〉「Oに～するように言う」の形。もっと髪を切ってほしいと言いたいのだから，①が適切。make it shorter は〈make＋O＋C〉「OをC（の状態）にする」の形。

b．let her know は〈let＋O＋原形不定詞〉「Oに～させる」の形。庭仕事が終わったことを知らせたいのだから，③が適切。

c．want your sister to feed は〈want＋O＋to *do*〉「Oに～してもらいたい」の形。in exchange は「引き換えに」。ウサギの餌やりをしてもらうのと引き換えに，自分がしたいと思っていることを伝えるのだから，①が適切。

d．how you will be arriving は間接疑問。will be arriving は未来進行形で，確定的な未来の予定を表す用法。how は「どのように，どのような方法で」という意味で，交通手段を尋ねられているのだから，④が適切。

e．how much it would cost to fix は間接疑問。腕時計の修理にどれくらいの費用がかかるのかを知りたいのだから，②が適切。①の How long ～？は期間や時間の長さを尋ねるときに用いる。

[全訳]

a．理容師はあなたの髪を十分に切っていません。あなたは彼にもっと切ってくれるように言いたいと思っています。あなたは何と言うでしょうか。
　① もっと短くしてください。
　② 私をハンサムに見えるようにしてください。
　③ はさみに注意してください。
　④ 理容師さん，はさみを研いでください。

b．ジェンキンス夫人はあなたに庭仕事をするように頼みました。あなたはそれを終えて，彼女に知らせたいと思っています。あなたは何と言うでしょうか。
　① 芝を刈る機械はどこにありますか。
　② あなたは庭の手入れが終わりました。
　③ 私はもう庭仕事が終わりました。
　④ 今日は芝が長いですね。

c．あなたは妹〔姉〕にウサギに餌をあげてもらいたいと思っています。あなたは引き換えに彼女のために何かをしたいと思っています。あなたは何と言うでしょうか。
　① あなたがそれをするなら，私は今夜，皿を洗います。
　② あなたがそれをするなら，私は決してあなたを手伝いません。
　③ あなたがそれをしないなら，ウサギはお腹がすくでしょう。
　④ あなたがそれをしないなら，私がします。

d．あなたは祖父母の家に滞在する予定です。おじいさんはどうやって来るのかと尋ねます。あなたは何と言う

でしょうか。
① 私たちは2週間滞在します。
② 私たちは7月30日までには到着します。
③ 私たちは近くのホテルに宿泊します。
④ 私たちは車で行きます。

e. あなたの腕時計は壊れています。あなたはそれを修理店に持っていき，修理するのにどれくらいの費用がかかるかを知りたいと思っています。あなたは何と言うでしょうか。
① 私の腕時計を修理するのにどのくらい時間がかかるでしょうか。
② それを修理するのに値段はいくらになるでしょうか。
③ この腕時計はいくらですか。
④ あなたはこれを修理できると思いますか。

3 a. ③ b. ② c. ① d. ② e. ③

読まれる対話文と質問文（各2回くり返す）

Question a.　Man : Look! There's a dog by the bench.
　　　　　　Woman : That's Jack's dog, isn't it?
　　　　　　Man : How do you know? It's just a black dog.
　　　　　　Woman : By its straight tail and short ears.
　　　　　　Question : Which dog is Jack's?

Question b.　Woman : Tom, please help me with this birthday cake for Susie.
　　　　　　Man : Sure. Where should I put these chocolate rabbits?
　　　　　　Woman : Put them in front and put the fruits behind them.
　　　　　　Man : OK.
　　　　　　Question : Which is the cake they're making?

Question c.　Man : Today we finished question three on page 30. The next question is your homework today.
　　　　　　Woman : Mr. Harrison, how about the next page?
　　　　　　Man : No. You don't have to do that. We'll do it in the next class.
　　　　　　Woman : I see.
　　　　　　Question : Which part is the homework today?

Question d.　Woman : Why don't we go to Yuki's concert together tomorrow?
　　　　　　Man : That's a good idea! What time shall we meet?
　　　　　　Woman : When will the concert start?
　　　　　　Man : It'll start at half past five.
　　　　　　Woman : So, let's meet at a quarter past five in front of the entrance.
　　　　　　Question : What time will they meet at the entrance?

Question e.　Man : Excuse me. Do you need any help?
　　　　　　Woman : Oh, yes. Do you know the way to the train station?
　　　　　　Man : Sure. Go straight until you arrive at the hospital. Turn left at the corner, then walk two blocks and turn right. After you pass the church, go to the right. The station is at the end of the street.
　　　　　　Woman : Thanks a lot.
　　　　　　Question : Where is the station?

[解説]
a. 女性の By its straight tail and short ears.「まっすぐなしっぽと短い耳からよ」という発言から，③が正解。

b. 男性の Where should I put these chocolate rabbits?「これらのウサギのチョコレートはどこに置けばいいかな?」という質問に対して，女性は Put them in front and put the fruits behind them.「それらを前に置いて，フルーツをその後ろに置いて」と答えているので，②が正解。in front「前に」behind「～の後ろに」

c. 男性（＝先生）の発言から，今日終わったのは30ページの問題3で，次の問題が今日の宿題だとわかる。さらに，女性（＝生徒）の「次のページはどうですか」という質問に対して，先生は No. You don't have to do that.「いいえ。それをする必要はありません」と答えているので，今日の宿題は問題4のみだとわかる。よって①が正解。

d. 女性の When will the concert start？「コンサートはいつ始まるの？」という質問に対して，男性は It'll start at half past five.「5時半に始まるよ」と答えている。それを受けて女性が So, let's meet at a quarter past five in front of the entrance.「じゃあ，5時15分に入り口の前で会いましょう」と言っているので，②が正解。quarter は「4分の1」の意味で，a quarter past ～ は「～時15分過ぎ」という意味を表す。

e. 駅までの道順について，男性は Go straight until you arrive at the hospital. Turn left at the corner, then walk two blocks and turn right.「病院に着くまでまっすぐ行ってください。その角を左に曲がって，2ブロック歩いて右に曲がってください」と言い，さらに After you pass the church, go to the right. The station is at the end of the street.「教会を通り過ぎたら，右に行きます。駅はその通りの突き当たりにあります」と言っているので，③が正解。pass「～を通り過ぎる」 at the end of ～「～の終わりに，～の端に」

[全訳]
Question **a**. 男性：見て！　ベンチのそばに犬がいるよ。
　　　　　　　女性：あれはジャックの犬よね。
　　　　　　　男性：どうしてわかるの？　ただの黒い犬だよ。
　　　　　　　女性：まっすぐなしっぽと短い耳からよ。
　　　　　　　質問：どの犬がジャックのですか。
Question **b**. 女性：トム，スージーのこのバースデーケーキを手伝ってちょうだい。
　　　　　　　男性：いいよ。これらのウサギのチョコレートはどこに置けばいいかな？
　　　　　　　女性：それらを前に置いて，フルーツをその後ろに置いて。
　　　　　　　男性：わかったよ。
　　　　　　　質問：彼らが作っているケーキはどれですか。
Question **c**. 男性：今日は30ページの問題3が終わりました。次の問題は今日の宿題です。
　　　　　　　女性：ハリソン先生，次のページはどうですか。
　　　　　　　男性：いいえ。それをする必要はありません。次の授業でやります。
　　　　　　　女性：わかりました。
　　　　　　　質問：今日の宿題はどの部分ですか。
Question **d**. 女性：明日，ユキのコンサートに一緒に行かない？
　　　　　　　男性：それはいい考えだね！　何時に会おうか？
　　　　　　　女性：コンサートはいつ始まるの？
　　　　　　　男性：5時半に始まるよ。
　　　　　　　女性：じゃあ，5時15分に入り口の前で会いましょう。
　　　　　　　質問：彼らは何時に入り口で会うでしょうか。
Question **e**. 男性：すみません。何かお困りですか。
　　　　　　　女性：ああ，はい。駅までの道をご存じですか。
　　　　　　　男性：もちろんです。病院に着くまでまっすぐ行ってください。その角を左に曲がって，2ブロック歩いて右に曲がってください。教会を通り過ぎたら，右に行きます。駅はその通りの突き当たりにあります。
　　　　　　　女性：どうもありがとうございました。
　　　　　　　質問：駅はどこにありますか。

4　a. ①　b. ④　c. ①　d. ③　e. ①

─ **読まれる英文と質問文**（各2回くり返す）─────────
Question a. May I have your attention, please？ One of our passengers is feeling ill. She has a bad stomachache. If there's a doctor or nurse on board, please tell a flight attendant.
　　　　　　　Question: Who is making the announcement？

Question b. Toshiya was looking for a sweater at the shop.　The shop clerk suggested that he choose a black one, but he couldn't.　There wasn't one in his size.

Question : Why didn't Toshiya buy a black sweater?

Question c. Ken went to a business meeting.　It finished very late.　So he can't go home tonight.

Question : What will Ken probably do next?

Question d. We will now begin the English test.　You can use your dictionaries, but you can't look at your textbook or notebooks.　Of course, you can't talk with other students during the test.　If you have a question, quietly raise your hand.

Question : What can't the students do during the test?

Question e. Our college has a large garden.　Many students like to relax there.　Some students enjoy reading and drawing in the fresh air.　The garden was originally made for students who studied plants.

Question : Why was the garden first made?

［解説］

a. One of our passengers is feeling ill.「お客様のお１人が体調を崩されています」と言い，さらに If there's a doctor or nurse on board, please tell a flight attendant.「機内にお医者様もしくは看護師の方がいらっしゃいましたら，客室乗務員にお知らせください」と言っているので，①が正解。passenger「乗客」 on board「（飛行機などに）乗って」

b. There wasn't one in his size.「彼のサイズのものはありませんでした」と言っているので，④が正解。ここでの one は sweater を指している。

c. he can't go home tonight「今夜，彼は家に帰ることができません」と言っているので，①が正解。②catch the last train home「帰宅するための最終電車に乗る〔間に合う〕」

d. You can use your dictionaries, but you can't look at your textbook or notebooks.「辞書を使うことはできますが，教科書やノートを見ることはできません」と言っているので，③が正解。

e. The garden was originally made for students who studied plants.「この庭はもともと植物を学ぶ学生のために作られました」と言っているので，①が正解。originally「もともと，本来は」 who studied plants は students を修飾する関係代名詞節。

［全訳］

Question **a.** 皆様にご連絡申し上げます。お客様のお１人が体調を崩されています。彼女はひどい腹痛に苦しんでいます。機内にお医者様もしくは看護師の方がいらっしゃいましたら，客室乗務員にお知らせください。

質問：誰がアナウンスをしていますか。

① 客室乗務員です。
② 医師です。
③ 看護師です。
④ 乗客です。

Question **b.** トシヤは店でセーターを探していました。店員は黒いセーターを選ぶように勧めましたが，彼は選べませんでした。彼のサイズのものはありませんでした。

質問：トシヤはなぜ黒いセーターを買わなかったのですか。

（① 彼は色が気に入らなかった　② 彼はＴシャツを探していなかった　③ 彼は店員が気に入らなかった　④ 彼に合うものがなかった）からです。

Question **c.** ケンは仕事の会議に行きました。それはとても遅く終わりました。だから今夜，彼は家に帰ることができません。

質問：ケンは次におそらく何をするでしょうか。

彼は（① 近くのホテルに泊まる　② 帰宅するための最終電車に乗る　③ 会議を早く終える　④ 休憩後も会議をつづける）でしょう。

Question **d.** これから英語のテストを始めます。辞書を使うことはできますが，教科書やノートを見ることはできません。もちろんテスト中にほかの生徒と話してはいけません。質問がある場合は，静かに

　　　手を挙げてください。
　　　質問：学生たちがテスト中にできないことは何ですか。
　　彼らは（①　手を挙げる　②　辞書を使う　③　ノートを見る　④　質問する）ことができません。
Question **e.** 私たちの大学には広い庭があります。多くの学生はそこでリラックスするのが好きです。新鮮な空気の中で読書や絵を描いて楽しむ学生もいます。この庭はもともと植物を学ぶ学生のために作られました。
　　　質問：なぜ庭が最初に作られたのですか。
① 植物を勉強するためです。
② 芸術を勉強するためです。
③ 絵を描くことを学ぶためです。
④ 学生たちをリラックスさせるためです。

5　a. ④　b. ③　c. ①　d. ② e. ③

読まれる英文（各2回くり返す）

Question a. Today, in Chicago, it will be snowy and windy in the morning. We expect it will keep snowing until tomorrow morning, but the wind will stop this afternoon.

Question b. Jeff doesn't like school lunch because it is not big enough for him and has too many vegetables. He wants to eat more meat. He thinks it better to bring lunch from home.

Question c. Ted will have a club meeting from noon tomorrow. But he can't get there at that time, because he has to see a doctor. He wants the others to start the meeting on schedule.

Question d. Zensho Hotel is making a special offer to their guests. A one-night stay in a single room costs 6,000 yen. But if you stay for two nights, you can get a third night for free.

Question e. Toshiya went to a movie with Rika yesterday. The night before, Rika had asked him to go with her, so he finished all his homework that same night.

[解説]

a. it will be snowy and windy in the morning. We expect it will keep snowing until tomorrow morning「午前中は雪が降り，風が強くなるでしょう。明日の朝まで雪は降りつづくと思われます」と言っているので，④が正解。keep ～ing「～しつづける」 ①both A and B「AもBも」

b. ジェフが学校給食が好きではない理由について，because it is not big enough for him and has too many vegetables「なぜなら彼には十分な量ではなくて，野菜が多すぎるからです」と言っている。さらに He wants to eat more meat.「彼はもっと肉を食べたいと思っています」と言っているので，③が正解。thinks it better to bring は〈think＋形式目的語 it＋C＋to *do*〉の形で，「～することは…だと考える」という意味。③he prefers は food を修飾する関係代名詞節。which または that が省略されている。④be eager to *do*「～したがっている」

c. テッドは明日の正午からクラブのミーティングがあるが，he can't get there at that time「その時間にはそこに行けません」と言っている。だが，He wants the others to start the meeting on schedule.「彼はほかの人たちに予定どおりにミーティングを始めてもらいたいと思っています」と言っているので，①が正解。on schedule「予定どおりに」 ③put off ～「～を延期する」

d. A one-night stay in a single room costs 6,000 yen. But if you stay for two nights, you can get a third night for free.「シングルルームは1泊6,000円かかります。しかし，2泊すると3泊目は無料になります」と言っているので，シングルルームに3泊する宿泊客は2泊分支払えばよいとわかる。6,000円×2泊分なので，②12,000円が正解。

e. The night before, Rika had asked him to go with her, so he finished all his homework that same night.「その前の晩，リカが彼に一緒に行くように頼んでいたので，彼はその同じ夜に宿題をすべて終わらせました」と言っているので，③が正解。〈ask＋O＋to *do*〉「Oに～するように頼む」 ④thanks to ～「～のおかげで」

[全訳]

Question **a.** 今日，シカゴでは，午前中は雪が降り，風が強くなるでしょう。明日の朝まで雪は降りつづくと
　　　　　思われますが，今日の午後には風は止むでしょう。
① 午後早くには風も雪も止むでしょう。
② 夕方遅くには晴れるでしょう。
③ 昨日の夜から風が強いですが，午前中には止むでしょう。
④ 今日は一日中雪が降りつづくでしょう。
Question **b.** ジェフは学校給食が好きではありません，なぜなら彼には十分な量ではなくて，野菜が多すぎる
　　　　　からです。彼はもっと肉を食べたいと思っています。彼は家から昼食を持ってきたほうがいいと
　　　　　考えています。
① ジェフはより健康的な昼食を食べようとしています。
② ジェフは少なめな昼食を食べるのが好きです。
③ ジェフは自分の好きな食べ物を食べたいと思っています。
④ ジェフは肉も野菜も食べたがっていません。
Question **c.** テッドは明日，正午からクラブのミーティングがあります。しかし，彼は医者に診てもらわなけ
　　　　　ればならないので，その時間にはそこに行けません。彼はほかの人たちに予定どおりにミーティ
　　　　　ングを始めてもらいたいと思っています。
① テッドはミーティングが自分なしで始まることを望んでいます。
② テッドはミーティングのあとに病院に行きます。
③ テッドはミーティングを延期したいと思っています。
④ テッドはミーティングをキャンセルしようと考えています。
Question **d.** 全商ホテルでは宿泊客に特別提供をしています。シングルルームは1泊6,000円かかります。しか
　　　　　し，2泊すると3泊目は無料になります。
　シングルルームに3泊する宿泊客は（① 6,000円　② 12,000円　③ 15,000円　④ 18,000円）支払います。
Question **e.** トシヤは昨日リカと映画に見に行きました。その前の晩，リカが彼に一緒に行くように頼んでい
　　　　　たので，彼はその同じ夜に宿題をすべて終わらせました。
① トシヤは映画を見に行ったあとに宿題を終わらせました。
② トシヤは映画を見に行く前に宿題を終わらせることができませんでした。
③ トシヤは映画を見に行く前に宿題を終わらせました。
④ トシヤのおかげで，リカは宿題を終わらせることができました。

6　a.②　b.②　c.④　d.①　e.③

― 読まれる会話文と問題文（2回くり返す）―――――――――――――――――――――
Jim : Hi, Emi. Yesterday was your birthday, right? Happy Birthday!
Emi : Thanks, Jim. I've just turned 16. Are you still 15?
Jim : Yes, my birthday is on November 18th. Did you get a lot of presents?
Emi : Oh, yes. My parents gave me a book of poems, my aunt gave me a lovely doll and I
　　　also got some chocolates and notebooks from my friends.
Jim : You have a nice bag. Was that also a birthday present?
Emi : Actually, it's not a bag but just a cloth. It's called "*furoshiki*." The doll my aunt sent
　　　me was wrapped in it. We can use it like a bag. Look! Today I've wrapped these
　　　books in it.
Jim : Just a cloth? How cool! But you can't wrap big items.
Emi : My *furoshiki* isn't that big, but there are many different sizes.
Jim : Really? They must be very useful.
Emi : I heard some people use them instead of plastic bags when they go to supermarkets or
　　　convenience stores.
Jim : Oh, that's eco-friendly.
Emi : That's right. I think more people should use *furoshiki* to save the earth.
Jim : I should buy one because I want to use less plastic.
Emi : You should! Anyway, I must go to the library to return these books. See you in the
　　　classroom.

　Jim : See you later
　Question a. How old is Emi?
　Question b. Who gave Emi the *furoshiki*?
　Question c. Why does Jim say *furoshiki* are useful?
　Question d. Which idea of Jim's does Emi agree with?
　Question e. Where will Emi go next?

［解説］
対話文のリスニング問題では，2人のやりとりからすばやく話題をとらえることが大切である。本問では，2人が風呂敷について話していることをつかむ。また，必要に応じてメモをとるようにしよう。
a．エミが I've just turned 16.「私は16歳になったばかりなの」と言っているので，②が正解。
b．エミが The doll my aunt sent me was wrapped in it.「おばが送ってくれた人形がこれ（＝風呂敷）に包まれていたの」と言っているので，②が正解。
c．エミの there are many different sizes「いろいろな大きさがあるのよ」という発言に対して，ジムが Really?　They must be very useful.「そうなの？　それら（＝風呂敷））はきっととても便利だろうね」と言っているので，④が正解。
d．ジムの I should buy one「1つ買ったほうがいいね」という発言に対して，エミが You should!「そうしたほうがいいわ！」と言っているので，①が正解。him は動名詞の意味上の主語。
e．エミが I must go to the library to return these books.「私は図書館にこれらの本を返しに行かなくちゃ」と言っているので，③が正解。

［全訳］
ジム：やあ，エミ。昨日はきみの誕生日だったよね？　誕生日おめでとう！
エミ：ありがとう，ジム。私は16歳になったばかりなの。あなたはまだ15歳なの？
ジム：そうだよ，僕の誕生日は11月18日なんだ。プレゼントはたくさんもらった？
エミ：ええ，もらったわ。両親は詩集をくれたし，おばはかわいい人形をくれたし，友達からはチョコレートやノートももらったわ。
ジム：すてきなバッグを持っているね。それも誕生日プレゼントだったの？
エミ：実は，これはバッグじゃなくて，ただの布なの。「風呂敷」と呼ばれているのよ。おばが送ってくれた人形がこれに包まれていたの。バッグのように使えるのよ。見て！　今日はこれらの本をこれに包んだの。
ジム：ただの布？　なんてかっこいいんだろう！　でも，大きなものは包めないね。
エミ：私の風呂敷はそんなに大きくないけど，いろいろな大きさがあるのよ。
ジム：そうなの？　きっととても便利だろうね。
エミ：スーパーやコンビニに行くときに，レジ袋の代わりに使う人もいるって聞いたわ。
ジム：へぇ，それは環境に優しいね。
エミ：そのとおりよ。もっと多くの人々が地球を守るために風呂敷を使うべきだと思うわ。
ジム：僕はプラスチックの使用を減らしたいから，1つ買ったほうがいいね。
エミ：そうしたほうがいいわ！　とにかく，私は図書館にこれらの本を返しに行かなくちゃ。教室で会いましょう。
ジム：またあとでね。
Question **a.** エミは何歳ですか。
　彼女は（①　15歳　②　16歳　③　17歳　④　18歳）です。
Question **b.** 誰がエミに風呂敷をあげましたか。
　①　ジムでした。
　②　彼女のおばでした。
　③　彼女の友達でした。
　④　彼女の両親でした。
Question **c.** ジムはなぜ風呂敷は便利だと言っているのですか。
　なぜなら（①　それらは軽い　②　それらは色彩豊か　③　多くのデザインがある　④　多くのサイズがある）からです。
Question **d.** エミはジムのどの考えに同意していますか。

彼女は彼が（①　風呂敷を買うこと　②　レジ袋を使うこと　③　スーパーマーケットに行かないこと　④　プレゼントを風呂敷に包むこと）に同意しています。

Question **e.** エミは次にどこへ行きますか。

　彼女は（①　スーパーマーケット　②　コンビニエンスストア　③　図書館　④　教室）に行きます。

7 **a.** ②　**b.** ③　**c.** ③　**d.** ①　**e.** ④

[解説]

One of the world's most famous musicians は〈one of the＋最上級＋名詞の複数形〉「もっとも～な…の１つ〔１人〕」の形。deaf「聴覚障がいの，耳が不自由な」 have ～ problem(s)「～の問題を抱える」 Realizing that …は分詞構文。note「音，音符」 decide to *do*「～しようと決心する」 take up ～ lesson(s)「～のレッスンを受ける」 saw a friend play は〈see＋O＋原形不定詞〉「Oが～するのを見る」の形。well-known「有名な」 with no shoes on は〈with＋名詞＋副詞〉「（名詞）を～して〔しながら〕」の形。with は〈付帯状況〉を表す。ここでは no shoes なので，「靴を履かずに」という意味になる。own「～を所有する」 more than ～「～より多い」

a. 第１段落第１文に「自分の足を通じで『聞く』」，最終文に「床を通じて音の動きを感じる」とあるので，①は誤り。また，同段落第１～２文から音楽家であり，聴覚障がい者であることがわかるので，③，④も誤り。したがって，音楽家で，第４段落第１文から今も世界中のコンサートで演奏していることがわかるので，②が正解と判断する。

b. 第２段落第３文にエヴェリンが聴覚に問題を抱え始めたのは８歳のときだと書かれていて，最終文に「自分の足と体で音を『聞く』ことができると気づいて，彼女は音楽を演奏する別の方法を見つけました」とあるので，③が正解。

c. 第３段落第２～３文に「16歳で，彼女はイングランドの有名な音楽大学に入学しました。彼女は３年で卒業しました」とあるので，③が正解。

d. 第３段落最終文に「彼女は打楽器奏者として１人でフルタイムで演奏した，音楽史上初めての人物です」とあるので，①が正解。according to ～「～によれば」 ①who plays alone は the first full time percussionist を修飾する関係代名詞節。

e. 最終段落第１～２文に「エヴェリンは今，世界中のコンサートで演奏しています。彼女はアメリカ合衆国やヨーロッパのオーケストラと共演しており，ほかの音楽家に指導もしています」とあるので，④が正解。④not only A but (also) B「Aだけでなく Bも（また）」

[全訳]

　世界でもっとも有名な音楽家の１人は，自分の足を通じて「聞く」のです。エヴェリン・グレニーは聴覚障がい者で，耳は聞こえませんが，音楽を感じることはできます。彼女は床を通じて音の動きを感じるのです。

　子どものころ，エヴェリンはハーモニカなどのさまざまな楽器の演奏の仕方を学びました。彼女は優秀なピアノの生徒でもありました。８歳のとき，彼女は聴覚に問題を抱え始めました。しかし，それでも彼女の音楽への愛は止まりませんでした。自分の足と体で音を「聞く」ことができると気づいて，彼女は音楽を演奏する別の方法を見つけました。

　12歳のときに，エヴェリンは友達が演奏するのを見たあと，ドラムのレッスンを受けようと決心しました。16歳で，彼女はイングランドの有名な音楽大学に入学しました。彼女は３年で卒業しました。23歳で，彼女は初めてグラミー賞を受賞しました。彼女は打楽器奏者として１人でフルタイムで演奏した，音楽史上初めての人物です。

　エヴェリンは今，世界中のコンサートで演奏しています。彼女はアメリカ合衆国やヨーロッパのオーケストラと共演しており，ほかの音楽家に指導もしています。彼女は靴を履かずに演奏や練習をしています。また，楽器の収集家として，2,000個を超えるドラムやその他の楽器を所有しているのです！

a. エヴェリン・グレニーは（①　自分の足を床から離します。　②　音楽をあきらめていません。　③　音楽を演奏できません。　④　聴覚障がい者ではありません。）

b. エヴェリンは聴覚に問題を抱えたあとに（①　ピアノを弾き始めました。　②　どんな楽器も演奏するのを止めました。　③　音楽を楽しむ新しい方法を見つけました。　④　自分の体で音を作り出せることに気づきました。）

c. エヴェリンは（①　13歳　②　16歳　③　19歳　④　23歳）のときに大学を卒業しました。

d. この文章によれば，（①　エヴェリンは１人でフルタイムで演奏した初めての打楽器奏者です。　②　最初のグラミー賞はエヴェリンに授与されました。　③　エヴェリン以前には打楽器奏者はいませんでした。　④

エヴェリンは全世界で唯一の打楽器奏者です。）

e. エヴェリンは今，（①　コンサートで靴を履いています。　②　音楽を演奏するのではなく，音楽を教えています。　③　2,000足の靴のコレクションを持っています。　④　音楽を演奏するだけでなく音楽を教えてもいます。）

8　(a)—④　(b)—⑤　(c)—①　(d)—③　(e)—⑥

[解説]

How can I help you?「どのようなご用件でしょうか」は，店員が客に対してよく使う表現。There's a problem with ～.「～に問題がある」　この会話文中の work は「機能する，動く」という意味で使われている。not ～ at all「まったく～ない」　be happy to *do*「喜んで～する」

(a)　メアリーは2番目の発言で，コーヒーメーカーに問題があると言っていて，(a)の直後で「動かないのです」と言っているので，調子を尋ねる④を入れれば話の流れに合う。④What's wrong with ～?「～はどこか調子が悪いのですか」

(b)　メアリーは直前で「動かないのです」と言っているので，店員に使用状態を説明する⑤を入れれば話の流れに合う。

(c)　直後で「うーん，なるほど。まったく動いていないですね」と言っていることに注目。店員はコーヒーメーカーに電源を入れて，動くかどうかを確かめたと考えられるので，①を選ぶ。①turn ～ on[trun on ～]「～の電源を入れる」

(d)　メアリーは3番目の発言で，購入したコーヒーメーカーについて「動かないのです」と言っていることに注目。直前で，コーヒーメーカーに電源を入れた店員が「うーん，なるほど。まったく動いていないですね」と言っているので，③を入れれば話の流れに合う。③That's what I said. は「そう言いました〔そのとおりです〕」という意味で，前に言ったことを強調するときに使う表現。

(e)　店員は5番目の発言で，コーヒーメーカーを交換すると言っている。そして直前で，レシートを渡したメアリーに対して「ありがとうございます」と言っている。よって，レシートを受け取った店員がメアリーに新しいコーヒーメーカーを渡していると考えられるので，⑥を選ぶ。

[全訳]

メアリー：すみません！

　　店員：はい，どのようなご用件でしょうか。

メアリー：このコーヒーメーカーに問題があるのです。ここで購入したのですが。

　　店員：申し訳ありません。④それはどこか調子が悪いのですか。

メアリー：動かないのです。⑤私はたった3回しか使っていないのです。

　　店員：なるほど，最初に問題が起きたのはいつですか。

メアリー：昨日の朝でした。

　　店員：①今から電源を入れてみます。うーん，なるほど。まったく動いていないですね。

メアリー：③そう言いましたよね。

　　店員：喜んで交換させていただきます。レシートはお持ちですか。

メアリー：もちろんです，はいどうぞ。

　　店員：ありがとうございます。⑥こちらが新しいものです。この件につきましては大変申し訳ありませんでした。

メアリー：いいんですよ。対応していただいてありがとう。

9　a. ④　b. ④　c. ①　d. ①　e. ②

[解説]

a. be made of ～は「～でできている」という意味で，素材や材料について述べる際に使う表現なので，④「素材」を入れれば文意が通る。①「大きさ」，②「様式」，③「色」

b. disappointed は「がっかりした」という意味の形容詞。トムががっかりした理由を表すので，④「～を断った」が適切。①「～を受け入れた」，②「～に従った」，③「～を気に入った」

c. depend on ～は「～に依存している」という意味。〈過去分詞＋語句〉の形で food を修飾するので，①「輸入された」を入れれば文意が通る。②「輸出された」，③「報告された」，④「支持された」

d. because 以下は「彼女は決して自分の部屋を掃除しないので」という意味なので，①「怠惰な，怠け者の」が適切。②「時間を守る」，③「親切な」，④「わがままな」

e. job interview「就職の面接」を受ける際に着用すべき服装なので，②「フォーマルな，正式な」が適切。

①「カジュアルな，ふだん着の」，③「実用的な」，④「独創的な」

[全訳]

a．このシャツはどんな素材でできていますか。

b．トムは彼らが彼の申し出を断ったのでがっかりしました。

c．日本はアジア諸国から輸入された食糧に大きく依存しています。

d．サリーは決して自分の部屋を掃除しないので，怠け者です。

e．就職の面接を受けるとき，学生はフォーマルな服を着用すべきです。

10　ⓐ—③　ⓑ—②　ⓒ—①　ⓓ—③　ⓔ—④

[解説]

ⓐ　空所を含む文は「多くの人々にとって，新聞（　　）生活は想像できません」という意味。第3文に Newspapers are often published daily or weekly, and they are sent to people's homes or sold in stores.「新聞は多くの場合，毎日もしくは毎週発行されていて，人々の家に送られたり，店で販売されたりしています」とあることに注目すると，新聞が人々の生活において，とても身近なものだと考えられるので，③「〜のない」が適切。①「〜以内に」，②「〜と一緒に」，④「〜の中へ」

ⓑ　空所を含む文は「人々が新聞を購入する（　　）理由は，最新のニュースや情報，最近の出来事に関する意見を得るためです」という意味。is のあとには新聞を購入する一般的な理由が述べられているので，②「主な」が適切。①「直接の」，③「平らな」，④「幸運な」

ⓒ　空所の前は「新聞は長い間，一般の人々が世界情勢について知るための主要な方法の1つでした」という意味。空所のあとには，as people are now able to use the Internet, they can look up the news for themselves「今は人々がインターネットを使えるので，自分でニュースを調べることができます」とつづくので，①「しかしながら」を入れると，うまくつながる。②「例えば」，③「その代わりに」，④「それゆえに」

ⓓ　空所の前に for があり，あとに or worse がつづいていることに注目する。for better or worse で「よくも悪くも」という意味の表現になるので，③better「よりよい」が適切。①「もっともよい」，②「より幸せな」，④「悪い」

ⓔ　空所を含む文の the journalists 以下は「記者は新聞社のオーナーや広告主，そして時には力のある団体の利益（　　）記事を書かなければならないのです」という意味。直前の that は関係代名詞で，that ... groups は stories を修飾する関係代名詞節。④「〜を満たす」を入れれば，「〜の利益を満たす記事」となり，文意が通る。①「〜を楽しむ」，②「〜を攻撃する」，③「〜を破壊する」

[全訳]

　多くの人々にとって，新聞のない生活は想像できません。新聞には国内外からの重要なニュースが含まれています。新聞は多くの場合，毎日もしくは毎週発行されていて，人々の家に送られたり，店で販売されたりしています。人々が新聞を購入する主な理由は，最新のニュースや情報，最近の出来事に関する意見を得るためです。それぞれの新聞はある種の読者を対象としていて，映画やビジネス，スポーツなどの関心事を扱う定期的な欄があります。

　新聞は長い間，一般の人々が世界情勢について知るための主要な方法の1つでした。しかしながら，今は人々がインターネットを使えるので，自分でニュースを調べることができます。人々はより多くの情報を求めているのかもしれないし，異なる視点を見つけたいのかもしれません。これにより，よくも悪くも，一部の人々の新聞に対する信頼が低下しました。一方では，新聞の記事はインターネット上のほとんどのニュースよりも注意深く確認されるということを覚えておくことが重要ですが，他方では，記者は新聞社のオーナーや広告主，そして時には力のある団体の利益を満たす記事を書かなければならないのです。

11　a．③　b．②　c．③　d．③　e．②

[解説]

a．〈被害〉を表す〈使役動詞 have＋O＋過去分詞〉「Oを〜される」の形にする。steal「〜を盗む」の過去分詞は stolen なので，③が正解。

b．コンマの前には主語となる名詞がないので，分詞構文にすると考える。主語の Mt. Fuji「富士山」と see「〜を見る」は「富士山は見られる」という受動の関係なので，過去分詞の②が正解。

c．worth 〜ing で「〜する価値がある」という意味を表すので，③が正解。

d．make *oneself* at home で「くつろぐ」という意味を表すので，③が正解。

e．直後に information「情報」という名詞があり，「それ以上の」という意味の形容詞 further を入れれば文意が通るので，②が正解。further は形容詞・副詞 far の比較級。最上級は furthest。

［全訳］

a. 彼女は電車の中でかばんを盗まれました。

b. 飛行機から見ると，富士山はとても美しかったです。

c. この小説は読む価値があります。

d. どうぞ座ってくつろいでください。

e. さらに詳しい情報が必要な場合は，ご連絡ください。

[12] **a.** ② **b.** ③ **c.** ① **d.** ④ **e.** ②

［解説］

a. How about ～ing? 「～するのはどうですか」の形にする。相手に提案したり誘ったりするときに使う表現。

b. 〈remind＋O＋of ～〉「Oに～を思い出させる」の形にする。

c. 〈might as well＋動詞の原形〉「～したほうがよい」の形にする。

d. 〈must have＋過去分詞〉「～したに違いない」の形にする。過去分詞 left のあとは〈leave＋O＋C〉「Oを C（の状態の）のままにする」を使って，left the door open とする。

e. 〈no matter how＋形容詞＋S＋V〉「Sがどんなに～であろうとも〔しようとも〕」の形にする。

［全訳］

a. この湖の周りを走るのはどうですか。

b. これらの写真を見ると，私はアメリカ旅行を思い出します。

c. 嵐が来るから，あなたはここにいたほうがいいですよ。

d. 誰かがドアを開けたままにしたに違いありません。

e. あなたがどんなに疲れていようとも，宿題を終わらせなければなりません。

全商英語検定試験問題集

2級

級別単語表

実教出版

3 級 （約1600語）

A

- □ **a** [ə／ア] 冠1つの，ある，〜につき
- □ **able** [éibl／エイブル] 形〜できる（＝can）
- □ **about** [əbáut／アバウト] 副およそ／前〜について
- □ **above** [əbáv／アバヴ] 前〜の上に，〜より上に
- □ **abroad** [əbrɔ́ːd／アブロード] 副外国に，外国へ
- □ **absent** [ǽbsənt／アブセント] 形欠席の，留守の
- □ **accident** [ǽksidənt／アクスィデント] 名偶然のできごと，事故
- □ **across** [əkrɔ́ːs／アクロース] 前〜を横切って
- □ **act** [ǽkt／アクト] 名行為，法令／動行動する，ふるまう，演じる
- □ **add** [ǽd／アッド] 動加える，追加する
- □ **address** [ədrés／アドゥレス] 名あて名，住所
- □ **advice** [ədváis／アドヴァイス] 名忠告，助言
- □ **advise** [ədváiz／アドヴァイズ] 動忠告する，助言する
- □ **afraid** [əfréid／アフレイド] 形恐れて，心配して
- □ **Africa** [ǽfrikə／アフリカ] 名アフリカ
- □ **African** [ǽfrikən／アフリカン] 名アフリカ人／形アフリカ（人）の
- □ **after** [ǽftər／アフタ] 前〜のあとに，〜にちなんで
- □ **afternoon** [ǽftərnúːn／アフタヌーン] 名午後
- □ **again** [əgén／アゲン] 副ふたたび，また
- □ **against** [əgénst／アゲンスト] 前〜を背景として，〜に（反）対して
- □ **age** [éidʒ／エイヂ] 名年齢，時代
- □ **ago** [əgóu／アゴウ] 副（今から）〜前に
- □ **agree** [əgríː／アグリー] 動同意する，意見が一致する
- □ **ahead** [əhéd／アヘッド] 副前方に〔へ〕，先んじて
- □ **air** [éər／エア] 名空気，空中
- □ **airline** [éərlàin／エアライン] 名定期航空（路線），航空会社
- □ **airmail** [éərmèil／エアメイル] 名航空郵便／副航空郵便で
- □ **airplane** [éərplèin／エアプレイン] 名飛行機
- □ **airport** [éərpɔ̀ːrt／エアポート] 名空港
- □ **album** [ǽlbəm／アルバム] 名アルバム
- □ **alive** [əláiv／アライヴ] 形生きて，活発で
- □ **all** [ɔ́ːl／オール] 形すべての，あらゆる
- □ **allow** [əláu／アラウ] 動許す，認める
- □ **almost** [ɔ́ːlmoust／オールモウスト] 副ほとんど
- □ **alone** [əlóun／アロウン] 形ただひとりの，単独の／副ひとりで
- □ **along** [əlɔ́ːŋ／アローング] 前〜を通って，〜に沿って
- □ **aloud** [əláud／アラウド] 副声をだして，大声で
- □ **already** [ɔːlrédi／オールレディ] 副すでに，もう
- □ **also** [ɔ́ːlsou／オールソウ] 副〜も（また）
- □ **although** [ɔːlðóu／オールゾウ] 接〜だけれども，たとえ〜でも
- □ **always** [ɔ́ːlweiz／オールウェイズ] 副いつも
- □ **am** [ǽm／アム] 動〜である，いる

- □ **a.m., A.M.** [éiém／エイエム] 略午前の
- □ **America** [əmérikə／アメリカ] 名アメリカ
- □ **American** [əmérikən／アメリカン] 名アメリカ人／形アメリカ（人）の
- □ **among** [əmʌ́ŋ／アマング] 前（3つ以上の）〜の中で
- □ **an** [ən／アン] 冠1つの，〜につき
- □ **and** [ǽnd, ənd／アンド] 接〜と，そして
- □ **angry** [ǽŋgri／アングリ] 形怒った
- □ **animal** [ǽnəml／アニムル] 名動物
- □ **announce** [ənáuns／アナウンス] 動発表する，知らせる
- □ **announcer** [ənáunsər／アナウンサ] 名アナウンサー，発表する人
- □ **another** [ənʌ́ðər／アナザ] 代もう1つの物，もう1人の人／形もう1つの
- □ **answer** [ǽnsər／アンサ] 名答え／動答える
- □ **ant** [ǽnt／アント] 名アリ
- □ **any** [éni／エニ] 代〔疑問文，条件文で〕いくらか，だれも〔肯定文で〕どんな物〔人〕でも／形〔疑問文，条件文で〕いくらかの，だれか〔否定文で〕少しも，だれも／副少しは
- □ **anybody** [énibàdi／エニバディ] 代〔疑問文，条件文で〕だれか〔否定文で〕だれも〔肯定文で〕だれでも
- □ **anyone** [éniwàn／エニワン] 代だれか，だれ（で）も
- □ **anything** [éniθiŋ／エニスィング] 代〔疑問文，条件文で〕何か〔否定文で〕何も〜しない〔肯定文で〕何でも
- □ **anyway** [éniwèi／エニウェイ] 副とにかく，どうしても
- □ **anywhere** [énihwèər／エニ(ホ)ウェア] 副どこかへ〔に〕，どこに〔で〕も
- □ **apartment** [əpáːrtmənt／アパートメント] 名アパート，共同住宅
- □ **appear** [əpíər／アピア] 動現われる，〜らしい
- □ **apple** [ǽpl／アプル] 名リンゴ
- □ **April** [éiprəl／エイプリル] 名4月(略：Apr.)
- □ **are** [áːr／アー] 動〜である，いる
- □ **area** [éəriə／エアリア] 名面積，地域，区域，範囲
- □ **arm** [áːrm／アーム] 名腕，〔-s〕武器
- □ **around** [əráund／アラウンド] 前〜のまわりに〔を〕／副ぐるりと
- □ **arrive** [əráiv／アライヴ] 動着く，到着する
- □ **arrow** [ǽrou／アロウ] 名矢，矢印
- □ **art** [áːrt／アート] 名芸術，術，技術
- □ **artist** [áːrtist／アーティスト] 名芸術家，画家，彫刻家，音楽家
- □ **as** [ǽz／アズ] 接〜なので，〜するにつれて／前〜として
- □ **Asia** [éiʒə／エイジャ] 名アジア
- □ **Asian** [éiʒn／エイジャン] 名アジア人／形アジア（人）の

☑**ask** [ǽsk／アスク] 動たずねる，頼む
☑**asleep** [əslíːp／アスリープ] 形副眠って
☑**assistant** [əsístənt／アスィスタント] 名助手，店員
形補助の，助手の
☑**at** [ǽt／アット] 前～に〔で〕，～の時，～を見て〔聞いて〕
☑**Atlantic** [ətlǽntik／アトゥラァンティック] 名大西洋
形大西洋の
☑**attack** [ətǽk／アタァック] 名攻撃
動攻撃する
☑**attend** [əténd／アテンド] 動出席する
☑**August** [ɔ́ːgəst／オーガスト] 名8月(略：Aug.)
☑**aunt** [ǽnt／アント] 名おば
☑**Australia** [ɔːstréiljə／オーストゥレイリャ] 名オーストラリア
☑**Australian** [ɔːstréiljən／オーストゥレイリャン] 名オーストラリア人
形オーストラリア(人)の
☑**automatic** [ɔ̀ːtəmǽtik／オートマァティック] 名自動けん銃
形自動的な，無意識の
☑**automobile** [ɔ́ːtəməbìːl／オートモビール] 名自動車
☑**autumn** [ɔ́ːtəm／オータム] 名秋
☑**awake** [əwéik／アウェイク] 動目ざめ(させ)る
形目がさめて
☑**away** [əwéi／アウェイ] 副離れて，遠くに

B

☑**baby** [béibi／ベイビ] 名赤ん坊
☑**back** [bǽk／バァック] 名背中，うしろ
形うしろの
副うしろに
☑**bacon** [béikən／ベイコン] 名ベーコン
☑**bad** [bǽd／バァッド] 形悪い，へたな
☑**badly** [bǽdli／バァッドリ] 副悪く，非常に，ひどく
☑**bag** [bǽg／バァッグ] 名袋，かばん
☑**bake** [béik／ベイク] 動(パンなどを)焼く
☑**baker** [béikər／ベイカ] 名パン製造人，パン屋
☑**ball** [bɔ́ːl／ボール] 名ボール
☑**banana** [bənǽnə／バナァナ] 名バナナ
☑**bank** [bǽŋk／バァンク] 名銀行，土手，川岸
☑**barber** [báːrbər／バーバ] 名理容師，床屋
☑**bark** [báːrk／バーク] 名ほえる声
動ほえる
☑**base** [béis／ベイス] 名土台，基礎，基地
動基礎を築く
☑**baseball** [béisbɔ̀ːl／ベイスボール] 名野球
☑**basic** [béisik／ベイスィック] 形基礎の，基本的な
☑**basket** [bǽskit／バァスケット] 名かご，バスケット
☑**basketball** [bǽskitbɔ̀ːl／バァスケットボール] 名バスケットボール
☑**bat** [bǽt／バァット] 名(野球などの)バット，こうもり
☑**bath** [bǽθ／バァス] 名入浴，ふろ
☑**bathroom** [bǽθruːm／バァスルーム] 名ふろ場
☑**be** [bíː／ビー] 動～である，いる
☑**beach** [bíːtʃ／ビーチ] 名砂浜，波打ちぎわ
☑**bear** [béər／ベア] 名熊
動生む，ささえる，担う
☑**beard** [bíərd／ビアド] 名あごひげ
☑**beat** [bíːt／ビート] 動たたく，負かす

☑**beautiful** [bjúːtəfl／ビューティフル] 形美しい
☑**beauty** [bjúːti／ビューティ] 名美しさ，美人
☑**because** [bikɔ́ːz／ビコーズ] 接～だから，～なので
☑**become** [bikʌ́m／ビカム] 動～になる
☑**bed** [béd／ベッド] 名ベッド
☑**bedroom** [bédrùːm／ベッドルーム] 名寝室
☑**bee** [bíː／ビー] 名みつばち，働き者
☑**beef** [bíːf／ビーフ] 名牛肉
☑**beefsteak** [bíːfstèik／ビーフステイク] 名ビフテキ
☑**been** [bín／ビン] 動beの過去分詞形
☑**beer** [bíər／ビア] 名ビール
☑**before** [bifɔ́ːr／ビフォーア] 前～の前に
☑**beg** [bég／ベッグ] 動乞う，頼む
☑**begin** [bigín／ビギン] 動始まる，始める
☑**beginner** [bigínər／ビギナ] 名初学者，初心者
☑**beginning** [bigíniŋ／ビギニング] 名初め
☑**behind** [biháind／ビハインド] 前～のうしろに
☑**believe** [bilíːv／ビリーヴ] 動信じる，思う
☑**bell** [bél／ベル] 名鈴，鐘
☑**belong** [bilɔ́ːŋ／ビローング] 動(～に)属する
☑**below** [bilóu／ビロウ] 副下に〔へ，で〕
前～の下に
☑**belt** [bélt／ベルト] 名ベルト，帯
☑**bench** [béntʃ／ベンチ] 名ベンチ
☑**beside** [bisáid／ビサイド] 前～のそばに
☑**best** [bést／ベスト] 形最もよい
副最もよく
☑**better** [bétər／ベタ] 形よりよい
副よりよく
☑**between** [bitwíːn／ビトゥウィーン] 前(2つのもの)の間に
☑**beyond** [bijánd／ビヤンド] 前～の向こうに，を越えて
☑**bicycle** [báisikl／バイスィクル] 名自転車
☑**big** [bíg／ビッグ] 形大きい
☑**bike** [báik／バイク] 名自転車
☑**bird** [bɔ́ːrd／バ～ド] 名鳥
☑**birth** [bɔ́ːrθ／バ～ス] 名誕生，生まれ，出現
☑**birthday** [bɔ́ːrθdèi／バ～スデイ] 名誕生日
☑**bite** [báit／バイト] 名噛むこと，ひとかじり
動噛む，咬みつく
☑**black** [blǽk／ブラァック] 名黒
形黒い
☑**blackboard** [blǽkbɔ̀ːrd／ブラァックボード] 名黒板
☑**blanket** [blǽŋkit／ブラァンケット] 名毛布
動おおう
☑**blind** [bláind／ブラインド] 名日よけ
形目の不自由な
☑**block** [blák／ブラック] 名固まり，一区画，ブロック
☑**blow** [blóu／ブロウ] 動(風が)吹く，吹き飛ばす
☑**blue** [blúː／ブルー] 名青
形青い
☑**board** [bɔ́ːrd／ボード] 名板
動(船・列車・バス・飛行機などに)乗り込む，食事つきで下宿す〔させ〕る
☑**boat** [bóut／ボウト] 名ボート，船
☑**body** [bádi／バディ] 名身体，本体

☑boil [bɔ́il／ボイル]	動沸かす，沸く，煮(え)る
☑bone [bóun／ボウン]	名骨
☑book [búk／ブック]	名本
☑bookcase [búkkèis／ブックケイス]	名本箱，書棚
☑bookshelf [búkʃèlf／ブックシェルフ]	名本棚，書棚
☑bookshop [búkʃàp／ブックシャップ]	名本屋，書店
☑bookstore [búkstɔ̀:r／ブックストーア]	名書店
☑boot(s) [bú:t(s)／ブート(ツ)]	名長靴
☑borrow [bárou／バロウ]	動借りる
☑boss [bɔ́:s／ボース]	名長，親分 動支配する
☑both [bóuθ／ボウス]	代両方 形両方の
☑bottle [bátl／バトゥル]	名びん
☑bottom [bátəm／バタム]	名底，下部
☑bow [báu／バウ]	名おじぎ 動おじぎをする
[bóu／ボウ]	名弓
☑box [báks／バックス]	名箱
☑boy [bɔ́i／ボイ]	名少年
☑branch [brǽntʃ／ブラァンチ]	名枝，支店
☑brave [bréiv／ブレイヴ]	形勇敢な
☑bread [bréd／ブレッド]	名パン
☑break [bréik／ブレイク]	名休み時間 動こわす，こわれる
☑breakfast [brékfəst／ブレックファスト]	名朝食
☑breath [bréθ／ブレス]	名息，呼吸
☑bridge [brídʒ／ブリッジ]	名橋
☑bright [bráit／ブライト]	形明るい，頭の良い 副輝いて
☑bring [bríŋ／ブリング]	動～を連れてくる，～を持ってくる
☑Britain [brítn／ブリトゥン]	名英国
☑British [brítiʃ／ブリティッシ]	形英国の，英国人の
☑brother [brʌ́ðər／ブラザ]	名兄，弟，兄弟
☑brown [bráun／ブラウン]	名茶色 形茶色の
☑brush [brʌ́ʃ／ブラッシ]	名ブラシ，はけ 動(ブラシで)みがく
☑bucket [bʌ́kit／バケット]	名バケツ，手おけ
☑build [bíld／ビルド]	動(家などを)建てる，(船を)造船する，(ダム，鉄道，道路などを)建設する，(橋を)かける
☑building [bíldiŋ／ビルディング]	名建物
☑burn [bə́:rn／バ～ン]	動燃やす，燃える
☑bus [bʌ́s／バス]	名バス
☑business [bíznəs／ビズネス]	名仕事，商売，事業
☑businessman [bíznəsmæ̀n／ビズネスマァン]	名実業家
☑busy [bízi／ビズィ]	形忙しい，にぎやかな，(電話が)話し中で
☑but [bʌ́t／バット]	接しかし
☑butcher [bútʃər／ブチャ]	名肉屋
☑butter [bʌ́tər／バタ]	名バター
☑butterfly [bʌ́tərflài／バタフライ]	名チョウ
☑buy [bái／バイ]	動買う
☑by [bái／バイ]	前～のそばに〔の〕，～までに，～によって

C

☑cabbage [kǽbidʒ／キァベッジ]	名キャベツ
☑cabin [kǽbin／キァビン]	名小屋，船室
☑cage [kéidʒ／ケイジ]	名鳥かご
☑cake [kéik／ケイク]	名ケーキ，(固形石けん)1個
☑calendar [kǽləndər／キァレンダ]	名暦，カレンダー
☑California [kæ̀ləfɔ́:rnjə／キァリフォーニャ]	名カリフォルニア
☑call [kɔ́:l／コール]	動呼ぶ，電話をかける，訪問する
☑calm [ká:m／カーム]	動静める，静まる 形穏かな，静かな
☑camera [kǽmərə／キァメラ]	名カメラ
☑camp [kǽmp／キャンプ]	名キャンプ，キャンプ場 動キャンプする
☑can [kǽn／キァン]	助できる
☑Canada [kǽnədə／キァナダ]	名カナダ
☑Canadian [kənéidiən／カネイディアン]	名カナダ人 形カナダ(人)の
☑candle [kǽndl／キァンドゥル]	名ろうそく
☑candy [kǽndi／キァンディ]	名キャンデー
☑cap [kǽp／キャップ]	名(ふちなしの)帽子
☑capital [kǽpitl／キャピトゥル]	名首都，大文字，資本金
☑captain [kǽptən／キァプテン]	名船長，機長，主将
☑car [ká:r／カー]	名自動車
☑card [ká:rd／カード]	名カード，トランプ，はがき
☑care [kéər／ケア]	名心配，注意，世話 動世話をする，〔否定文・疑問文で〕心配する，好む
☑careful [kéərfl／ケアフル]	形注意深い
☑carpenter [ká:rpəntər／カーペンタ]	名大工
☑carpet [ká:rpit／カーペット]	名じゅうたん
☑carrot [kǽrət／キァロット]	名にんじん
☑carry [kǽri／キァリ]	動運ぶ，持って歩く
☑case [kéis／ケイス]	名事件，場合，箱
☑cash [kǽʃ／キァッシ]	名現金
☑cassette [kəsét／カセット]	名カセットテープ
☑castle [kǽsl／キァスル]	名城
☑cat [kǽt／キァット]	名ネコ
☑catch [kǽtʃ／キァッチ]	動捕える，つかむ，(乗物に)間に合う
☑cattle [kǽtl／キァトゥル]	名牛，肉牛
☑ceiling [sí:liŋ／スィーリング]	名天井
☑cent [sént／セント]	名セント
☑center [séntər／センタ]	名中心，中央，(中心)施設
☑centimeter [séntəmì:tər／センティミータ]	名センチメートル
☑central [séntrəl／セントゥラル]	形中心の，主要な
☑century [séntʃəri／センチュリ]	名100年，1世紀
☑certain [sə́:rtn／サ～トゥン]	形確かな，ある
☑chain [tʃéin／チェイン]	名くさり，一続き 動くさりでつなぐ
☑chair [tʃéər／チェア]	名いす
☑chalk [tʃɔ́:k／チョーク]	名チョーク

☑**champion** [tʃǽmpiən／チャンピオン]	图優勝者，チャンピオン
☑**chance** [tʃǽns／チャンス]	图機会
☑**change** [tʃéindʒ／チェインジ]	图変化，小銭，つり銭
	動変える，変わる
☑**cheap** [tʃíːp／チープ]	形安い，安っぽい
☑**check** [tʃék／チェック]	图照合，小切手
	動照合する，点検する
☑**cheerful** [tʃíərfl／チアフル]	形陽気な，快活な
☑**cheese** [tʃíːz／チーズ]	图チーズ
☑**cherry** [tʃéri／チェリ]	图さくらんぼ，桜の木
☑**chicken** [tʃíkin／チキン]	图鶏，ひな鳥，鶏肉
☑**chief** [tʃíːf／チーフ]	图首長，かしら
	形主要な
☑**child** [tʃáild／チャイルド]	图子供
☑**children** [tʃíldrn／チルドゥレン]	图child の複数形
☑**chimney** [tʃímni／チムニ]	图煙突
☑**China** [tʃáinə／チャイナ]	图中国
☑**Chinese** [tʃàiníːz／チャイニーズ]	图中国人，中国語
	形中国の，中国人〔語〕の
☑**chocolate** [tʃɔ́ːkəlit／チョーコレット]	图チョコレート，ココア
☑**choose** [tʃúːz／チューズ]	動選ぶ
☑**Christmas** [krísməs／クリスマス]	图クリスマス
☑**church** [tʃə́ːrtʃ／チャ〜チ]	图教会
☑**circle** [sə́ːrkl／サ〜クル]	图円(形)，仲間，サーク
	ル，集団
☑**city** [síti／スィティ]	图都会，市，町
☑**class** [klǽs／クラァス]	图クラス，授業
☑**classical** [klǽsikl／クラァスィクル]	形古典主義の，正統派の
☑**classmate** [klǽsmèit／クラァスメイト]	图級友
☑**classroom** [klǽsrùːm／クラァスルーム]	图教室
☑**clean** [klíːn／クリーン]	動〜をきれいにする，そ
	うじする
	形清潔な
☑**clear** [klíər／クリア]	動片づける，晴れる
	形晴れた，はっきりした
☑**clerk** [klə́ːrk／クラ〜ク]	图事務員，店員
☑**clever** [klévər／クレヴァ]	形利口な，上手な
☑**climb** [kláim／クライム]	動登る
☑**clock** [klák／クラック]	图置き時計，掛け時計
☑**close**動[klóuz／クロウズ]	動閉める，閉まる
形副[klóus／クロウス]	形近くの
	副近くに
☑**cloth** [klɔ́ːθ／クロース]	图布
☑**clothes** [klóuz／クロウズ]	图衣服
☑**cloud** [kláud／クラウド]	图雲
☑**cloudy** [kláudi／クラウディ]	形曇った
☑**club** [klʌ́b／クラブ]	图クラブ
☑**coach** [kóutʃ／コウチ]	图コーチ，客車
	動指導する
☑**coal** [kóul／コウル]	图石炭
☑**coast** [kóust／コウスト]	图海岸，沿岸
☑**coat** [kóut／コウト]	图上衣
	動(ペンキなど)を塗る
☑**cock** [kák／カック]	图おんどり
☑**coffee** [kɔ́ːfi／コーフィ]	图コーヒー
☑**coin** [kɔ́in／コイン]	图硬貨，コイン
☑**cold** [kóuld／コウルド]	图寒さ，カゼ
	形寒い，冷たい

☑**collect** [kəlékt／コレクト]	動〜を集める
☑**college** [kálidʒ／カレッヂ]	图(単科)大学
☑**colo(u)r** [kʌ́lər／カラ]	图色
	動彩色する
☑**come** [kʌ́m／カム]	動来る
☑**comfortable** [kʌ́mfərtəbl／カンファタブル]	形気持ちよい，快適な
☑**common** [kámən／カモン]	形共通の，ふつうの
☑**company** [kʌ́mpəni／カンパニ]	图会社，仲間
☑**computer** [kəmpjúːtər／コンピューター]	图コンピュータ
☑**concert** [kánsərt／カンサト]	图音楽会，演奏会
☑**condition** [kəndíʃn／コンディシャン]	图状態，状況，条件
☑**contest**图[kántest／カンテスト]	图競技，コンクール
動[kəntést／コンテスト]	動争う
☑**continue** [kəntínjuː／コンティニュー]	動続く，続ける
☑**conversation** [kànvərséiʃn／カンヴァセイシャン]	图会話，談話
☑**cook** [kúk／クック]	图コック，料理人
	動料理する
☑**cookie** [kúki／クキ]	图クッキー
☑**cool** [kúːl／クール]	動冷やす
	形涼しい，冷たい
☑**copy** [kápi／カピ]	图写し，複写，冊
	動複写する，まねる
☑**corn** [kɔ́ːrn／コーン]	图トウモロコシ，穀物
☑**corner** [kɔ́ːrnər／コーナ]	图かど，すみ
☑**correct** [kərékt／コレクト]	動訂正する
	形正しい
☑**cost** [kɔ́ːst／コースト]	图代価，値段，費用
	動(金額が)かかる
☑**cotton** [kátn／カトゥン]	图綿，木綿，綿糸
☑**could** [kúd／クッド]	助can の過去形
☑**count** [káunt／カウント]	图計算，勘定
	動数える
☑**counter** [káuntər／カウンタ]	图カウンター，計算者，計算機，反対
	動逆襲する
☑**country** [kʌ́ntri／カントゥリ]	图国，いなか
☑**couple** [kʌ́pl／カプル]	图1対，1組の男女
☑**course** [kɔ́ːrs／コース]	图進路，課程
☑**court** [kɔ́ːrt／コート]	图宮廷，裁判所，コート
☑**cousin** [kʌ́zn／カズン]	图いとこ
☑**cover** [kʌ́vər／カヴァ]	图表紙
	動〜をおおう
☑**cow** [káu／カウ]	图雌牛
☑**crazy** [kréizi／クレイズィ]	形気が狂った，熱狂した
☑**cream** [kríːm／クリーム]	图クリーム
☑**cross** [krɔ́ːs／クロース]	图十字架，十字路
	動横断する
☑**crossing** [krɔ́ːsiŋ／クロースィング]	图横断，交差点，踏切り，反対，妨害
☑**crowd** [kráud／クラウド]	图群集
	動群がる
☑**crown** [kráun／クラウン]	图王冠
☑**cry** [krái／クライ]	图叫び声
	動叫ぶ，泣く
☑**culture** [kʌ́ltʃər／カルチャ]	图文化，教養
☑**cup** [kʌ́p／カップ]	图茶わん
☑**curtain** [kə́ːrtn／カ〜トゥン]	图カーテン，幕

☑**custom** [kʌ́stəm／カスタム]　名習慣，風習
☑**cut** [kʌ́t／カット]　動切る，刻む，削る

D

☑**Dad** [dǽd／ダァッド]　名お父さん
☑**daily** [déili／デイリ]　形毎日の　副日ごとに
☑**dance** [dǽns／ダァンス]　名ダンス　動踊る
☑**dancer** [dǽnsər／ダァンサ]　名ダンサー，踊り子
☑**danger** [déindʒər／デインヂャ]　名危険
☑**dangerous** [déindʒərəs／デインヂャラス]　形危険な
☑**dark** [dáːrk／ダーク]　名暗がり　形暗い，黒っぽい
☑**darkness** [dáːrknəs／ダークネス]　名暗さ，やみ
☑**date** [déit／デイト]　名日付け，デート
☑**daughter** [dɔ́ːtər／ドータ]　名娘
☑**day** [déi／デイ]　名日，昼間，時代
☑**dead** [déd／デッド]　形死んだ
☑**dear** [díər／ディア]　形親愛な，貴重な
☑**death** [déθ／デス]　名死
☑**December** [disémbər／ディセンバ]　名12月（略：Dec.）
☑**decide** [disáid／ディサイド]　動決める，決心する
☑**deep** [díːp／ディープ]　形深い
☑**delicious** [dilíʃəs／デリシャス]　形おいしい
☑**dentist** [déntist／デンティスト]　名歯医者
☑**department** [dipáːrtmənt／ディパートメント]　名部門，部，学部
☑**depend** [dipénd／ディペンド]　動頼る，～による
☑**design** [dizáin／ディザイン]　名設計，デザイン，図案　動設計する，計画する
☑**desk** [désk／デスク]　名机
☑**dial** [dáiəl／ダイアル]　名ダイヤル　動電話をかける
☑**diamond** [dáiəmənd／ダイアモンド]　名ダイヤモンド
☑**diary** [dáiəri／ダイアリ]　名日記
☑**dictionary** [díkʃənèri／ディクショネリ]　名辞書
☑**did** [díd／ディッド]　動助 do の過去形
☑**die** [dái／ダイ]　動死ぬ
☑**different** [dífərənt／ディファレント]　形違った，別の
☑**difficult** [dífikəlt／ディフィカルト]　形むずかしい
☑**dig** [díg／ディッグ]　動掘る，探究する
☑**diligent** [dílidʒənt／ディリヂェント]　形勤勉な
☑**dinner** [dínər／ディナ]　名食事
☑**dirty** [də́ːrti／ダ〜ティ]　形きたない，不正な
☑**discover** [diskʌ́vər／ディスカヴァ]　動発見する
☑**discuss** [diskʌ́s／ディスカス]　動話し合う，議論する，話題にする
☑**dish** [díʃ／ディッシ]　名深ざら，料理
☑**distance** [dístəns／ディスタンス]　名距離，間隙，遠方
☑**distant** [dístənt／ディスタント]　形離れた，遠い
☑**divide** [diváid／ディヴァイド]　動分ける，分かれる，割る
☑**do** [dúː／ドゥー]　動する　助〔疑問文，否定文，強勢文などに用いる〕
☑**doctor** [dáktər／ダクタ]　名医者，博士

☑**does** [dʌ́z／ダズ]　動助 do の3人称・単数・現在形
☑**dog** [dɔ́ːg／ドーグ]　名犬
☑**doll** [dál／ダル]　名人形
☑**dollar** [dálər／ダラ]　名ドル
☑**door** [dɔ́ːr／ドーア]　名戸，入口
☑**double** [dʌ́bl／ダブル]　名2倍　動2倍にする　形2倍の　副2倍に
☑**doubt** [dáut／ダウト]　名疑い　動疑う
☑**down** [dáun／ダウン]　形下りの　副下へ，下に　前～を下って
☑**downstairs** [dáunstéərz／ダウンステアズ]　副階下へ〔で〕
☑**downtown** [dáuntáun／ダウンタウン]　名中心街，商業地区　形商業地区の　副商業地区に〔へ，で〕
☑**dozen** [dʌ́zn／ダズン]　名1ダース，12個
☑**Dr.** [dáktər／ダクタ]　名〔doctor の略〕博士
☑**drama** [dráːmɑ／ドゥラーマ]　名劇，演劇
☑**draw** [drɔ́ː／ドゥロー]　動（絵や図を）描く，（カーテンなどを）引く
☑**dream** [dríːm／ドゥリーム]　名夢　動夢を見る
☑**dress** [drés／ドゥレス]　名（婦人，子供の）服，ドレス　動服を着せる
☑**drink** [dríŋk／ドゥリンク]　名飲み物　動飲む
☑**drive** [dráiv／ドゥライヴ]　名ドライブ　動運転する，追いだす
☑**driver** [dráivər／ドゥライヴァ]　名運転手
☑**drop** [dráp／ドゥラップ]　名しずく，一滴　動落とす，落ちる
☑**drugstore** [drʌ́gstɔ̀ːr／ドゥラッグストーア]　名ドラッグストア
☑**drum** [drʌ́m／ドゥラム]　名太鼓，ドラム　動どんどんたたく
☑**dry** [drái／ドゥライ]　動乾かす，ふく，乾く，しなびる　形乾いた，雨の降らない
☑**duck** [dʌ́k／ダック]　名カモ，アヒル（の類）
☑**during** [djúəriŋ／デュアリング]　前～の間に，～の間ずっと
☑**duty** [djúːti／デューティー]　名義務，本分，職務

E

☑**each** [íːtʃ／イーチ]　代各自，めいめい　形めいめいの
☑**ear** [íər／イア]　名耳
☑**early** [ə́ːrli／ア〜リ]　形（時期，時間が）早い，初期の，遠い昔の　副（時間的に）早く，大昔に
☑**earn** [ə́ːrn／ア〜ン]　動かせぐ，（生計を）立てる，もうける
☑**earring** [íərriŋ／イアリング]　名イヤリング，耳飾り

☐**earth** [ə́:rθ／アース]	名地球，土地	☐**etc.** [etsétərə／エトセトラ]	略～など，その他
☐**earthquake** [ə́:rθkwèik／アースクウェイク]	名地震	☐**Europe** [júərəp／ユアラプ]	名ヨーロッパ
☐**east** [í:st／イースト]	名東，〔the E-〕東洋	☐**European** [jùərəpí:ən／ユアラピーアン]	形ヨーロッパの，ヨーロッパ人の
☐**eastern** [í:stərn／イースタン]	形東の		名ヨーロッパ人
☐**easy** [í:zi／イーズィ]	形容易な	☐**even** [í:vn／イーヴン]	形平らな
☐**eat** [í:t／イート]	動食べる，食事をする		副～でさえ
☐**edge** [édʒ／エッヂ]	名端，ふち，きわ	☐**evening** [í:vniŋ／イーヴニング]	名夕方
☐**egg** [ég／エッグ]	名卵	☐**ever** [évər／エヴァ]	副〔疑問文・否定文・条件文で〕いつか，かつて，これまでに
☐**eight** [éit／エイト]	名8		
	形8の		
☐**eighteen** [èití:n／エイティーン]	名18	☐**every** [évri／エヴリ]	形あらゆる，どの～もみな，～ごとに
	形18の		
☐**eighth** [éitθ／エイトス]	名第8	☐**everybody** [évribàdi／エヴリバディ]	代だれでも
	形第8の	☐**everyday** [évridèi／エヴリデイ]	形毎日の，ふだんの
☐**eighty** [éiti／エイティ]	名80	☐**everyone** [évriwʌ̀n／エヴリワン]	代だれでも
	形80の	☐**everything** [évriθiŋ／エヴリスィング]	代なんでも
☐**either** [í:ðər／イーザ]	代（2つのうち）どちらでも，どちらか	☐**everywhere** [évrihwèər／エヴリ(ホ)ウェア]	副どこでも
	形（2つのうち）どちらかの	☐**exam** [igzǽm／イグザァム]	名試験
	副〔否定文で〕～もまた	☐**examination** [igzæminéiʃn／イグザァミネイシャン]	名検査，試験
☐**elbow** [élbou／エルボウ]	名ひじ	☐**example** [igzǽmpl／イグザァンプル]	名例，手本，見本
	動ひじで押す	☐**except** [iksépt／イクセプト]	前～のほかは
☐**elect** [ilékt／イレクト]	動選挙する，選ぶ	☐**excite** [iksáit／イクサイト]	動興奮させる，（感情を）起こさせる
☐**electric** [iléktrik／イレクトゥリック]	形電気の		
☐**elephant** [éləfənt／エレファント]	名象	☐**exciting** [iksáitiŋ／イクサイティング]	形はらはらするような，興奮させる
☐**elevator** [éləvèitər／エレヴェイタ]	名エレベーター		
☐**eleven** [ilévn／イレヴン]	名11	☐**excuse** 名[ikskjú:s／イクスキュース] 動[ikskjú:z／イクスキューズ]	名弁解，口実
	形11の		動許す
☐**eleventh** [ilévnθ／イレヴンス]	名第11	☐**exercise** [éksərsàiz／エクササイズ]	名運動，練習，練習問題
	形第11の	☐**expect** [ikspékt／イクスペクト]	動予期する，期待する
☐**else** [éls／エルス]	形その他の	☐**expensive** [ikspénsiv／イクスペンスィヴ]	形費用のかかる，高価な
	副その他に		
☐**empty** [émpti／エンプティ]	動からにする	☐**explain** [ikspléin／イクスプレイン]	動説明する，弁明する
	形からの	☐**eye** [ái／アイ]	名目
☐**end** [énd／エンド]	名終わり，端，目的		

F

☐**energy** [énərdʒi／エナディ]	名精力，活動力，エネルギー	☐**face** [féis／フェイス]	名顔
		☐**fact** [fǽkt／ファクト]	名真相，実態，事実
☐**engine** [éndʒin／エンヂン]	名エンジン，機関，機関車	☐**factory** [fǽktəri／ファクトリ]	名工場
		☐**fail** [féil／フェイル]	動失敗する
☐**engineer** [èndʒəníər／エンヂニア]	名技師，機関士	☐**fair** [féər／フェア]	形公平な，かなりの，きれいな
☐**England** [íŋglənd／イングランド]	名イギリス		
☐**English** [íŋgliʃ／イングリッシ]	名英語		副公正に，見事に
	形英国の，英語の	☐**fall** [fɔ́:l／フォール]	名秋
☐**Englishman** [íŋgliʃmən／イングリッシマン]	名イギリス人		動落ちる，倒れる
		☐**false** [fɔ́:ls／フォールス]	形間違った，うその，本物でない
☐**enjoy** [indʒɔ́i／インヂョイ]	動楽しむ		
☐**enough** [inʌ́f／イナフ]	形十分な	☐**family** [fǽməli／ファミリ]	名家族
	副十分に，（～する）ほどに	☐**famous** [féiməs／フェイマス]	形有名な
		☐**fan** [fǽn／ファン]	名うちわ，ファン
☐**enter** [éntər／エンタ]	動（～に）入る		動あおぐ
☐**equal** [í:kwəl／イークウォル]	動～に等しい	☐**far** [fá:r／ファー]	形遠い
	形等しい，平等の		副遠く，ずっと
☐**eraser** [iréisər／イレイサ]	名消しゴム，黒板ふき	☐**farm** [fá:rm／ファーム]	名農場
☐**escalator** [éskəlèitər／エスカレイタ]	名エスカレーター	☐**farmer** [fá:rmər／ファーマ]	名農場主，農夫
☐**escape** [iskéip／イスケイプ]	名逃亡，脱出	☐**fashion** [fǽʃn／ファシャン]	名流行，方法
	動逃げる，免れる		
☐**especially** [ispéʃəli／イスペシャリ]	副特に，とりわけ		

☑ **fast** [fǽst／ファスト] 形速い，（時計が）進んでいる
副速く

☑ **fat** [fǽt／ファット] 形太った，脂肪の多い

☑ **father** [fάːðər／ファーザ] 名父

☑ **favorite** [féivərit／フェイヴァリット] 名お気に入りの人〔物〕
形お気に入りの

☑ **fear** [fíər／フィア] 名恐怖
動恐れる，危ぶむ，心配する

☑ **February** [fébruèri／フェブルエリ] 名 2 月（略：Feb.）

☑ **feel** [fíːl／フィール] 動感ずる，さわる

☑ **feeling** [fíːliŋ／フィーリング] 名感覚，気分

☑ **feet** [fíːt／フィート] 名footの複数形

☑ **fellow** [félou／フェロウ] 名人，男，仲間

☑ **fence** [féns／フェンス] 名フェンス，囲い，柵

☑ **fever** [fíːvər／フィーヴァ] 名熱，熱病，熱中

☑ **few** [fjúː／フュー] 形〜しかない，（a をつけて）いくらかの

☑ **field** [fíːld／フィールド] 名野原，畑，競技場，分野

☑ **fifteen** [fiftíːn／フィフティーン] 名15
形15の

☑ **fifth** [fífθ／フィフス] 名第 5
形第 5 の

☑ **fifty** [fífti／フィフティ] 名50
形50の

☑ **fight** [fáit／ファイト] 名戦い，闘志
動戦う，奮闘する

☑ **fill** [fíl／フィル] 動満たす，みちる

☑ **film** [fílm／フィルム] 名フィルム，映画

☑ **final** [fáinl／ファイヌル] 名決勝戦
形最後の，最終的な

☑ **find** [fáind／ファインド] 動見つける，わかる

☑ **fine** [fáin／ファイン] 形りっぱな，晴れた，元気な

☑ **finger** [fíŋgər／フィンガ] 名指

☑ **finish** [fíniʃ／フィニッシ] 動終える，仕上げる，終わる

☑ **fire** [fáiər／ファイア] 名火，火事

☑ **first** [fə́ːrst／ファ〜スト] 名第 1
形第 1 の
副第 1 に

☑ **fish** [fíʃ／フィッシ] 名魚

☑ **five** [fáiv／ファイヴ] 名 5
形 5 の

☑ **fix** [fíks／フィックス] 動固定する，すえる，整える，修理する

☑ **flag** [flǽg／フラァッグ] 名旗

☑ **floor** [flɔ́ːr／フローア] 名床，〜階

☑ **flow** [flóu／フロウ] 名流れ
動流れる

☑ **flower** [fláuər／フラウア] 名花

☑ **fly** [flái／フライ] 名ハエ
動飛ぶ

☑ **fog** [fάg／ファッグ] 名霧，濃霧
動霧でつつまれる

☑ **folk** [fóuk／フォウク] 名人々，家族

☑ **follow** [fάlou／ファロウ] 動〜に続く，〜のあとを継ぐ，従う

☑ **following** [fάlouiŋ／ファロウイング] 名次に述べる〔記す〕もの
形次の，以下の

☑ **fond** [fάnd／ファンド] 形〜が好きで

☑ **food** [fúːd／フード] 名食物

☑ **fool** [fúːl／フール] 名ばか者

☑ **foolish** [fúːliʃ／フーリッシ] 形ばかな，愚かな

☑ **foot** [fút／フット] 名足，ふもと

☑ **football** [fútbɔ̀ːl／フットボール] 名フットボール

☑ **for** [fɔ́ːr／フォーア] 前〜のために，〜を求めて，〜向けの，〜に対して，〜にとって，〜の間
接なぜならば

☑ **foreign** [fɔ́ːrin／フォーリン] 形外国の

☑ **foreigner** [fɔ́ːrinər／フォーリナ] 名外国人

☑ **forest** [fɔ́ːrist／フォーレスト] 名森林，山林

☑ **forget** [fərgét／フォゲット] 動忘れる

☑ **fork** [fɔ́ːrk／フォーク] 名フォーク

☑ **form** [fɔ́ːrm／フォーム] 名形，姿，方式，用紙
動形づくる

☑ **forty** [fɔ́ːrti／フォーティ] 名40
形40の

☑ **forward** [fɔ́ːrwərd／フォーワド] 副前方に〔へ〕，先に〔へ〕

☑ **four** [fɔ́ːr／フォーア] 名 4
形 4 の

☑ **fourteen** [fɔ̀ːrtíːn／フォーティーン] 名14
形14の

☑ **fourth** [fɔ́ːrθ／フォース] 名第 4
形第 4 の

☑ **fox** [fάks／ファックス] 名キツネ

☑ **France** [frǽns／フランス] 名フランス

☑ **free** [fríː／フリー] 形自由な，暇な

☑ **French** [fréntʃ／フレンチ] 名フランス語
形フランスの，フランス語〔人〕の

☑ **Frenchman** [fréntʃmən／フレンチマン] 名（1 人の）フランス人

☑ **fresh** [fréʃ／フレッシ] 形新鮮な

☑ **Friday** [fráidei／フライデイ] 名金曜日（略：Fri.）

☑ **fridge** [frídʒ／フリッヂ] 名冷蔵庫

☑ **friend** [frénd／フレンド] 名友人

☑ **friendly** [fréndli／フレンドリ] 形親しみやすい，親切な，好意的な

☑ **frog** [frάg／フラッグ] 名カエル

☑ **from** [frάm／フラム] 前〜から

☑ **front** [frʌ́nt／フラント] 形正面の
前前部，正面

☑ **fruit** [frúːt／フルート] 名くだもの

☑ **fry** [frái／フライ] 名揚げ物
動油でいためる〔揚げる〕

☑ **full** [fúl／フル] 形〜でいっぱいの

☑ **fun** [fʌ́n／ファン] 名楽しみ，おもしろいこと

☑ **funny** [fʌ́ni／ファニ] 形おかしい，おもしろい，変な

☑ **fur** [fə́ːr／ファ〜] 名毛皮，毛皮製品

☑ **furniture** [fə́ːrnitʃər／ファ〜ニチャ] 名家具

☑ **future** [fjúːtʃər／フューチャ] 名未来，将来
形未来の

G

☐ **game** [géim／ゲイム]　图試合, ゲーム遊び, 競技, 勝負

☐ **garage** [gərá:ʒ／ガラージ]　图車庫, ガレージ

☐ **garden** [gá:rdn／ガードゥン]　图庭, 花園

☐ **gas** [gǽs／ギァス]　图ガス, ガソリン

☐ **gasoline** [gǽsəli:n／ギァソリーン]　图ガソリン

☐ **gate** [géit／ゲイト]　图門

☐ **gather** [gǽðər／ギァザ]　動集める, 摘む, 集まる

☐ **gentle** [dʒéntl／ヂェントゥル]　形おとなしい, やさしい, 穏かな

☐ **gentleman** [dʒéntlmən／ヂェントゥルマン]　图紳士

☐ **German** [dʒá:rmən／ヂャ～マン]　图ドイツ語, ドイツ人　形ドイツの, ドイツ語の, ドイツ人の

☐ **Germany** [dʒá:rməni／ヂャ～マニ]　图ドイツ

☐ **gesture** [dʒéstʃər／ヂェスチャ]　图身ぶり, そぶり　動身ぶりをする

☐ **get** [gét／ゲット]　動得る, 買う, 理解する

☐ **gift** [gíft／ギフト]　图贈り物, 特殊な才能

☐ **girl** [gá:rl／ガ～ル]　图女の子, 少女

☐ **give** [gív／ギヴ]　動与える, 渡す

☐ **glad** [glǽd／グラァッド]　形うれしい, 喜んで

☐ **glass** [glǽs／グラァス]　图ガラス, コップ

☐ **glasses** [glǽsiz／グラァスィズ]　图めがね

☐ **glove** [glʌ́v／グラヴ]　图手袋, グローブ

☐ **go** [góu／ゴウ]　動行く

☐ **goal** [góul／ゴウル]　图目標, 目的地, ゴール, 決勝点

☐ **god** [gád／ガッド]　图神, 〔G-〕(キリスト教の)神

☐ **gold** [góuld／ゴウルド]　图金, 金貨　形金の, 金製の

☐ **golden** [góuldən／ゴウルドゥン]　形金色の, 貴重な

☐ **golf** [gálf／ガルフ]　图ゴルフ

☐ **good** [gúd／グッド]　形よい, ためになる

☐ **good-by(e)** [gùdbái／グッ(ド)バイ]　聞さようなら

☐ **grade** [gréid／グレイド]　图等級, 程度, 学年　動等級をつける

☐ **gram** [grǽm／グラァム]　图グラム

☐ **grandchild** [grǽntʃaild／グラァンチャイルド]　图孫

☐ **grandfather** [grǽndfà:ðər／グラァン(ド)ファーザ]　图祖父

☐ **grandmother** [grǽndmʌ̀ðər／グラァン(ド)マザ]　图祖母

☐ **grape** [gréip／グレイプ]　图ブドウ

☐ **grass** [grǽs／グラァス]　图草, 芝生

☐ **gray** [gréi／グレイ]　图灰色　形灰色の, 陰気な, 白髪の

☐ **great** [gréit／グレイト]　形偉大な, 重要な

☐ **Greece** [grí:s／グリース]　图ギリシャ

☐ **Greek** [grí:k／グリーク]　图ギリシャ人〔語〕　形ギリシャの, ギリシャ人〔語〕の

☐ **green** [grí:n／グリーン]　图緑　形緑色の

☐ **greeting** [grí:tiŋ／グリーティング]　图あいさつ

☐ **grocery** [gróusəri／グロウサリ]　图食料雑貨類〔店〕

☐ **ground** [gráund／グラウンド]　图地面, 土地, 運動場

☐ **group** [grú:p／グループ]　图集団

☐ **grow** [gróu／グロウ]　動成長する, ～になる, 栽培する

☐ **grown-up** 图[gróunʌp／グロウンアップ]　图大人　形[gróunʌp／グロウンアップ]　形大人の

☐ **guard** [gá:rd／ガード]　图番人, 見張り, 警戒　動守る, 番をする

☐ **guess** [gés／ゲス]　图推量, 憶測　動推量する, 思う

☐ **guest** [gést／ゲスト]　图客, ゲスト

☐ **guide** [gáid／ガイド]　图ガイド, 案内書　動案内する, 助言を与える, 指導する

☐ **guitar** [gitá:r／ギター]　图ギター

☐ **gun** [gʌ́n／ガン]　图銃, 大砲

☐ **gym** [dʒím／ヂム]　图体育館, 体育

☐ **gymnasium** [dʒimnéiziəm／ヂムネイズィアム]　图体育館

H

☐ **habit** [hǽbit／ハビット]　图癖, 習慣

☐ **had** [hǽd／ハド]　動助have, has の過去・過去分詞形

☐ **hair** [héər／ヘア]　图毛, 髪

☐ **haircut** [héərkʌ̀t／ヘアカット]　图散髪

☐ **half** [hǽf／ハァフ]　图半分, 2分の1

☐ **hall** [hɔ́:l／ホール]　图広間, 廊下, 会館

☐ **ham** [hǽm／ハァム]　图ハム

☐ **hamburger** [hǽmbə̀:rgər／ハァンバ～ガ]　图ハンバーガー

☐ **hand** [hǽnd／ハァンド]　图手

☐ **handbag** [hǽndbæg／ハァンドバッグ]　图ハンドバッグ

☐ **handkerchief** [hǽŋkərtʃif／ハァンカチフ]　图ハンカチ

☐ **handsome** [hǽnsəm／ハァンサム]　图顔立ちの美しい, 立派な

☐ **hang** [hǽŋ／ハァング]　動かける, 吊るす, ぶら下がる

☐ **happen** [hǽpn／ハアプン]　動(偶然に)起こる

☐ **happiness** [hǽpinəs／ハァピネス]　图幸福, 満足

☐ **happy** [hǽpi／ハァピ]　形幸福な, うれしい, 楽しい

☐ **hard** [há:rd／ハード]　形堅い, むずかしい, 熱心な　副一生懸命に, 激しく, 熱心に

☐ **hardly** [há:rdli／ハードリ]　副ほとんど～でない

☐ **has** [hǽz／ハァズ]　動助haveの3人称・単数・現在形

☐ **hat** [hǽt／ハァット]　图(縁のある)帽子

☐ **have** [hǽv／ハァヴ]　動持っている, 食べる, 飲む　助〔過去分詞と結合して完了形をつくる〕

☐ **Hawaii** [həwáii:／ハワイイー]　图ハワイ

☐ **he** [hí:／ヒー]　代彼は, 彼が

☐ **head** [héd／ヘッド]　图頭, 頭脳, かしら

☑headache [hédèik／ヘッドエイク] 　名頭痛，悩みの種
☑health [hélθ／ヘルス] 　名健康，健康状態
☑healthy [hélθi／ヘルスィ] 　形健康な，健全な
☑hear [híər／ヒア] 　動聞く，聞こえる
☑heart [háːrt／ハート] 　名心臓，心，中心
☑heat [híːt／ヒート] 　名熱
　　　　　動熱くする，暖める
☑heater [híːtər／ヒータ] 　名暖房装置，電熱器，ヒーター
☑heavy [hévi／ヘヴィ] 　形重い
☑heel [híːl／ヒール] 　名かかと
☑helicopter [hélikὰptər／ヘリカプタ] 　名ヘリコプター
☑hello [helóu／ヘロウ] 　間（電話をかけるときの）もしもし，やあ（あいさつ）
☑helmet [hélmit／ヘルメット] 　名ヘルメット，かぶと
☑help [hélp／ヘルプ] 　動助ける，手伝う
☑hen [hén／ヘン] 　名めんどり
☑her [həːr／ハ～] 　代彼女の〔に，を〕
☑here [híər／ヒア] 　副ここに〔へ，で〕
☑hero [híːrou／ヒーロウ] 　名英雄，主人公
☑hers [həːrz／ハ～ズ] 　代彼女のもの
☑herself [hərsélf／ハセルフ] 　代彼女自身
☑hi [hái／ハイ] 　間やあ，こんにちは
☑hide [háid／ハイド] 　動隠す，隠れる
☑high [hái／ハイ] 　形高い
　　　　　副高く
☑highway [háiwèi／ハイウェイ] 　名幹線道路，ハイウェイ
☑hike [háik／ハイク] 　名ハイキング
　　　　　動ハイキングをする
☑hill [híl／ヒル] 　名小山，丘，坂
☑him [hím／ヒム] 　代彼を，彼に
☑himself [himsélf／ヒムセルフ] 　代彼自身
☑hint [hínt／ヒント] 　名ヒント，暗示，注意
　　　　　動ほのめかす，それとなく知らせる
☑his [híz／ヒズ] 　代彼の，彼のもの
☑history [hístəri／ヒスタリ] 　名歴史，経歴
☑hit [hít／ヒット] 　動打つ，ぶつかる
☑hobby [hάbi／ハビ] 　名趣味
☑hold [hóuld／ホウルド] 　動持つ，催す
☑hole [hóul／ホウル] 　名穴
☑holiday [hάlədèi／ハリデイ] 　名休日
☑home [hóum／ホウム] 　名家庭，家
　　　　　副家に，本国に
☑homework [hóumwὰːrk／ホウムワ～ク] 　名宿題
☑honest [άnist／アネスト] 　形正直な
☑honey [hΛni／ハニ] 　名はちみつ
☑hope [hóup／ホウプ] 　名希望
　　　　　動望む
☑horse [hɔ́ːrs／ホース] 　名馬
☑hospital [hάspitl／ハスピトゥル] 　名病院
☑host [hóust／ホウスト] 　名主人，主人役
☑hostess [hóustəs／ホウステス] 　名女主人，女主人役
☑hot [hάt／ハット] 　形暑い，辛い
☑hotel [houtél／ホウテル] 　名ホテル
☑hour [áuər／アウア] 　名時間，時刻
☑house [háus／ハウス] 　名家
☑housewife [háuswàif／ハウスワイフ] 　名主婦

☑housework [háuswὰːrk／ハウスワ～ク] 　名家事
☑how [háu／ハウ] 　副どのようにして，どれほど，どうして
☑hundred [hΛndrəd／ハンドゥレッド] 　名100
　　　　　形100の
☑hunger [hΛŋgər／ハンガ] 　名飢え，熱望
☑hungry [hΛŋgri／ハングリ] 　形空腹の，飢えた
☑hunt [hΛnt／ハント] 　動狩りをする，あさる
☑hunter [hΛntər／ハンタ] 　名狩人，猟師
☑hurry [hə́ːri／ハ～リ] 　名急ぎ
　　　　　動急ぐ
☑hurt [hə́ːrt／ハ～ト] 　名傷，けが
　　　　　動傷つける，痛む
　　　　　形けがをした
☑husband [hΛzbənd／ハズバンド] 　名夫

I

☑I [ái／アイ] 　代私は〔が〕
☑ice [áis／アイス] 　名氷
☑idea [aidíːə／アイディーア] 　名考え，着想，意見
☑idle [áidl／アイドゥル] 　動ぶらぶら過ごす
　　　　　形遊んでいる，暇な，怠惰な
☑if [íf／イフ] 　接もし～ならば，～かどうか
☑ill [íl／イル] 　形病気の
☑illness [ílnəs／イルネス] 　名病気
☑imagine [imǽdʒin／イマァヂン] 　動想像する，思う
☑important [impɔ́ːrtnt／インポータント] 　形重要な
☑impossible [impάsəbl／インパスィブル] 　形あり得ない，不可能な
☑in [ín／イン] 　前～の中に〔の，で〕
☑inch [íntʃ／インチ] 　名インチ
☑indeed [indíːd／インディード] 　副実に，本当に
☑India [índiə／インディア] 　名インド
☑Indian [índiən／インディアン] 　名アメリカインディアン，インド人
　　　　　形インディアンの，インドの，インド人の
☑indoor [índɔ̀ːr／インドーア] 　形屋内の，室内の
☑information [infərméiʃn／インフォメイシャン] 　名情報，知識，案内
☑ink [íŋk／インク] 　名インク
☑inn [ín／イン] 　名宿屋
☑insect [ínsekt／インセクト] 　名昆虫
☑inside [insáid／インサイド] 　名内側
　　　　　前～の内部に
☑interest [íntərəst／インタレスト] 　名興味，関心，利息
　　　　　動興味をもたせる
☑interesting [íntərəstiŋ／インタレスティング] 　形おもしろい，興味のある
☑international [ìntərnǽʃənl／インタナァショヌル] 　形国際的な，国家間の
☑into [íntuː／イントゥー] 　前～の中へ
☑introduce [intrədjúːs／イントゥロデュース] 　動紹介する，導入する
☑invent [invént／インヴェント] 　動発明する

☑invention [invénʃn／インヴェンシャン]　名発明，発明品

☑invitation [ìnvitéiʃn／インヴィテイシャン]　名招待，招待状

☑invite [inváit／インヴァイト]　動招待する

☑iron [áiərn／アイアン]　名鉄，アイロン
動アイロンをかける
形鉄(製)の

☑is [íz／イズ]　動〜である，いる

☑island [áilənd／アイランド]　名島

☑it [ít／イット]　代それは〔が〕，それに〔を〕

☑Italian [itǽljən／イタァリャン]　名イタリア人，イタリア語
形イタリアの，イタリア人〔語〕の

☑Italy [ítəli／イタリ]　名イタリア

☑its [íts／イッツ]　代その

☑itself [itsélf／イトセルフ]　代それ自身

J

☑jacket [dʒǽkit／ヂァケット]　名上衣，ジャケット

☑jam [dʒǽm／ヂァム]　名ジャム

☑January [dʒǽnjuèri／ヂァニュエリ]　名1月(略：Jan.)

☑Japan [dʒəpǽn／ヂァパァン]　名日本　〔j-〕漆器

☑Japanese [dʒæpəníːz／ヂァパニーズ]　名日本人，日本語
形日本の，日本人〔語〕の

☑jaw [dʒɔ́ː／ヂョー]　名あご

☑jazz [dʒǽz／ヂァズ]　名ジャズ

☑jeans [dʒíːnz／ヂーンズ]　名ジーンズ，ジーパン

☑jet [dʒét／ヂェット]　名ジェット機，噴出

☑job [dʒáb／ヂャブ]　名仕事

☑join [dʒɔ́in／ヂョイン]　動結合する，つなぐ，〜に加わる

☑joke [dʒóuk／ヂョウク]　名冗談
動冗談を言う

☑journey [dʒə́ːrni／ヂャ〜ニ]　名旅行

☑joy [dʒɔ́i／ヂョイ]　名喜び

☑joyful [dʒɔ́ifl／ヂョイフル]　形喜ばしい，喜んでいる

☑judge [dʒʌ́dʒ／ヂャッヂ]　名裁判官，審判，審査員，判定
動裁判する，審査する，判断する

☑juice [dʒúːs／ヂュース]　名ジュース

☑July [dʒulái／ヂュライ]　名7月(略：Jul.)

☑jump [dʒʌ́mp／ヂャンプ]　名跳躍，ジャンプ
動跳ぶ

☑June [dʒúːn／ヂューン]　名6月(略：Jun.)

☑junior [dʒúːnjər／ヂューニャ]　名年少者
形年下の

☑just [dʒʌ́st／ヂャスト]　形正しい，適正な
副ちょうど，まさに，きっかり

K

☑keep [kíːp／キープ]　動保つ，飼う，取っておく，守る，預かる

☑keeper [kíːpər／キーパ]　名番人，管理人，記録係

☑kettle [kétl／ケトゥル]　名やかん

☑key [kíː／キー]　名鍵

☑kick [kík／キック]　名けること，足げ
動ける

☑kill [kíl／キル]　動殺す，(時間)をつぶす

☑kilogram [kíləgræm／キログラァム]　名キログラム

☑kilometer [kilámitər／キラミタ]　名キロメートル

☑kind [káind／カインド]　名種類
形親切な

☑kindness [káindnəs／カインドネス]　名親切，親切な行為

☑king [kíŋ／キング]　名王

☑kiss [kís／キス]　名キス
動キスをする

☑kitchen [kítʃən／キチン]　名台所

☑knee [níː／ニー]　名ひざ

☑knife [náif／ナイフ]　名ナイフ

☑knit [nít／ニット]　動編む

☑knock [nák／ナック]　名ノック
動打つ，叩く，ノックする

☑know [nóu／ノウ]　動知る，知っている，分っている

☑Korea [kəríːə／コリーア]　名韓国，朝鮮

☑Korean [kəríːən／コリーアン]　名韓国〔朝鮮〕人，韓国〔朝鮮〕語
形韓国〔朝鮮〕の，韓国〔朝鮮〕人〔語〕の

L

☑ladder [lǽdər／ラァダ]　名はしご，手段

☑lady [léidi／レイディ]　名婦人

☑lake [léik／レイク]　名湖

☑lamb [lǽm／ラァム]　名子羊，子羊の肉

☑lamp [lǽmp／ラァンプ]　名ランプ，あかり，灯火

☑land [lǽnd／ラァンド]　名陸地，土地，国土
動上陸する，着陸する

☑language [lǽŋgwidʒ／ラァングウィッヂ]　名言語，ことば，国語

☑large [láːrdʒ／ラーヂ]　形大きい，多量の

☑last [lǽst／ラァスト]　形最後の
副最後に

☑late [léit／レイト]　形遅い
副遅く

☑lately [léitli／レイトリ]　副近ごろ，最近

☑later [léitər／レイタ]　形〔late の比較級〕あとの
副あとで

☑latest [léitist／レイテスト]　形最近の，一番遅い

☑laugh [lǽf／ラァフ]　名笑い
動笑う

☑laundry [lɔ́ːndri／ローンドゥリ]　名洗たく物，洗たく屋

☑law [lɔ́ː／ロー]　名法律，規則，法則

☑lay [léi／レイ]　動横たえる，(卵を)産む

☑lazy [léizi／レイズィ]　形怠惰な，ものぐさな

☑lead [líːd／リード]　動導く，先頭に立つ，ぬきんでる

☑leader [líːdər／リーダ]　名指導者，統率者

☑leaf [líːf／リーフ]　名(木や草の)葉

☑learn [lə́ːrn／ラ〜ン]　動学ぶ，知る

☑least [líːst／リースト]　名最小，最小限度
形最小の
副もっとも少なく

☑leave [líːv／リーヴ]　動去る，置いていく

☑ **left** [léft／レフト]	名左 形左の 副左に
☑ **leg** [lég／レッグ]	名脚
☑ **lemon** [lémən／レモン]	名レモン
☑ **lend** [lénd／レンド]	動貸す
☑ **less** [lés／レス]	形より少ない 副より少なく
☑ **lesson** [lésn／レスン]	名(教科書の)課，授業
☑ **let** [lét／レット]	動〜させる，[Let's 〜で]さあ〜しよう
☑ **letter** [létər／レタ]	名手紙，文字
☑ **library** [láibreri／ライブレリ]	名図書館
☑ **lie** [lái／ライ]	名嘘 動横たわる 動嘘をつく
☑ **life** [láif／ライフ]	名生活，人生，生命
☑ **lift** [líft／リフト]	名持ち上げること，リフト 動持ち上げる
☑ **light** [láit／ライト]	名光，電灯 形軽い，明るい
☑ **lightning** [láitniŋ／ライトニング]	名稲光，稲妻，雷
☑ **like** [láik／ライク]	動好む 前〜に似た，〜のような
☑ **lily** [líli／リリ]	名ゆり
☑ **line** [láin／ライン]	名線，(文字の)行，行列，ひも
☑ **lion** [láiən／ライアン]	名ライオン
☑ **lip** [líp／リップ]	名くちびる
☑ **list** [líst／リスト]	名表，目録 動名簿[目録]に記入する
☑ **listen** [lísn／リスン]	動聞く
☑ **little** [lítl／リトゥル]	形小さい，少ない 形副ほとんどない，[a をつけて]少しはある
☑ **live** [lív／リヴ]	動生活する，住む，暮らす 形生きている，生の
☑ **living** [líviŋ／リヴィング]	名生活，生計 形生命のある
☑ **loaf** [lóuf／ロウフ]	名(パンの)ひとかたまり，ローフ
☑ **locker** [lákər／ラカ]	名ロッカー
☑ **London** [lʌ́ndən／ランダン]	名ロンドン
☑ **lonely** [lóunli／ロウンリ]	形孤独の，さびしい
☑ **long** [lɔ́:ŋ／ローング]	形長い 副長く
☑ **look** [lúk／ルック]	名見ること，様子 動見る，〜に見える
☑ **lose** [lú:z／ルーズ]	動失う，負ける
☑ **lot** [lát／ラット]	名たくさん [a 〜 of]たくさんの
☑ **loud** [láud／ラウド]	形騒々しい，(声や音が)大きい 副大声で
☑ **loudly** [láudli／ラウドリ]	副大声で，騒々しく
☑ **love** [lʌ́v／ラヴ]	名愛 動愛する
☑ **lovely** [lʌ́vli／ラヴリ]	形かわいらしい，すばらしい
☑ **low** [lóu／ロウ]	形低い 副低く
☑ **luck** [lʌ́k／ラック]	名運，幸運
☑ **lucky** [lʌ́ki／ラキ]	形幸運の
☑ **lunch** [lʌ́ntʃ／ランチ]	名昼食，弁当 動昼食を食べる

M

☑ **ma'am** [mǽm／マアム]	名[madam の短縮形]奥様
☑ **machine** [məʃí:n／マシーン]	名機械
☑ **mad** [mǽd／マアッド]	形気の狂った，熱狂した，怒った
☑ **madam** [mǽdəm／マアダム]	名奥様
☑ **magazine** [mǽgəzì:n／マアガズィーン]	名雑誌，弾倉
☑ **magic** [mǽdʒik／マアヂック]	名魔法，奇術，不思議な力
☑ **mail** [méil／メイル]	名郵便(物) 動郵送する
☑ **mailbox** [méilbàks／メイルバックス]	名郵便受け，ポスト
☑ **main** [méin／メイン]	形主要な
☑ **major** [méidʒər／メイヂャ]	名専攻科目 形大きな，多数の，専門の
☑ **make** [méik／メイク]	動作る，〜させる，〜を…にする
☑ **maker** [méikər／メイカ]	名作る人，製作者，製造業者
☑ **mall** [mɔ́:l／モール]	名歩行者天国，ショッピングセンター
☑ **man** [mǽn／マアン]	名男，人間
☑ **manager** [mǽnidʒər／マアネヂャ]	名支配人，経営者
☑ **manner** [mǽnər／マアナ]	名方法，やり方 [-s]風習，作法
☑ **many** [méni／メニ]	形多くの
☑ **map** [mǽp／マアップ]	名地図
☑ **march** [má:rtʃ／マーチ]	名行進，行進曲 動行進する
☑ **March** [má:rtʃ／マーチ]	名3月(略：Mar.)
☑ **mark** [má:rk／マーク]	名しるし，目標，点数 動しるしをつける，注目する
☑ **market** [má:rkit／マーケット]	名市場
☑ **marry** [mǽri／マアリ]	動結婚する
☑ **master** [mǽstər／マアスタ]	名主人
☑ **match** [mǽtʃ／マアッチ]	名マッチ，試合，(能力などで)対等の人，好敵手 動つり合う
☑ **math** [mǽθ／マアス]	名数学
☑ **mathematics** [mæθəmǽtiks／マアセマアティックス]	名数学
☑ **matter** [mǽtər／マアタ]	名事柄，事態，物質
☑ **may** [méi／メイ]	助〜してもよい，〜かもしれない
☑ **May** [méi／メイ]	名5月
☑ **maybe** [méibi:／メイビー]	副たぶん
☑ **me** [mí:／ミー]	代私を[に]
☑ **meal** [mí:l／ミール]	名食事
☑ **mean** [mí:n／ミーン]	動意味する，〜のつもりで言う

☐ **meaning** [mí:niŋ／ミーニング] 名意味，意義

☐ **meat** [mí:t／ミート] 名肉

☐ **mechanic** [məkǽnik／メキァニック] 名機械工，職工

☐ **medicine** [médəsn／メディスン] 名薬，医学

☐ **medium** [mí:diəm／ミーディアム] 名手段，媒体，中間
形中くらいの

☐ **meet** [mí:t／ミート] 名競技会
動会う

☐ **meeting** [mí:tiŋ／ミーティング] 名会，集会

☐ **member** [mémbər／メンバ] 名会員

☐ **memory** [méməri／メモリ] 名記憶，思い出，記念

☐ **men** [mén／メン] 名man の複数形

☐ **mend** [ménd／メンド] 動直す，修繕する

☐ **menu** [ménju:／メニュー] 名献立表，食事

☐ **merchant** [mə́:rtʃənt／マ〜チャント] 名商人

☐ **merry** [méri／メリ] 形陽気な，快活な

☐ **message** [mésidʒ／メセッヂ] 名伝言，通信

☐ **metal** [métl／メトゥル] 名金属

☐ **meter** [mí:tər／ミータ] 名メートル，（ガス，水道，タクシーなどの）メーター

☐ **microphone** [máikrəfòun／マイクロフォウン] 名マイクロホン，マイク

☐ **middle** [mídl／ミドゥル] 名中央
形中央の，中間の

☐ **midnight** [mídnàit／ミッドナイト] 名午前0時，真夜中の

☐ **might** [máit／マイト] 助may の過去形

☐ **mild** [máild／マイルド] 形温厚な，温和な，まろやかな

☐ **mile** [máil／マイル] 名マイル

☐ **milk** [mílk／ミルク] 名牛乳，ミルク

☐ **million** [míljən／ミリョン] 名100万，多数

☐ **mind** [máind／マインド] 名心，精神，知力
動心にとめる，気にかける，いやがる

☐ **mine** [máin／マイン] 代私のもの

☐ **minor** [máinər／マイナ] 名未成年者
形小さいほうの，二流の

☐ **minute** [mínit／ミニット] 名分，ちょっとの間

☐ **mirror** [mírər／ミラ] 名鏡

☐ **miss** [mís／ミス] 名取り逃がし
動取り逃がす，〜しそこなう，〜がないので寂しく思う

☐ **Miss** [mís／ミス] 名未婚女性の総称

☐ **missing** [mísiŋ／ミスィング] 形行方不明の

☐ **mistake** [mistéik／ミステイク] 名誤り，まちがい
動まちがえる，思い違いをする

☐ **mix** [míks／ミックス] 名混合
動混ぜる，混ざる

☐ **model** [mádl／マドゥル] 名手本，模型，型，モデル

☐ **modern** [mádərn／マダン] 形現代の，新式の

☐ **mom** [mám／マム] 名ママ，お母さん

☐ **moment** [móumənt／モウメント] 名瞬間

☐ **Monday** [mʌ́ndèi／マンディ] 名月曜日（略：Mon.）

☐ **money** [mʌ́ni／マニ] 名お金

☐ **monkey** [mʌ́ŋki／マンキ] 名サル

☐ **month** [mʌ́nθ／マンス] 名（暦の）月

☐ **moon** [mú:n／ムーン] 名月

☐ **more** [mɔ́:r／モーア] 形〔many, much の比較級で〕もっと多くの
副〔much の比較級で〕もっと

☐ **morning** [mɔ́:rniŋ／モーニング] 名朝，午前

☐ **most** [móust／モウスト] 形〔many, much の最上級で〕もっとも多くの
副〔much の最上級で〕いちばん，もっとも

☐ **mother** [mʌ́ðər／マザ] 名母

☐ **motor** [móutər／モウタ] 名モーター，発動機

☐ **Mount** [máunt／マウント] 名〔山の名の前につけて〕〜山

☐ **mountain** [máuntn／マウントゥン] 名山

☐ **mouse** [máus／マウス] 名ネズミ，ハツカネズミ

☐ **mouth** [máuθ／マウス] 名口

☐ **move** [mú:v／ムーヴ] 動動かす，引っ越す

☐ **movie** [mú:vi／ムーヴィ] 名映画

☐ **Mr.** [místər／ミスタ] 名〔Mister の略〕〜氏，〜さん

☐ **Mrs.** [mísiz／ミスィズ] 名〔Mistress の略〕〜夫人

☐ **Ms.** [míz／ミズ] 名ミズ〔Miss と Mrs. を合わせた女性の敬称〕

☐ **Mt.** [máunt／マウント] 名〔Mount の略〕〜山

☐ **much** [mʌ́tʃ／マッチ] 形多量の
副非常に

☐ **mud** [mʌ́d／マッド] 名泥

☐ **museum** [mju:zíəm／ミューズィアム] 名博物館，美術館

☐ **music** [mjú:zik／ミューズィック] 名音楽

☐ **musical** [mjú:zikl／ミューズィクル] 名ミュージカル
形音楽の，音楽的な

☐ **musician** [mju:zíʃn／ミューズィシャン] 名音楽家

☐ **must** [mʌ́st／マスト] 助〜しなくてはならない，〜にちがいない

☐ **my** [mái／マイ] 代私の

☐ **myself** [maisélf／マイセルフ] 代私自身

N

☐ **nail** [néil／ネイル] 名くぎ，指のつめ

☐ **name** [néim／ネイム] 名名前
動名前をつける

☐ **narrow** [nǽrou／ナァロウ] 形せまい，厳密な，かろうじての

☐ **nation** [néiʃn／ネイシャン] 名国家，国民

☐ **national** [nǽʃnəl／ナァショナル] 形国民の，国家の

☐ **natural** [nǽtʃərəl／ナァチュラル] 形自然の，当然な

☐ **nature** [néitʃər／ネイチャ] 名自然，性質，天性

☐ **near** [níər／ニア] 副近く
前〜の近くに

☐ **nearly** [níərli／ニアリ] 副ほとんど，今少しで

☐ **necessary** [nésəsèri／ネセセリ] 形必要な，欠くことのできない

☐ **neck** [nék／ネック] 名首

☐ **necklace** [nékləs／ネクレス] 名ネックレス，首飾り

☐ **need** [ní:d／ニード] 名必要，入用，欠乏
動必要とする

☐ **neighbo(u)r** [néibər／ネイバ] 名隣人，近所の人，隣席の人

☐neither [ní:ðər／ニーザ]	代どちらも～しない	
	形どちらも～でない	
	副～でもなく（…でもない），～も…しない	
☐nest [nést／ネスト]	名巣	
☐net [nét／ネット]	名網	
☐never [névər／ネヴァ]	副決して～ない	
☐new [njú:／ニュー]	形新しい	
☐news [njú:z／ニューズ]	名ニュース	
☐newspaper [njú:zpèipər／ニューズペイパ]	名新聞	
☐New York [njù: jɔ́:rk／ニューヨーク]	名ニューヨーク	
☐next [nékst／ネクスト]	形次の	
	副次に	
☐nice [náis／ナイス]	形よい，りっぱな，親切な	
☐night [náit／ナイト]	名夜	
☐nine [náin／ナイン]	名9	
	形9の	
☐nineteen [nàintí:n／ナインティーン]	名19	
	形19の	
☐ninety [náinti／ナインティ]	名90	
	形90の	
☐ninth [náinθ／ナインス]	名第9	
	形第9の	
☐no [nóu／ノウ]	形（少しも～）ない，だれも～ない	
	副いいえ	
☐No., no. [námbər／ナンバ]	名〔number の略〕～番，～号	
☐noble [nóubl／ノウブル]	形高貴な，気品のある	
☐nobody [nóubədi／ノウバディ]	代だれも～ない	
☐nod [nád／ナッド]	名うなずき	
	動うなずく，会釈する	
☐noise [nɔ́iz／ノイズ]	名物音，騒音	
☐noisy [nɔ́izi／ノイズィ]	形やかましい	
☐none [nʌ́n／ナン]	代だれも～ない，ひとつも～ない	
☐noon [nú:n／ヌーン]	名正午	
☐nor [nɔ́:r／ノーア]	接また～でもない	
☐north [nɔ́:rθ／ノース]	名北	
☐northern [nɔ́:rðərn／ノーザン]	形北の	
☐nose [nóuz／ノウズ]	名鼻	
☐not [nát／ナット]	副～でない	
☐notebook [nóutbùk／ノウトブック]	名ノート	
☐nothing [nʌ́θiŋ／ナスィング]	名無，ゼロ	
	代何も～ない，少しも～しない	
☐November [nouvémbər／ノウヴェンバ]	名11月（略：Nov.）	
☐now [náu／ナウ]	名現在	
	副今	
☐number [námbər／ナンバ]	名数(字)，番号	
	動番号をつける	
☐nurse [nɔ́:rs／ナ～ス]	名看護師	
☐nut [nʌ́t／ナット]	名木の実	

O

☐obey [oubéi／オウベイ]	動従う
☐ocean [óuʃn／オウシャン]	名大洋，海
☐o'clock [əklák／オクラック]	副～時

☐October [ɑktóubər／アクトウバ]	名10月（略：Oct.）	
☐of [ʌv／アヴ]	前～の，～という，～のうちの，～について	
☐off [ɔ́:f／オーフ]	副離れて，向こうに	
	前～から離れて	
☐offer [ɔ́:fər／オーファ]	名提供，申し出	
	動提供する，申し出る	
☐office [ɔ́:fis／オーフィス]	名事務所，会社，役所	
☐often [ɔ́:fn／オーフン]	副しばしば	
☐oh [óu／オウ]	間ああ，おお	
☐oil [ɔ́il／オイル]	名油，石油	
☐OK, O.K., okay [òukéi／オウケイ]	形よろしい	
	副よし，オーケー	
☐old [óuld／オウルド]	形年とった，古い	
☐Olympic [əlímpik／オリンピック]	形オリンピックの	
☐on [án／アン]	前～の上に，～の上で	
☐once [wʌ́ns／ワンス]	副いちど，かつて	
☐one [wʌ́n／ワン]	名1，ひとつ	
	代人	
	形ひとつの	
☐oneself [wʌnsélf／ワンセルフ]	代自分で，自分自身を〔に〕	
☐onion [ʌ́njən／アニョン]	名たまねぎ	
☐only [óunli／オウンリ]	形唯一の	
	副ただ	
☐open [óupn／オウプン]	動開く，始める	
	形開いている	
☐operator [ápərèitər／アペレイタ]	名運転者，交換手	
☐or [ɔ́:r／オーア]	接または，〔命令文の後で〕さもないと	
☐orange [ɔ́:rindʒ／オーレンヂ]	名オレンジ	
☐orchestra [ɔ́:rkəstrə／オーケストゥラ]	名オーケストラ，管弦楽団	
☐order [ɔ́:rdər／オーダ]	名順序，配列，秩序，命令，注文	
	動命令する，注文する	
☐other [ʌ́ðər／アザ]	代もう一方	
	形他の	
☐ought [ɔ́:t／オート]	助〔to を伴って〕～すべきである	
☐our [áuər／アウア]	代私たちの	
☐ours [áuərz／アウアズ]	代私たちのもの	
☐ourselves [auərsélvz／アウアセルヴズ]	代私たち自身	
☐out [áut／アウト]	副外へ	
☐outdoor [áutdɔ̀:r／アウトドーア]	形屋外の	
☐outside [àutsáid／アウトサイド]	名外部	
	前～の外側に〔の，で〕	
☐oven [ʌ́vn／アヴン]	名オーブン	
☐over [óuvər／オウヴァ]	前～の上に，を越えて，～以上の，～をしながら	
	副越えて，終って	
☐overcoat [óuvərkòut／オウヴァコウト]	名オーバーコート	
☐own [óun／オウン]	動所有する	
	形自身の	
☐ox [áks／アックス]	名雄牛	

P

☐Pacific [pəsífik／パスィフィック]	名太平洋
	形太平洋(沿岸)の

□**package** [pǽkidʒ／パァケッヂ]	图包み，荷物	□**pity** [píti／ピティ]	图哀れみ，同情
□**page** [péidʒ／ペイヂ]	图ページ	□**place** [pléis／プレイス]	图場所，住所
□**painful** [péinfl／ペインフル]	形痛い，つらい		動置く，すえる
□**paint** [péint／ペイント]	图ペンキ	□**plan** [plǽn／プラァン]	图案
	動〜を描く，ペンキを塗る		動計画する
□**painter** [péintər／ペインタ]	图画家，ペンキ屋	□**plane** [pléin／プレイン]	图飛行機，平面
□**painting** [péintiŋ／ペインティング]	图絵，絵をかくこと	□**plant** [plǽnt／プラァント]	图植物，工場(施設)
□**pair** [péər／ペア]	图1組，1対，夫婦		動植える，(種)をまく
□**pajamas/pyjamas** [pədʒáːməz／パヂャーマズ]	图パジャマ，寝巻き	□**plastic** [plǽstik／プラァスティック]	图プラスチック，ビニール
□**paper** [péipər／ペイパ]	图紙，新聞，書類		形プラスチック製の，ビニール製の
□**pardon** [páːrdn／パードゥン]	图許し	□**plate** [pléit／プレイト]	图皿，板金，表札
	動許す	□**platform** [plǽtfɔːrm／プラァットフォーム]	图プラットホーム，演壇
□**parent** [péərənt／ペアレント]	图親，〔-s〕両親		
□**Paris** [pǽris／パァリス]	图パリ	□**play** [pléi／プレイ]	图劇，遊び，競技
□**park** [páːrk／パーク]	图公園		動遊ぶ，(運動を)する，(楽器を)ひく，演ずる
	動駐車する		
□**part** [páːrt／パート]	图部分，役割	□**player** [pléiər／プレイア]	图(運動の)選手，役者，競技者，演奏者
□**party** [páːrti／パーティ]	图パーティ		
□**pass** [pǽs／パァス]	動通り過ぎる，(時が)たつ，合格する，手渡す	□**playground** [pléigràund／プレイグラウンド]	图運動場，遊園地
□**passenger** [pǽsindʒər／パァセンヂャ]	图乗客	□**pleasant** [pléznt／プレズント]	形愉快な，気持のよい
□**passport** [pǽspɔ̀ːrt／パァスポート]	图パスポート，手段	□**please** [plíːz／プリーズ]	動喜ばせる
□**past** [pǽst／パァスト]	图過去		副〔丁重な依頼などに添えて〕どうぞ
	形過去の		
□**pay** [péi／ペイ]	图給料，報酬	□**plenty** [plénti／プレンティ]	图たくさん
	動支払う	□**plus** [plʌ́s／プラス]	形プラスの，正の
□**peace** [píːs／ピース]	图平和		前〜を加えた
□**pear** [péər／ペア]	图梨	□**p.m., P.M.** [píːém／ピーエム]	略午後の
□**pearl** [páːrl／パ〜ル]	图真珠，真珠色	□**pocket** [pákit／パケット]	图ポケット
□**pen** [pén／ペン]	图ペン	□**poem** [póuəm／ポウエム]	图詩
□**pencil** [pénsl／ペンスル]	图鉛筆	□**poet** [póuit／ポウエット]	图詩人
□**penny** [péni／ペニ]	图ペニー	□**point** [pɔ́int／ポイント]	图点，得点，要点，先端
□**people** [píːpl／ピープル]	图人々，国民	□**pole** [póul／ポウル]	图棒，極(地)
□**pepper** [pépər／ペパ]	图こしょう，とうがらし	□**police** [pəlíːs／ポリース]	图警察
□**percent** [pərsént／パセント]	图パーセント，100分の1	□**policeman** [pəlíːsmən／ポリースマン]	图警官
□**perhaps** [pərhǽps／パハァップス]	副たぶん	□**polite** [pəláit／ポライト]	形礼儀正しい，行儀のよい
□**period** [píəriəd／ピアリオド]	图期間，授業時間，終止符		
□**person** [páːrsn／パ〜スン]	图人	□**pond** [pánd／パンド]	图池
□**pet** [pét／ペット]	图ペット	□**pool** [púːl／プール]	图小さな池，水たまり
□**phone** [fóun／フォウン]	图電話	□**poor** [púər／プア]	形貧しい，不得意な，かわいそうな
	動電話する		
□**photo** [fóutou／フォウトウ]	图写真	□**popular** [pápjələr／パピュラ]	形人気のある，大衆向きの
□**photograph** [fóutəgræf／フォウトグラァフ]	图写真	□**port** [pɔ́ːrt／ポート]	图港，港町
□**pianist** [piǽnist／ピアニスト]	图ピアニスト	□**portable** [pɔ́ːrtəbl／ポータブル]	图携帯用の物
□**piano** [piǽnou／ピアノウ]	图ピアノ		形持ち運びできる
□**pick** [pík／ピック]	動(花，果物などを)摘みとる，選ぶ	□**position** [pəzíʃn／ポズィシャン]	图立場，地位，位置
□**picnic** [píknik／ピクニック]	图ピクニック	□**possible** [pásəbl／パスィブル]	形ありうる，可能な，できるかぎりの
□**picture** [píktʃər／ピクチャ]	图絵，写真，映画		
□**pie** [pái／パイ]	图パイ	□**post** [póust／ポウスト]	图ポスト，郵便物，地位
□**piece** [píːs／ピース]	图1片，1個，かけら	□**postbox** [póustbàks／ポウストバックス]	图(英国の)ポスト
□**pig** [píg／ピッグ]	图ブタ		
□**pilot** [páilət／パイロット]	图パイロット	□**postcard** [póustkà:rd／ポウストカード]	图郵便はがき
□**pin** [pín／ピン]	图ピン		
□**pink** [píŋk／ピンク]	图ピンク	□**poster** [póustər／ポウスタ]	图ポスター
	形ピンク色の	□**postman** [póustmən／ポウストマン]	图郵便集配人
□**pipe** [páip／パイプ]	图管，パイプ	□**pot** [pát／パット]	图丸い入れ物，ポット
		□**potato** [pətéitou／ポテイトウ]	图ジャガ芋

☐**pound** [páund／パウンド]	名ポンド
☐**power** [páuər／パウワ]	名力，能力，権力
☐**practice(-se)** [prǽktis／プラァクティス]	名習慣，練習，実行
	動実行する，練習する
☐**present** 名形[préznt／プレズント]	名現在，プレゼント
	形出席して，現在の
動[prizént／プリゼント]	動贈る
☐**president** [prézidənt／プレズィデント]	名大統領，社長，会長，学長，頭取
☐**pretty** [príti／プリティ]	形かわいい，きれいな
	副かなり
☐**price** [práis／プライス]	名値段，物価，代価
☐**pride** [práid／プライド]	名自慢，自尊心，うぬぼれ
☐**prince** [príns／プリンス]	名王子
☐**princess** [prínsəs／プリンセス]	名王女
☐**print** [prínt／プリント]	名印刷，印刷物
	動印刷する，出版する
☐**prize** [práiz／プライズ]	名賞（品）
☐**probable** [prábəbl／プラバブル]	形ありそうな
☐**problem** [práblem／プラブレム]	名問題，やっかいなこと
☐**program** [próugræm／プロウグラァム]	名プログラム，番組
☐**proud** [práud／プラウド]	形高慢な，誇らしげな，喜ばしい
☐**pull** [púl／プル]	名引くこと
	動引く
☐**pupil** [pjú:pl／ピュープル]	名生徒，弟子
☐**purse** [pə́:rs／パ〜ス]	名財布，ハンドバッグ
☐**push** [púʃ／プッシ]	動押す，突く
☐**put** [pút／プット]	動置く

Q

☐**quarter** [kwɔ́:rtər／クウォータ]	名4分の1，15分
☐**queen** [kwí:n／クウィーン]	名女王，王妃
☐**question** [kwéstʃən／クウェスチョン]	名質問，疑問，問題
☐**quick** [kwík／クウィック]	形速い，機敏な，せっかちな
	副速く
☐**quickly** [kwíkli／クウィックリ]	副速く，急いで，手速く
☐**quiet** [kwáiət／クワイエット]	形静かな，温和な，落ちついた
☐**quietly** [kwáiətli／クワイエトリ]	副静かに，落ちついて
☐**quite** [kwáit／クワイト]	副まったく，かなり

R

☐**rabbit** [rǽbit／ラァビット]	名ウサギ
☐**race** [réis／レイス]	名競争，人種
☐**racket** [rǽkit／ラァケット]	名ラケット
☐**radio** [réidiou／レイディオウ]	名ラジオ
☐**railroad** [réilròud／レイルロウド]	名鉄道
☐**railway** [réilwèi／レイルウェイ]	名鉄道
☐**rain** [réin／レイン]	名雨
	動雨が降る
☐**rainbow** [réinbòu／レインボウ]	名虹
☐**rainy** [réini／レイニ]	形雨の，雨の多い
☐**raise** [réiz／レイズ]	動上げる，育てる
☐**rat** [rǽt／ラァット]	名ネズミ
☐**rather** [rǽðər／ラァザ]	副いくぶん，むしろ
☐**raw** [rɔ́:／ロー]	形生の，未熟な

☐**reach** [rí:tʃ／リーチ]	動着く，達する
☐**read** [rí:d／リード]	動読む
read [réd／レッド]	[rí:d]の過去・過去分詞形
☐**reader** [rí:dər／リーダ]	名読者，教科書
☐**ready** [rédi／レディ]	形用意ができて
☐**real** [rí:əl／リーアル]	形本当の
☐**really** [rí:əli／リーアリ]	副実際は，本当に，まったく，実に〔間投詞的に〕ほんとう？
☐**reason** [rí:zn／リーズン]	名理由，理性
☐**receive** [risí:v／リスィーヴ]	動受け取る，迎える，受け入れる
☐**record** 名[rékərd／レカド]	名レコード，記録，成績
動[rikɔ́:rd／リコード]	動記録する，録音する
☐**recorder** [rikɔ́:rdər／リコーダ]	名記録計，録音器，縦笛
☐**red** [réd／レッド]	名赤
	形赤い
☐**refrigerator** [rifrídʒərèitər／リフリヂレイタ]	名冷蔵庫
☐**regular** [régjələr／レギュラ]	形定期的な，規則的な，正式の
☐**relax** [rilǽks／リラァックス]	動くつろがせる，ゆるめる，くつろぐ
☐**remember** [rimémbər／リメンバ]	動思い出す，覚えている
☐**repeat** [ripí:t／リピート]	名くり返し
	動くり返して言う
☐**reply** [riplái／リプライ]	名返答，応答
	動返事をする
☐**report** [ripɔ́:rt／リポート]	名報告，報道，記事
	動報告する
☐**request** [rikwést／リクウェスト]	名願い（事），頼み（事）
☐**rest** [rést／レスト]	名残り，休息，（物を支える）台
	動休む，休養する
☐**restaurant** [réstərənt／レストラント]	名レストラン，食堂
☐**return** [ritə́:rn／リタ〜ン]	動帰る，返す
☐**ribbon** [ríbn／リボン]	名リボン
☐**rice** [ráis／ライス]	名米
☐**rich** [rítʃ／リッチ]	形金持ちの，豊かな
☐**ride** [ráid／ライド]	名乗ること
	動乗る
☐**right** [ráit／ライト]	名右
	形正しい
☐**ring** [ríŋ／リング]	名（指）輪，闘牛場
	動鳴らす，鳴る
☐**rise** [ráiz／ライズ]	動（太陽・月が）昇る，上がる，立つ，起き上がる
☐**river** [rívər／リヴァ]	名川
☐**road** [róud／ロウド]	名道路
☐**roast** [róust／ロウスト]	名焼き肉
	動（肉を）焼く，あぶる
☐**rock** [rák／ラック]	名岩，岩石
	動揺り動かす
☐**rocket** [rákit／ラケット]	名ロケット（弾），打ち上げ花火
☐**rod** [rád／ラッド]	名棒，釣りざお
☐**roll** [róul／ロウル]	名回転，巻いた物，出席簿
	動ころがる，ころがす，巻く
☐**Rome** [róum／ロウム]	名ローマ

☑roof [rú:f／ルーフ]	名屋根	
☑room [rú:m／ルーム]	名部屋，余地	
☑rope [róup／ロウプ]	名なわ，ロープ	
☑rose [róuz／ロウズ]	名バラ	
☑round [ráund／ラウンド]	名丸，円，球形	
	形丸い，ふっくらした	
	副周囲を，回って	
☑row [róu／ロウ]	名列	
	動船をこぐ	
☑rule [rú:l／ルール]	名規則，慣例	
	動支配する	
☑ruler [rú:lər／ルーラ]	名支配者，定規	
☑run [rʌ́n／ラン]	名走ること，競争	
	動走る，経営する	
☑runner [rʌ́nər／ラナ]	名ランナー，走る人	
☑rush [rʌ́ʃ／ラッシ]	名突進，殺到	
	動突進する，大急ぎでする	
☑Russia [rʌ́ʃə／ラシャ]	名ロシア	
☑Russian [rʌ́ʃn／ラシャン]	名ロシア(系)人，ロシア語	
	形ロシアの,ロシア人〔語〕の	

S

☑sad [sǽd／サァッド]	形悲しい	
☑safe [séif／セイフ]	名金庫	
	形安全な	
☑sail [séil／セイル]	名帆	
	動出帆する	
☑sailor [séilər／セイラ]	名水夫，船員	
☑salad [sǽləd／サァラド]	名サラダ	
☑sale [séil／セイル]	名販売,安売り,売れ行き	
☑salt [sɔ́:lt／ソールト]	名塩	
☑same [séim／セイム]	代〔the をつけて〕同じもの〔こと〕	
	形同一の	
☑sample [sǽmpl／サァンプル]	名見本，サンプル	
	動(見本で)試す	
☑sand [sǽnd／サァンド]	名砂，砂浜，砂地	
☑sandwich [sǽndwitʃ／サァン(ド)ウィッチ]	名サンドイッチ	
☑Saturday [sǽtərdei／サァタデイ]	名土曜日(略：Sat.)	
☑sausage [sɔ́:sidʒ／ソーセッヂ]	名ソーセージ	
☑say [séi／セイ]	動言う，話す	
☑scene [sí:n／スィーン]	名場面，景色	
☑school [skú:l／スクール]	名学校，授業	
☑science [sáiəns／サイエンス]	名科学	
☑scientist [sáiəntist／サイエンティスト]	名科学者	
☑scissors [sízərz／スィザズ]	名はさみ	
☑sea [sí:／スィー]	名海	
☑seaside [sí:sàid／スィーサイド]	名海辺	
☑season [sí:zn／スィーズン]	名季節	
☑seat [sí:t／スィート]	名座席	
☑second [sékənd／セカンド]	名秒，第2	
	形第2の	
	副第2に	

☑secret [sí:krit／スィークレット]	名秘密，神秘	
	形秘密の，人目につかない	
☑see [sí:／スィー]	動見る，会う，わかる	
☑seem [sí:m／スィーム]	動(～のように)見える，思われる	
☑sell [sél／セル]	動売る，売れる	
☑send [sénd／センド]	動送る，届ける	
☑senior [sí:njər／スィーニャ]	名年長者，先輩，上級生	
	形年長の	
☑sentence [séntəns／センテンス]	名文，判決	
☑September [septémbər／セプテンバ]	名9月(略：Sept.)	
☑servant [sɔ́:rvənt／サ～ヴァント]	名召使い，家来	
☑serve [sɔ́:rv／サ～ヴ]	動仕える，給仕する，役に立つ	
☑service [sɔ́:rvis／サ～ヴィス]	名奉仕，勤務，(教会の)礼拝	
☑set [sét／セット]	動置く，(カメラ・めざまし時計などを)セットする，(日・月が)沈む	
☑seven [sévn／セヴン]	名7	
	形7の	
☑seventeen [sèventí:n／セヴンティーン]	名17	
	形17の	
☑seventh [sévnθ／セヴンス]	名第7	
	形第7の	
☑seventy [sévnti／セヴンティ]	名70	
	形70の	
☑several [sévrəl／セヴラル]	形いくつかの	
☑shadow [ʃǽdou／シァドウ]	名影	
☑shall [ʃǽl／シァル]	助～するでしょう	
☑shape [ʃéip／シェイプ]	名形，姿	
	動形作る	
☑sharp [ʃá:rp／シャープ]	形鋭い，きびしい	
☑shave [ʃéiv／シェイヴ]	名ひげをそること	
	動ひげをそる	
☑she [ʃí:／シー]	代彼女は〔が〕	
☑sheep [ʃí:p／シープ]	名羊	
☑sheet [ʃí:t／シート]	名敷布，シーツ，(紙など薄いものの)1枚	
☑shelf [ʃélf／シェルフ]	名棚	
☑shine [ʃáin／シャイン]	動輝く	
☑ship [ʃíp／シップ]	名船	
☑shirt [ʃɔ́:rt／シャ～ト]	名シャツ	
☑shoe(s) [ʃú:(z)／シュー]	名靴	
☑shoot [ʃú:t／シュート]	動撃つ，射る	
☑shop [ʃáp／シャップ]	名店	
☑shopkeeper [ʃápkì:pər／シャップキーパ]	名店主，商人	
☑shopping [ʃápiŋ／シャピング]	名買い物	
☑shore [ʃɔ́:r／ショーア]	名岸	
☑short [ʃɔ́:rt／ショート]	形短い	
☑should [ʃúd／シュッド]	助shall の過去形	
☑shoulder [ʃóuldər／ショウルダ]	名肩	
☑shout [ʃáut／シャウト]	動叫ぶ	
☑show [ʃóu／ショウ]	名展覧会，見せ物	
	動見せる，明らかにする	
☑shower [ʃáuər／シャウア]	名にわか雨，シャワー	
☑shut [ʃʌ́t／シャット]	動閉じる，しまる	

☑shy [ʃái／シャイ] 形恥ずかしがりの，内気な

☑sick [sík／スィック] 形病気の
☑sickness [síknəs／スィックネス] 名病気
☑side [sáid／サイド] 名側面
☑sign [sáin／サイン] 名しるし，記号，合図
動署名する，合図する

☑signal [sígnl／スィグヌル] 名信号，合図
☑silent [sáilənt／サイレント] 形静かな，無音の
☑silk [sílk／スィルク] 名絹
形絹の

☑silver [sílvər／スィルヴァ] 名銀
形銀の，銀製の

☑simple [símpl／スィンプル] 形単純な，簡単な，簡素な，率直な

☑since [síns／スィンス] 前～以来
接～以来，～だから

☑sing [síŋ／スィング] 動歌う
☑singer [síŋər／スィンガ] 名歌手
☑single [síŋgl／スィングル] 名1つの物
形ただ1つの，独身の

☑sink [síŋk／スィンク] 名（台所の）流し
動沈む，沈める

☑sir [sə́:r／サ～] 名〔目上の人，店の客など男性に対する丁重な呼びかけ〕あなた，先生

☑sister [sístər／スィスタ] 名姉，妹
☑sit [sít／スィット] 動すわる
☑six [síks／スィックス] 名6
形6の

☑sixteen [sìkstí:n／スィクスティーン] 名16
形16の

☑sixth [síksθ／スィックスス] 名第6
形第6の

☑sixty [síksti／スィクスティ] 名60
形60の

☑size [sáiz／サイズ] 名大きさ，寸法
☑skate [skéit／スケイト] 動スケートをする
☑ski [skí:／スキー] 動スキーをする
☑skin [skín／スキン] 名皮膚，肌
☑skirt [skə́:rt／スカ～ト] 名スカート，すそ
☑sky [skái／スカイ] 名空
☑sleep [slí:p／スリープ] 名眠り
動眠る

☑sleepy [slí:pi／スリーピ] 形眠い，眠そうな
☑slip [slíp／スリップ] 名滑ること，誤り，スリップ
動滑る，滑らせる，そっと行く

☑slow [slóu／スロウ] 形おそい，のろい
☑slowly [slóuli／スロウリ] 副ゆっくり，おそく
☑small [smɔ́:l／スモール] 形小さい
☑smart [smá:rt／スマート] 形利口な，生意気な，しゃれた

☑smell [smél／スメル] 名におい
動においをかぐ，においがする

☑smile [smáil／スマイル] 名微笑
動ほほえむ

☑smoke [smóuk／スモウク] 名煙，喫煙
動たばこを吸う

☑snake [snéik／スネイク] 名蛇
動くねくねと動く

☑snow [snóu／スノウ] 名雪
動雪が降る

☑snowy [snóui／スノウイ] 形雪の降る，雪の多い
☑so [sóu／ソウ] 副そのように，それほど，そう
接それで

☑soap [sóup／ソウプ] 名石けん
☑soccer [sákər／サカ] 名サッカー
☑social [sóuʃl／ソウシャル] 形社会の，社会的な，社交的な

☑sock (s) [sák (s)／サック] 名ソックス，短いくつ下
☑sofa [sóufə／ソウファ] 名ソファー
☑soft [sɔ́:ft／ソーフト] 形やわらかい
☑softly [sɔ́:ftli／ソーフトリ] 副やわらかに，静かに，やさしく

☑soldier [sóuldʒər／ソウルヂャ] 名軍人，兵士
☑some [sʌ́m／サム] 代いくらか，数個
形いくらかの，ある

☑somebody [sʌ́mbàdi／サムバディ] 代だれか，ある人
☑someone [sʌ́mwʌ̀n／サムワン] 代だれか，ある人
☑something [sʌ́mθiŋ／サムスィング] 代何か
☑sometimes [sʌ́mtàimz／サムタイムズ] 副ときどき
☑son [sʌ́n／サン] 名息子
☑song [sɔ́:ŋ／ソーング] 名歌
☑soon [sú:n／スーン] 副すぐ，間もなく
☑sorry [sári／サリ] 形気の毒で，すまなく，残念で

☑sort [sɔ́:rt／ソート] 名種類
動分類する

☑sound [sáund／サウンド] 名音
動鳴る，響く
形健全な
副ぐっすりと

☑soup [sú:p／スープ] 名スープ
☑sour [sáuər／サウア] 形すっぱい，不機嫌な
☑south [sáuθ／サウス] 名南
形南の

☑southern [sʌ́ðərn／サザン] 形南の
☑space [spéis／スペイス] 名空間，宇宙，場所
☑Spain [spéin／スペイン] 名スペイン
☑Spanish [spǽniʃ／スパァニッシ] 名スペイン人，スペイン語
形スペイン人〔語〕の

☑speak [spí:k／スピーク] 動話す
☑speaker [spí:kər／スピーカ] 名話す人，拡声機
☑special [spéʃl／スペシャル] 形特別の，専門の
☑speech [spí:tʃ／スピーチ] 名発言，演説，話
☑speed [spí:d／スピード] 名速度
動速める

☑spell [spél／スペル] 動つづる
☑spelling [spéliŋ／スペリング] 名（語の）つづり方
☑spend [spénd／スペンド] 動（金を）使う，（時を）過ごす

☑spoon [spú:n／スプーン] 名スプーン
☑sport [spɔ́:rt／スポート] 名スポーツ
☑spot [spát／スパット] 名しみ，点，場所

☑spring [sprÍŋ／スプリング]	名春，ばね，泉　動跳ねる
☑stadium [stéidiəm／ステイディアム]	名競技場
☑stage [stéidʒ／ステイジ]	名ステージ，舞台，段階
☑stair [stéər／ステア]	名階段
☑stamp [stæmp／スタアンプ]	名切手，印　動切手を貼る，判をおす
☑stand [stænd／スタアンド]	動立つ，立っている
☑star [stáːr／スター]	名星，スター
☑start [stáːrt／スタート]	名出発，初め　動出発する，始まる，始める
☑state [stéit／ステイト]	名州，国家，状態
☑station [stéiʃn／ステイシャン]	名駅
☑stay [stéi／ステイ]	名滞在　動滞在する
☑steal [stíːl／スティール]	動盗む
☑steam [stíːm／スティーム]	名蒸気，スチーム
☑step [stép／ステップ]	名歩み　動歩む
☑stewardess [stjúːərdəs／ステューアデス]	名スチュワーデス
☑stick [stík／スティック]	名棒切れ，ステッキ　動突き刺す
☑still [stíl／スティル]	形静かな，静止した　副まだ，それでも
☑stocking [stákiŋ／スタキング]	名ストッキング
☑stone [stóun／ストウン]	名石
☑stop [stáp／スタップ]	名停車場，中止　動止まる，止める
☑store [stɔ́ːr／ストーア]	名商店，貯蔵品
☑storm [stɔ́ːrm／ストーム]	名嵐
☑story [stɔ́ːri／ストーリ]	名物語，話，階
☑stove [stóuv／ストウヴ]	名ストーブ
☑straight [stréit／ストゥレイト]	形まっすぐな，率直な　副まっすぐに，率直に
☑strange [stréindʒ／ストゥレインヂ]	形奇妙な，見知らぬ
☑stranger [stréindʒər／ストゥレインヂャ]	名見知らぬ人，不案内な人
☑straw [strɔ́ː／ストゥロー]	名わら，ストロー
☑stream [stríːm／ストゥリーム]	名小川，流れ
☑street [stríːt／ストゥリート]	名通り，（町の）道路
☑strike [stráik／ストゥライク]	名打つこと，打撃，ストライキ　動打つ，ぶつかる
☑strong [strɔ́ːŋ／ストゥローング]	形強い，じょうぶな
☑student [stjúːdnt／ステューデント]	名学生
☑study [stʌ́di／スタディ]	名研究，書斎　動勉強する，研究する
☑style [stáil／スタイル]	名型，様式，スタイル，文体
☑subject [sʌ́bdʒikt／サブヂェクト]	名主題，科目，主語
☑suburb [sʌ́bəːrb／サバ〜ブ]	名〔ふつう-s〕郊外
☑subway [sʌ́bwèi／サブウェイ]	名地下鉄
☑succeed [səksíːd／サクスィード]	動成功する，相続する
☑success [səksés／サクセス]	名成功，成功者
☑such [sʌ́tʃ／サッチ]	形そのような
☑sudden [sʌ́dn／サドゥン]	形突然の，急な
☑sugar [ʃúgər／シュガ]	名砂糖

☑suitcase [súːtkeis／スートケイス]	名スーツケース，旅行かばん
☑summer [sʌ́mər／サマ]	名夏
☑sun [sʌ́n／サン]	名太陽
☑Sunday [sʌ́ndèi／サンデイ]	名日曜日（略：Sun.）
☑sunny [sʌ́ni／サニ]	形日当たりのよい，陽気な
☑sunshine [sʌ́nʃàin／サンシャイン]	名日光，日なた
☑supermarket [súːpərmàːrkit／スーパマーケット]	名スーパーマーケット
☑supper [sʌ́pər／サパ]	名夕食
☑suppose [səpóuz／サポウズ]	動推測する，思う，仮定する
☑sure [ʃúər／シュア]	形確実な
☑surprise [sərpráiz／サプライズ]	動驚かす　名驚き
☑swan [swán／スワン]	名白鳥
☑sweater [swétər／スウェタ]	名セーター
☑sweep [swíːp／スウィープ]	動掃く，掃除する
☑sweet [swíːt／スウィート]	名砂糖菓子　形甘い，さわやかな，（声が）耳に快い
☑swim [swím／スウィム]	名水泳　動泳ぐ
☑swing [swíŋ／スウィング]	名振ること，ブランコ　動揺れる，振る
☑Swiss [swís／スウィス]	名スイス人　形スイス（人）の
☑Switzerland [swítsərlənd／スウィッツァランド]	名スイス

T

☑table [téibl／テイブル]	名テーブル，食卓，表
☑tail [téil／テイル]	名尾，後部
☑take [téik／テイク]	動取る，（人を）連れていく，（物を）持っていく，乗る
☑talk [tɔ́ːk／トーク]	名話　動話す
☑tall [tɔ́ːl／トール]	形背の高い
☑tape [téip／テイプ]	名テープ
☑taste [téist／テイスト]	名味　動味わう，〜の味がする
☑taxi [tǽksi／タアクスィ]	名タクシー
☑tea [tíː／ティー]	名茶，紅茶
☑teach [tíːtʃ／ティーチ]	動教える
☑teacher [tíːtʃər／ティーチャ]	名先生
☑team [tíːm／ティーム]	名チーム
☑tear 名[tíər／ティア]　動[téər／テア]	名涙　動破る，裂く，ちぎる
☑teeth [tíːθ／ティース]	名tooth の複数形クセント
☑telephone [téləfòun／テレフォウン]	名電話　動電話をする
☑television [téləvìʒn／テレヴィジャン]	名テレビ
☑tell [tél／テル]	動話す，知らせる，告げる
☑ten [tén／テン]	名10　形10の
☑tennis [ténis／テニス]	名テニス
☑tent [tént／テント]	名テント

☑ **tenth** [ténθ／テンス]	名第10 形第10の
☑ **terrible** [térəbl／テリブル]	形ひどい，恐ろしい，悲惨な
☑ **test** [tést／テスト]	名試験 動試験をする
☑ **text** [tékst／テクスト]	名本文，教科書
☑ **textbook** [tékstbùk／テクストブック]	名教科書
☑ **than** [ðǽn／ザァン]	接～よりも
☑ **thank** [θǽŋk／サァンク]	動感謝する
☑ **thanks** [θǽŋks／サァンクス]	名感謝 間ありがとう
☑ **that** [ðǽt／ザット]	代あれ，それ 形あの，その
☑ **the** [(子音の前で)ðə／ザ] [(母音の前で)ði／ズィ]	冠その〔通例訳さない〕
☑ **theater** [θíətər／スィーアタ]	名劇場
☑ **their** [ðéər／ゼア]	代彼らの
☑ **theirs** [ðéərz／ゼアズ]	代彼らのもの
☑ **them** [ðém／ゼム]	代彼らに〔を〕
☑ **themselves** [ðəmsélvz／ゼムセルヴズ]	代彼ら自身
☑ **then** [ðén／ゼン]	副その時，それから，では
☑ **there** [ðéər／ゼア]	副そこへ，そこで，そこに，あそこで
☑ **these** [ðíːz／ズィーズ]	代これらは〔this の複数形〕 形これらの
☑ **they** [ðéi／ゼイ]	代彼らは〔が〕
☑ **thick** [θík／スィック]	形厚い，太い，密生した，濃い
☑ **thin** [θín／スィン]	形薄い，まばらな，細い，やせた
☑ **thing** [θíŋ／スィング]	名物，事
☑ **think** [θíŋk／スィンク]	動考える，思う
☑ **third** [θə́ːrd／サ〜ド]	名第3 形第3の
☑ **thirsty** [θə́ːrsti／サ〜スティ]	形のどが渇いた，熱望している
☑ **thirteen** [θə̀ːrtíːn／サ〜ティーン]	名13 形13の
☑ **thirty** [θə́ːrti／サ〜ティ]	名30 形30の
☑ **this** [ðís／ズィス]	代これは 形この
☑ **those** [ðóuz／ゾウズ]	代それらは，あれらは 形それらの，あれらの〔いずれも that の複数形〕
☑ **thought** [θɔ́ːt／ソート]	名考え，意見
☑ **thousand** [θáuznd／サウザンド]	名千 形千の
☑ **three** [θríː／スリー]	名3 形3の
☑ **throat** [θróut／スロウト]	名のど
☑ **through** [θrúː／スルー]	前～を通じて
☑ **throw** [θróu／スロウ]	動投げる
☑ **thumb** [θʌ́m／サム]	名(手の)親指
☑ **Thursday** [θə́ːrzdei／サ〜ズデイ]	名木曜日(略：Thur.)
☑ **ticket** [tíkit／ティケット]	名切符
☑ **tie** [tái／タイ]	名ネクタイ，結び目 動結ぶ
☑ **tiger** [táigər／タイガ]	名トラ
☑ **till** [tíl／ティル]	前接～までに
☑ **time** [táim／タイム]	名時間，期間
☑ **tired** [táiərd／タイアド]	形疲れた，あきた
☑ **to** [tu:／トゥー]	前～へ，～に，まで
☑ **toast** [tóust／トウスト]	名トースト，乾杯 動こんがり焼く，乾杯する
☑ **today** [tədéi／トゥデイ]	名副今日
☑ **together** [təgéðər／トゥゲザ]	副いっしょに
☑ **toilet** [tɔ́ilət／トイレット]	名洗面所，トイレ
☑ **tomato** [təméitou／トメイトウ]	名トマト
☑ **tomorrow** [təmárou／トゥマーロウ]	名副明日
☑ **tonight** [tənáit／トゥナイト]	名副今夜
☑ **too** [túː／トゥー]	副〔肯定文で〕もまた，～すぎる
☑ **tool** [túːl／トゥール]	名道具
☑ **tooth** [túːθ／トゥース]	名歯
☑ **toothache** [túːθèik／トゥースエイク]	名歯痛
☑ **toothbrush** [túːθbrʌ̀ʃ／トゥースブラッシ]	名歯ブラシ
☑ **toothpaste** [túːθpèist／トゥースペイスト]	名練り歯磨き
☑ **top** [táp／タップ]	名頂上，てっぺん，首位，こま
☑ **topic** [tápik／タピック]	名話題，トピック
☑ **touch** [tʌ́tʃ／タッチ]	名ふれること 動さわる，ふれる
☑ **tour** [túər／トゥア]	名旅行，見物
☑ **toward** [tɔ́rd／トード，təwɔ́ːrd／トゥウォード]	前～の方へ〔に〕，～に向かって
☑ **tower** [táuər／タウア]	名塔
☑ **town** [táun／タウン]	名町
☑ **toy** [tɔ́i／トイ]	名おもちゃ
☑ **traffic** [trǽfik／トゥラァフィック]	名交通，貿易
☑ **train** [tréin／トゥレイン]	名電車，列車 動訓練する
☑ **travel** [trǽvl／トゥラァヴル]	名旅行 動旅行する
☑ **traveler** [trǽvələr／トゥラァヴェラ]	名旅行者
☑ **tray** [tréi／トゥレイ]	名盆，浅皿
☑ **tree** [tríː／トゥリー]	名木
☑ **trip** [tríp／トゥリップ]	名旅行
☑ **trouble** [trʌ́bl／トゥラブル]	名心配，苦労，困ったこと，めんどう 動めんどうをかける
☑ **truck** [trʌ́k／トゥラック]	名貨物自動車，トラック
☑ **true** [trúː／トゥルー]	形ほんとうの
☑ **truth** [trúːθ／トゥルース]	名真理，真実
☑ **try** [trái／トゥライ]	名試み，努力 動やってみる，努力する
☑ **Tuesday** [tjúːzdei／テューズデイ]	名火曜日(略：Tues.)
☑ **tulip** [tjúːlip／テューリップ]	名チューリップ
☑ **tunnel** [tʌ́nl／タヌル]	名トンネル，地下道
☑ **turn** [tə́ːrn／タ〜ン]	名回転，曲り角，順番 動向きを変える，回す，回る
☑ **TV** [tíːvíː／ティーヴィー]	名〔television の略〕テレビ

☑**twelfth** [twélfθ／トゥウェルフス]　　名第12
　　　　　　　　　　　　　　　　　　　形第12の

☑**twelve** [twélv／トゥウェルヴ]　　名12
　　　　　　　　　　　　　　　　　　　形12の

☑**twentieth** [twéntiəθ／
　　トゥウェンティエス]　　　　　　　名第20
　　　　　　　　　　　　　　　　　　　形第20の

☑**twenty** [twénti／トゥウェンティ]　名20
　　　　　　　　　　　　　　　　　　　形20の

☑**twice** [twáis／トゥワイス]　　　　副2度，2倍

☑**two** [tú:／トゥー]　　　　　　　　名2
　　　　　　　　　　　　　　　　　　　形2の

☑**type** [táip／タイプ]　　　　　　　名型，種類，見本
　　　　　　　　　　　　　　　　　　　動タイプする

☑**typewriter** [táipràitər／タイプライタ]　名タイプライター

☑**typist** [táipist／タイピスト]　　　名タイピスト

U

☑**umbrella** [ʌmbrélə／アンブレラ]　名かさ

☑**uncle** [ʌ́ŋkl／アンクル]　　　　　名おじ

☑**under** [ʌ́ndər／アンダ]　　　　　前～の下に

☑**underground** [ʌ́ndərgràund／
　　アンダグラウンド]　　　　　　　　名地下鉄
　　　　　　　　　　　　　　　　　　　形地下の，秘密の

☑**understand** [ʌ̀ndərstǽnd／
　　アンダスタァンド]　　　　　　　　動理解する

☑**unhappy** [ʌnhǽpi／アンハアピ]　形悲しい，不幸な

☑**uniform** [jú:nəfɔ̀:rm／ユーニフォーム]　名制服

☑**university** [jù:nəvə́:rsəti／
　　ユーニヴァ〜スィティ]　　　　　　名大学

☑**until** [əntíl／アンティル]　　　　前接～まで＝till

☑**up** [ʌ́p／アップ]　　　　　　　　副上へ，昇って，～しつ
　　　　　　　　　　　　　　　　　　　くして

☑**upon** [əpán／アパン]　　　　　　前～の上に

☑**upstairs** [ʌ́pstéərz／アプステアズ]　副階上へ〔で〕，2階へ〔で〕

☑**us** [ʌ́s／アス]　　　　　　　　　　代私たちに〔を〕

☑**U.S.A.** [jú:éséi／ユーエスエイ]　名略アメリカ合衆国

☑**use** 名[jú:s／ユース]　　　　　　名使用
　　　　動[jú:z／ユーズ]　　　　　　動使う

☑**used** [jú:st／ユース(ト)]　　　　形～に慣れて
　　　　　[jú:zd／ユーズド]　　　　　形使い古した，中古の

☑**useful** [jú:sfl／ユースフル]　　　形役に立つ

☑**usual** [jú:ʒuəl／ユージュアル]　　形いつもの，普通の

☑**usually** [jú:ʒuəli／ユージュアリ]　副普通

V

☑**vacation** [veikéiʃn／
　　ヴェイケイシャン]　　　　　　　　名休日，休み

☑**valley** [vǽli／ヴァリ]　　　　　　名谷，渓谷

☑**vase** [véis／ヴェイス]　　　　　　名花びん

☑**vegetable** [védʒtəbl／ヴェヂタブル]　名野菜
　　　　　　　　　　　　　　　　　　　形野菜の

☑**very** [véri／ヴェリ]　　　　　　　副非常に，大変

☑**video** [vídiòu／ヴィディオウ]　　名ビデオ(テープ)

☑**view** [vjú:／ヴュー]　　　　　　　名視界，光景，目的，考
　　　　　　　　　　　　　　　　　　　え，景色

☑**village** [vílidʒ／ヴィレッヂ]　　名村

☑**violin** [vàiəlín／ヴァイオリン]　　名バイオリン

☑**visit** [vízit／ヴィズィット]　　　名訪問
　　　　　　　　　　　　　　　　　　　動訪れる

☑**visitor** [vízitər／ヴィズィタ]　　名訪問者，来客，観光客

☑**voice** [vɔ́is／ヴォイス]　　　　　名声

☑**volleyball** [válibɔ̀:l／ヴァリボール]　名バレーボール

W

☑**waist** [wéist／ウェイスト]　　　名ウエスト，腰

☑**wait** [wéit／ウェイト]　　　　　動待つ，給仕する

☑**waiter** [wéitər／ウェイタ]　　　名給仕

☑**waitress** [wéitrəs／ウェイトゥレス]　名ウェイトレス

☑**wake** [wéik／ウェイク]　　　　　動目をさます，起こす

☑**walk** [wɔ́:k／ウォーク]　　　　　名歩み
　　　　　　　　　　　　　　　　　　　動歩く

☑**wall** [wɔ́:l／ウォール]　　　　　名壁

☑**wallet** [wálit／ワレット]　　　　名財布，札入れ

☑**want** [wánt／ワント]　　　　　　動ほしい，～したい

☑**war** [wɔ́:r／ウォーア]　　　　　　名戦争

☑**warm** [wɔ́:rm／ウォーム]　　　　形暖かい，温かい

☑**was** [wáz／ワズ]　　　　　　　　動am, is の過去形

☑**wash** [wáʃ／ワッシ]　　　　　　動洗う，洗濯する

☑**Washington** [wáʃiŋtən／ワシントン]　名ワシントン

☑**watch** [wátʃ／ワッチ]　　　　　名腕時計，見張り
　　　　　　　　　　　　　　　　　　　動見る，見張る

☑**water** [wɔ́:tər／ウォータ]　　　　名水

☑**wave** [wéiv／ウェイブ]　　　　　名波
　　　　　　　　　　　　　　　　　　　動揺れる，(手や旗を)ふ
　　　　　　　　　　　　　　　　　　　る

☑**way** [wéi／ウェイ]　　　　　　　名道，方法

☑**we** [wí:／ウィー]　　　　　　　　代私たちは〔が〕

☑**weak** [wí:k／ウィーク]　　　　　形弱い，劣った

☑**wear** [wéər／ウェア]　　　　　　動身につけている

☑**weather** [wéðər／ウェザ]　　　　名天気，天候

☑**Wednesday** [wénzdei／ウェンズデイ]　名水曜日(略：Wed.)

☑**week** [wí:k／ウィーク]　　　　　名週

☑**weekday** [wí:kdèi／ウィークデイ]　名平日，週日

☑**weekend** [wí:kènd／ウィーケンド]　名週末

☑**weight** [wéit／ウェイト]　　　　名重さ，重荷

☑**welcome** [wélkəm／ウェルカム]　動歓迎する
　　　　　　　　　　　　　　　　　　　形歓迎される
　　　　　　　　　　　　　　　　　　　間ようこそ

☑**well** [wél／ウェル]　　　　　　　形健康で
　　　　　　　　　　　　　　　　　　　副うまく
　　　　　　　　　　　　　　　　　　　間おや，まあ，さて

☑**were** [wə́:r／ワ〜]　　　　　　　動are の過去形

☑**west** [wést／ウェスト]　　　　　名西

☑**western** [wéstərn／ウェスタン]　形西の

☑**wet** [wét／ウェット]　　　　　　形ぬれた，湿った，湿気
　　　　　　　　　　　　　　　　　　　の多い

☑**whale** [hwéil／(ホ)ウェイル]　　名鯨

☑**what** [hwát／(ホ)ワット]　　　　代何
　　　　　　　　　　　　　　　　　　　形何の

☑**when** [hwén／(ホ)ウェン]　　　　副いつ

☑**where** [hwéər／(ホ)ウェア]　　　副どこ

☑**whether** [hwéðər／(ホ)ウェザ]　接～かどうか

☑**which** [hwítʃ／(ホ)ウィッチ]　　代どちら

☑**while** [hwáil／(ホ)ワイル]　　　名しばらくの間
　　　　　　　　　　　　　　　　　　　接～する間に，なのに，
　　　　　　　　　　　　　　　　　　　だが一方

☑**white** [hwáit／(ホ)ワイト]　　　名白
　　　　　　　　　　　　　　　　　　　形白い

☑**who** [hú:／フー]　　　　　　　　代だれが〔に〕

☑**whole** [hóul／ホウル]　　　　　形全体の，完全な

☑**whom** [hú:m／フーム]　　　　　代だれを〔に〕

☐**whose** [húːz／フーズ]　代だれの，だれの物

☐**why** [hwái／(ホ)ワイ]　副なぜ

☐**wide** [wáid／ワイド]　形幅の広い
　　　　　　　　　　　　　副幅広く，遠く

☐**wife** [wáif／ワイフ]　名妻

☐**wild** [wáild／ワイルド]　形野生の，乱暴な

☐**will** [wíl／ウィル]　名意志
　　　　　　　　　　　助～しよう，～だろう

☐**win** [wín／ウィン]　動勝つ

☐**wind** 名[wínd／ウィンド]　名風
　　　　　動[wáind／ワインド]　動曲がる，巻く

☐**window** [wíndou／ウィンドウ]　名窓

☐**windy** [wíndi／ウィンディ]　形風のある，風の強い

☐**wine** [wáin／ワイン]　名ぶどう酒，ワイン

☐**wing** [wíŋ／ウィング]　名翼，羽

☐**winter** [wíntər／ウィンタ]　名冬

☐**wipe** [wáip／ワイプ]　動拭く，ぬぐいとる

☐**wise** [wáiz／ワイズ]　形賢い

☐**wish** [wíʃ／ウィッシ]　動望む，～したい

☐**with** [wið／ウィズ]　前～とともに，～を用いて

☐**within** [wiðín／ウィズイン]　副内側で〔へ，に〕
　　　　　　　　　　　前～の内側に，～以内に〔で〕

☐**without** [wiðáut／ウィズアウト]　前～なしで

☐**wolf** [wúlf／ウルフ]　名オオカミ

☐**woman** [wúmən／ウマン]　名女性，婦人

☐**women** [wímin／ウィミン]　名woman の複数形

☐**wonder** [wándər／ワンダ]　名驚異，不思議，驚くべき物，奇跡的な行為
　　　　　　　　　　　動驚く，～かしらと思う，疑問に思う

☐**wonderful** [wándərfl／ワンダフル]　形すばらしい

☐**wood** [wúd／ウッド]　名木材，〔-s〕森

☐**wooden** [wúdn／ウドゥン]　形木造の，木製の

☐**wool** [wúl／ウル]　名羊毛

☐**word** [wáːrd／ワ～ド]　名単語，ことば

☐**work** [wáːrk／ワ～ク]　名仕事
　　　　　　　　　　　動働く，勉強する

☐**worker** [wáːrkər／ワ～カ]　名働く人，労働者

☐**world** [wáːrld／ワ～ルド]　名世界，世の中

☐**worry** [wáːri／ワ～リ]　名心配
　　　　　　　　　　　動悩む，心配させる

☐**worse** [wáːrs／ワ～ス]　形より悪い
　　　　　　　　　　　副より悪く

☐**worst** [wáːrst／ワ～スト]　名最悪
　　　　　　　　　　　形もっとも悪い
　　　　　　　　　　　副もっとも悪く

☐**would** [wúd／ウッド]　助will の過去形

☐**wrist** [ríst／リスト]　名手首

☐**write** [ráit／ライト]　動書く

☐**writer** [ráitər／ライタ]　名作家

☐**wrong** [rɔ́ːŋ／ローング]　形間違った，悪い

Y

☐**yard** [jáːrd／ヤード]　名中庭，ヤード(長さの単位)

☐**year** [jíər／イア]　名年

☐**yellow** [jélou／イェロウ]　名黄色
　　　　　　　　　　　形黄色の

☐**yes** [jés／イェス]　副はい

☐**yesterday** [jéstərdèi／イェスタデイ]　名副きのう

☐**yet** [jét／イェット]　副〔否定文・条件文で〕まだ〔疑問文で〕もう

☐**you** [júː／ユー]　代あなた(たち)は〔が〕，あなた(たち)に〔を〕

☐**young** [jáŋ／ヤング]　形若い，未熟な

☐**your** [júər／ユア]　代あなた(たち)の

☐**yours** [júərz／ユアズ]　代あなた(たち)のもの

☐**yourself** [juərsélf／ユアセルフ]　代あなた自身

☐**yourselves** [juərsélvz／ユアセルヴズ]　代あなたがた自身

Z

☐**zero** [zíːrou／ズィーロウ]　名ゼロ，零度

☐**zoo** [zúː／ズー]　名動物園

2 級 （約550語）

A

☑**ability** [əbíləti／アビリティ] 　名能力，才能
☑**accent** [ǽksent／アクセント] 　名アクセント
☑**accept** [əksépt／アクセプト] 　動受け入れる，認める
☑**according** [əkɔ́:rdiŋ／アコーディング] 　前〔according to 〜〕〜によれば，
☑**ache** [éik／エイク] 　名痛み／動痛む，〜をとても欲しがる
☑**action** [ǽkʃn／アクシャン] 　名行動，活動，動作
☑**active** [ǽktiv／アクティヴ] 　形活動的な，積極的な
☑**actor** [ǽktər／アクタ] 　名俳優，男優，行為者
☑**actress** [ǽktris／アクトゥレス] 　名女優
☑**actual** [ǽktʃuəl／アクチュアル] 　形現実の，現在の
☑**admire** [ədmáiər／アドマイア] 　動感心する，感嘆する
☑**admit** [ədmít／アドミット] 　動認める，〜を入れる
☑**adult** [ədʌ́lt／アダルト] 　名成人，大人／形成人の，大人用の
☑**adventure** [ədvéntʃər／アドヴェンチャ] 　名冒険
☑**afterward** [ǽftərwərd／アフタワド] 　副後で，後に
☑**aim** [éim／エイム] 　名目的，ねらい／動ねらう
☑**altogether** [ɔ̀:ltəgéðər／オールトゥゲザ] 　副まったく，全部で
☑**amount** [əmáunt／アマウント] 　名額，量／動〔amount to 〜〕総計〜になる
☑**ancient** [éinʃənt／エインシェント] 　形古代の，大昔の
☑**anger** [ǽŋgər／アンガ] 　名怒り
☑**anxious** [ǽŋkʃəs／アンクシャス] 　形心配して，切望して
☑**appearance** [əpíərəns／アピアランス] 　名出現，外観，外見
☑**apply** [əplái／アプライ] 　動適用する，応用する，活用する
☑**approach** [əpróutʃ／アプロウチ] 　名接近／動近づく
☑**army** [á:rmi／アーミ] 　名陸軍，軍隊
☑**arrange** [əréindʒ／アレインヂ] 　動整える，取り決める，準備する
☑**arrangement** [əréindʒmənt／アレインヂメント] 　名協定，準備，整理
☑**arrival** [əráivl／アライヴル] 　名到着
☑**ashamed** [əʃéimd／アシェイムド] 　形恥じて
☑**aside** [əsáid／アサイド] 　副わきに〔へ〕，別にして
☑**atomic** [ətámik／アタミック] 　形原子の，原子力の，原子爆弾の
☑**attempt** [ətémpt／アテンプト] 　名企て，試み／動企てる
☑**attention** [əténʃn／アテンシャン] 　名注意，配慮
☑**attitude** [ǽtitjù:d／アティテュード] 　名態度，考え方，姿勢
☑**avenue** [ǽvənjù:／アヴェニュー] 　名大通り，並木道
☑**average** [ǽvəridʒ／アヴェレッヂ] 　名平均，一般的水準／形平均の，並みの
☑**avoid** [əvɔ́id／アヴォイド] 　動〜を避ける，よける
☑**aware** [əwéər／アウェア] 　形気づいて
☑**awful** [ɔ́:fl／オーフル] 　形恐ろしい，すさまじい，たいへんな

B

☑**backward** [bǽkwərd／バァックワド] 　形後方への，遅れた／副後方に，逆に
☑**baggage** [bǽgidʒ／バァゲッヂ] 　名手荷物
☑**balance** [bǽləns／バァランス] 　名つり合い，調和，差し引き，天びん，はかり
☑**band** [bǽnd／バァンド] 　名帯，集団，楽団
☑**bathe** [béið／ベイズ] 　動入浴する，水泳する
☑**battle** [bǽtl／バァトゥル] 　名戦闘，戦い，闘争
☑**bay** [béi／ベイ] 　名湾，入江
☑**beast** [bí:st／ビースト] 　名けだもの，動物
☑**bend** [bénd／ベンド] 　名曲がった状態，湾曲／動曲げる，曲がる
☑**besides** [bisáidz／ビサイヅ] 　前〜に加えて，〜のほかに／副そのうえ
☑**bill** [bíl／ビル] 　名請求書，紙幣，証券，くちばし
☑**bit** [bít／ビット] 　名小片，少量
☑**blame** [bléim／ブレイム] 　名とがめ，叱責／動とがめる，責める
☑**blood** [blʌ́d／ブラッド] 　名血液
☑**bloom** [blú:m／ブルーム] 　名花盛り，最盛期／動花が咲く
☑**blossom** [blásəm／ブラサム] 　名（果樹などの）花
☑**blouse** [bláus／ブラウス] 　名ブラウス
☑**bomb** [bám／バム] 　名爆弾，核爆弾／動爆撃する
☑**boring** [bɔ́:riŋ／ボーリング] 　形退屈な，うんざりさせるような
☑**bowl** [bóul／ボウル] 　名どんぶり，鉢，椀
☑**breast** [brést／ブレスト] 　名胸
☑**breathe** [brí:ð／ブリーズ] 　動呼吸する
☑**brick** [brík／ブリック] 　名れんが
☑**broad** [brɔ́:d／ブロード] 　形幅の広い
☑**bury** [béri／ベリ] 　動埋める
☑**bush** [búʃ／ブッシ] 　名かん木，やぶ
☑**button** [bʌ́tn／バトゥン] 　名（衣服の）ボタン／動ボタンをかける
☑**buyer** [báiər／バイア] 　名買い手，購売者

C

☑**cancel** [kǽnsl／キャンスル] 　動取り消す，消す，無効にする
☑**cancer** [kǽnsər／キャンサ] 　名がん，悩みの種，かに座
☑**careless** [kéərləs／ケアレス] 　形不注意な，軽率な
☑**casual** [kǽʒuəl／キャジュアル] 　名ふだん着／形何気ない，ふだん着の
☑**cause** [kɔ́:z／コーズ] 　名原因，理由／動ひきおこす，〜させる
☑**chairman** [tʃéərmən／チェアマン] 　名議長，委員長，会長
☑**character** [kǽriktər／キャラクタ] 　名性格，人格，人物，登場人物，字
☑**charming** [tʃá:rmiŋ／チャーミング] 　形魅力のある

☐ **chat** [tʃǽt／チァット]	名おしゃべり 動おしゃべりする，雑談する	
☐ **cheer** [tʃíər／チア]	名歓呼，上機嫌 動元気づける	
☐ **choice** [tʃɔ́is／チョイス]	名選択，選択権，最上品 形よりすぐった	
☐ **citizen** [sítizn／スィティズン]	名市民，一般人	
☐ **climate** [kláimit／クライメット]	名気候	
☐ **collection** [kəlékʃn／コレクシャン]	名収集(物)，所蔵品	
☐ **comb** [kóum／コウム]	名くし 動くしですく	
☐ **comfort** [kʌ́mfərt／カンファト]	名慰め，快適さ，安楽 動慰める	
☐ **commercial** [kəmə́:rʃl／コマ〜シャル]	名コマーシャル 形商業の，貿易の	
☐ **communicate** [kəmjú:nikèit／コミューニケイト]	動伝達する，伝える，交換する	
☐ **communication** [kəmjù:nikéiʃn／コミューニケイシャン]	名伝達，通信，交通機関	
☐ **compare** [kəmpéər／コンペア]	動比較する	
☐ **complain** [kəmpléin／コンプレイン]	動不平を言う，訴える	
☐ **complete** [kəmplí:t／コンプリート]	動完成する 形完全な，完成した，全部の	
☐ **composition** [kàmpəzíʃn／カンポズィシャン]	名作文，構成，成分，作曲	
☐ **consider** [kənsídər／コンスィダ]	動よく考える，考慮に入れる	
☐ **contain** [kəntéin／コンテイン]	動含む，入れる	
☐ **control** [kəntróul／コントゥロウル]	名支配，管理，抑制(力) 動支配する，抑制する，制御する	
☐ **convenience** [kənví:njəns／コンヴィーニャンス]	名好都合，便宜，便利	
☐ **convenient** [kənví:njənt／コンヴィーニャント]	形便利な，都合のよい，便がよい	
☐ **cooperate** [kouápərèit／コウアパレイト]	動いっしょに仕事をする，協力する	
☐ **cooperation** [kouàpəréiʃn／コウアパレイシャン]	名協力，協同，支援	
☐ **cottage** [kátidʒ／カテッヂ]	名いなか家，小住宅，別荘	
☐ **courage** [kə́:ridʒ／カ〜リッヂ]	名勇気，度胸	
☐ **create** [kriéit／クリエイト]	動創造する，創作する	
☐ **creature** [krí:tʃər／クリーチャ]	名生き物，創造物	
☐ **credit** [krédit／クレディット]	名クレジット，信用販売，預金(残高)，名声，名誉	
☐ **crew** [krú:／クルー]	名〔集合的〕乗組員	
☐ **crop** [kráp／クラップ]	名収穫(物)，作物	
☐ **curious** [kjúəriəs／キュアリアス]	形好奇心の強い，奇妙な	
☐ **customer** [kʌ́stəmər／カスタマ]	名お客，得意先	

D

☐ **dam** [dǽm／ダァム]	名ダム，堰(せき)
☐ **damage** [dǽmidʒ／ダァメッヂ]	名損害 動傷つける
☐ **dash** [dǽʃ／ダァッシ]	名突進，突撃，急襲 動突進する，衝突する
☐ **daytime** [déitàim／デイタイム]	名昼間，日中

☐ **deaf** [déf／デフ]	形耳が聞こえない，聞こうとしない
☐ **deal** [dí:l／ディール]	名契約，取り決め 動取り扱う，処理する，ふるまう
☐ **deck** [dék／デック]	名甲板，デッキ
☐ **declare** [dikléər／ディクレア]	動宣言する，断言する
☐ **degree** [digrí:／ディグリー]	名程度，(温度・角度などの)度，学位
☐ **delight** [diláit／ディライト]	名喜び，愉快 動喜ばせる
☐ **deliver** [dilívər／デリヴァ]	動配達する，解放する，救い出す
☐ **delivery** [dilívəri／デリヴァリ]	名配達，配達品，話し方
☐ **demand** [dimǽnd／ディマァンド]	名要求，需要
☐ **democracy** [dimákrəsi／ディマクラスィ]	名民主主義
☐ **democratic** [dèməkrǽtik／デモクラァティック]	形民主主義の，民主的な
☐ **depth** [dépθ／デプス]	名深さ
☐ **desert** 名[dézərt／デザト] 動[dizə́:rt／ディザ〜ト]	名砂漠，荒れ地 動見捨てる，逃亡する
☐ **desire** [dizáiər／ディザイア]	名望み，要求 動望む
☐ **dessert** [dizə́:rt／ディザ〜ト]	名デザート
☐ **destroy** [distrɔ́i／ディストゥロイ]	動破壊する，滅ぼす
☐ **develop** [divéləp／ディヴェロプ]	動開発する，発達させる，発達する
☐ **difference** [dífərəns／ディファレンス]	名違い，差，紛争
☐ **difficulty** [dífikəlti／ディフィカルティ]	名困難
☐ **direct** [dirékt／ディレクト]	動指図する，向ける 形まっすぐな，直接の
☐ **direction** [dirékʃn／ディレクシャン]	名方向，指示，監督(使用法の)説明
☐ **dirt** [də́:rt／ダ〜ト]	名ほこり，ごみ，泥
☐ **disagree** [dìsəgrí:／ディスアグリー]	動一致しない，意見が合わない，争う
☐ **disappear** [dìsəpíər／ディスアピア]	動姿を消す，見えなくなる
☐ **disappoint** [dìsəpɔ́int／ディスアポイント]	動失望させる
☐ **disco** [dískou／ディスコウ]	名ディスコ(音楽に合わせて踊るダンスホール)
☐ **discotheque** [dískətèk／ディスコテック]	名ディスコ(音楽に合わせて踊るダンスホール)
☐ **discovery** [diskʌ́vəri／ディスカヴァリ]	名発見
☐ **discussion** [diskʌ́ʃn／ディスカシャン]	名討論，話し合い
☐ **disease** [dizí:z／ディズィーズ]	名病気，疾患
☐ **disk/disc** [dísk／ディスク]	名レコード盤，ディスク，円盤
☐ **dislike** [disláik／ディスライク]	名きらい，反感 動きらう，好まない
☐ **district** [dístrikt／ディストゥリクト]	名地域，地区
☐ **doubtful** [dáutfl／ダウトフル]	形自信がない，疑わしい
☐ **dramatic** [drəmǽtik／ドゥラマァティック]	形劇の，劇的な

☑ **drill** [dríl／ドゥリル]	名反復訓練，練習，ドリル，きり	
	動穴をあける，訓練する，練習をする	
☑ **drown** [dráun／ドゥラウン]	動溺れる，溺死する	
☑ **dull** [dʌ́l／ダル]	動鈍くする	
	形鈍い，退屈な，さえない，どんよりした	
☑ **dust** [dʌ́st／ダスト]	名ちり，ごみ	
	動ちりを払う	

E

☑ **eager** [íːgər／イーガ]	形熱心な，～したがる
☑ **earnest** [ə́ːrnist／ア～ネスト]	形まじめな，真剣な，熱心な，誠実な
☑ **economy** [ikánəmi／イカナミ]	名節約（になること），経済，安い
☑ **educate** [édʒəkèit／エヂュケイト]	動教育する
☑ **education** [èdʒəkéiʃn／エヂュケイシャン]	名教育
☑ **effect** [ifékt／イフェクト]	名結果，効果，効力
☑ **effort** [éfərt／エフォト]	名努力
☑ **electricity** [ilektrísəti／イレクトゥリスィティ]	名電気
☑ **electronic** [ilèktránik／イレクトゥラニック]	形電子工学の，電子の
☑ **employ** [emplɔ́i／インプロイ]	動雇う，使う
☑ **enemy** [énəmi／エネミ]	名敵
☑ **entire** [intáiər／インタイア]	形全体の，まったくの，完全な
☑ **entrance** [éntrəns／エントゥランス]	名入口，入学，入場
☑ **envelope** [énvəlòup／エンヴェロウプ]	名封筒
☑ **error** [érər／エラ]	名誤り，間違い，思い違い
☑ **essay** [ései／エセイ]	名随筆，小論，作文
☑ **etiquette** [étikit／エティケット]	名作法，礼儀，エチケット
☑ **event** [ivént／イヴェント]	名行事，事件
☑ **evident** [évidənt／エヴィデント]	形明白な
☑ **exact** [igzǽkt／イグザァクト]	形正確な，厳密な
☑ **examine** [igzǽmin／イグザァミン]	動試験をする，診察する，調査する
☑ **excellent** [éksələnt／エクセレント]	形すぐれた，優秀な
☑ **exchange** [ikstʃéindʒ／イクスチェインヂ]	名交換，両替
	動交換する，両替する，取り替える
☑ **excitement** [iksáitmənt／イクサイトメント]	名興奮，刺激
☑ **exist** [igzíst／イグズィスト]	動存在する，生きている
☑ **exit** [égzit／エグズィット]	名出口，退出
☑ **experience** [ikspíəriəns／イクスピアリエンス]	名体験，経験
	動経験する
☑ **experiment** [ikspérimənt／イクスペリメント]	名実験
	動実験をする
☑ **export** 名[ékspɔːrt／エクスポート] 動[ikspɔ́ːrt／イクスポート]	名輸出，〔-s〕輸出品
	動輸出する
☑ **express** [iksprés／イクスプレス]	名急行
	動表現する
	形急行の
☑ **expression** [ikspréʃn／イクスプレシャン]	名表現，表情

F

☑ **faithful** [féiθfl／フェイスフル]	形忠実な，誠実な，正確な
☑ **familiar** [fəmíljər／ファミリャ]	形親しい，よく知られた，見慣れた
☑ **farther** [fáːrðər／ファーザ]	形もっと遠い
	副もっと遠くに
☑ **fasten** [fǽsn／ファスン]	動固定する
☑ **fault** [fɔ́ːlt／フォールト]	名欠点，短所，誤り，責任
☑ **favor** [féivər／フェイヴァ]	名好意，親切な行為
	動好意を示す，賛成する，有利に働く
☑ **feather** [féðər／フェザ]	名羽
☑ **feed** [fíːd／フィード]	名飼料
	動食物を与える，育てる，（動物が）えさを食べる
☑ **female** [fíːmeil／フィーメイル]	名雌，女性
	形雌の，女性の
☑ **festival** [féstəvl／フェスティヴル]	名祝祭，催し物
☑ **fireplace** [fáiərplèis／ファイアプレイス]	名暖炉
☑ **firm** [fə́ːrm／ファ～ム]	名会社，商会，商社
	形堅い，しっかり固定した
☑ **fit** [fít／フィット]	形～に適した，健康な，ふさわしい，適任の
☑ **flat** [flǽt／フラァット]	形平らな，（器が）浅い，きっぱりした
	副きっぱりと，水平に，ぴったりと
☑ **flight** [fláit／フライト]	名飛行，飛行便
☑ **float** [flóut／フロウト]	名浮き袋，（パレードの）だし
	動浮かぶ，浮かべる
☑ **flood** [flʌ́d／フラッド]	名洪水
	動氾濫する
☑ **foggy** [fági／ファギ]	形霧の深い
☑ **force** [fɔ́ːrs／フォース]	名力，暴力，軍隊
	動むりやり～させる
☑ **forecast** [fɔ́ːrkæst／フォーキャスト]	名予報，天気予報
	動予報する
☑ **forever** [fərévər／フォエヴァ]	副永久に，いつまでも
☑ **forgive** [fərgív／フォギヴ]	動許す
☑ **formal** [fɔ́ːrml／フォームル]	形公式の，格式ばった，形の上での
☑ **former** [fɔ́ːrmər／フォーマ]	形以前の
☑ **forth** [fɔ́ːrθ／フォース]	副前へ，先へ
☑ **fortunate** [fɔ́ːrtʃənit／フォーチュネット]	形幸運な，幸せな
☑ **fortune** [fɔ́ːrtʃən／フォーチュン]	名運，幸運，富，財産
☑ **fountain** [fáuntn／ファウンテン]	名泉，噴水
☑ **frame** [fréim／フレイム]	名骨組み，体格，枠，（絵の）額縁
☑ **freedom** [fríːdəm／フリーダム]	名自由，解放
☑ **freeze** [fríːz／フリーズ]	名寒波
	動凍る，氷が張る，冷凍する
☑ **friendship** [fréndʃip／フレン（ド）シップ]	名友情，交際
☑ **frighten** [fráitn／フライトゥン]	動驚かす

☑**further** [fá:rðər／ファ〜ザ] 　形もっと遠い，いっそうの
　副もっと遠くに，それ以上の，さらに

G

☑**gain** [géin／ゲイン] 　動得る，かせぐ
☑**general** [dʒénərəl／ヂェネラル] 　名陸〔空〕軍大将
　形一般の，一般的な，概略の
☑**geography** [dʒiágrəfi／ヂアグラフィ] 　名地理学，地勢，地形
☑**giant** [dʒáiənt／ヂャイアント] 　名巨人
　形巨大な
☑**government** [gávərnmənt／ガヴァ（ン）メント] 　名政府，管理
☑**gradual** [grǽdʒuəl／グラァヂュアル] 　形徐々に進む，ゆるやかな
☑**graduate** [grǽdʒuèit／グラァヂュエイト] 　名卒業生
　動卒業する
☑**graduation** [grǽdʒuéiʃn／グラァヂュエイシャン] 　名卒業，卒業式
☑**grain** [gréin／グレイン] 　名〔集合的〕穀物，粒
☑**grand** [grǽnd／グラァンド] 　形壮大な，雄大な
☑**grateful** [gréitfl／グレイトフル] 　形感謝する，心地よい
☑**greet** [grí:t／グリート] 　動挨拶する
☑**grocer** [gróusər／グロウサ] 　名食料品商
☑**growth** [gróuθ／グロウス] 　名増加，発展，成長

H

☑**hammer** [hǽmər／ハァマ] 　名ハンマー
☑**handle** [hǽndl／ハァンドゥル] 　名柄，取っ手
　動手を触れる，手で扱う
☑**handy** [hǽndi／ハァンディ] 　形便利な，器用な，扱いやすい
☑**harbor** [há:rbər／ハーバ] 　名港
　動心に抱く
☑**harm** [há:rm／ハーム] 　名害，損傷，悪意
☑**harvest** [há:rvist／ハーヴェスト] 　名収穫，取り入れ
　動収穫する
☑**hate** [héit／ヘイト] 　動憎む
☑**heaven** [hévn／ヘヴン] 　名天国，楽園，天
☑**height** [háit／ハイト] 　名高さ，身長
☑**helpful** [hélpfl／ヘルプフル] 　形役立つ
☑**historical** [histó:rikl／ヒストーリクル] 　形歴史上の，歴史学の
☑**honor** [ánər／アナ] 　名名誉，名声，敬意，光栄
☑**hopeful** [hóupfl／ホウプフル] 　形希望にみちた，有望な
☑**however** [hauévər／ハウエヴァ] 　接しかし，けれども
　副どんなに〜でも
☑**humor** [hjú:mər／ヒューマ] 　名ユーモア，気分

I

☑**image** [ímidʒ／イメッヂ] 　名像，姿，イメージ
☑**imagination** [imædʒənéiʃn／イマァヂネイシャン] 　名想像力，空想
☑**immediate** [imí:diit／イミーディエット] 　形すぐさまの，直接の
☑**impatient** [impéiʃnt／インペイシェント] 　形気短な，せっかちな，しきりに〜したがる

☑**import** 名[ímpɔ:rt／インポート] 　名輸入，〔-s〕輸入品
　動[impɔ́:rt／インポート] 　動輸入する
☑**importance** [impɔ́:rtəns／インポータンス] 　名重要性，重大
☑**increase** 名[ínkri:s／インクリース] 　名増加，増進
　動[inkrí:s／インクリース] 　動増す，ふえる，拡大する，強まる
☑**independent** [ìndipéndənt／インディペンデント] 　形独立の
☑**industrial** [indʌ́striəl／インダストゥリアル] 　形産業の，工業の
☑**industry** [índəstri／インダストゥリ] 　名産業，工業
☑**influence** [ínfluəns／インフルエンス] 　名影響（力），感化，勢力，信望，威信
☑**informal** [infɔ́:rml／インフォームル] 　形格式ばらない，略式の
☑**instance** [ínstəns／インスタンス] 　名例，実例
☑**instant** [ínstənt／インスタント] 　形即座の
☑**instead** [instéd／インステッド] 　副その代わり
☑**instruct** [instrʌ́kt／インストゥラクト] 　動指図する，教える
☑**instruction** [instrʌ́kʃn／インストゥラクシャン] 　名使用説明（書），教授，教育，指図
☑**intelligent** [intélidʒənt／インテリヂェント] 　形知能の高い，理知的な
☑**intend** [inténd／インテンド] 　動〜するつもりである
☑**interior** [intíriər／インティリア] 　名内部，内側
　形内部の，奥地の
☑**interview** [íntərvjù:／インタヴュー] 　名面接
☑**introduction** [ìntrədʌ́kʃn／イントゥロダクシャン] 　名紹介，序論，入門書
☑**inventor** [invéntər／インヴェンタ] 　名発明者，考案者

J

☑**jealous** [dʒéləs／ヂェラス] 　形しっと深い，油断のない
☑**jewel** [dʒú:əl／ヂューエル] 　名宝石
☑**journalist** [dʒɔ́:rnəlist／ヂャ〜ナリスト] 　名ジャーナリスト，新聞・雑誌記者

K

☑**kneel** [ní:l／ニール] 　動ひざまずく
☑**knowledge** [nálidʒ／ナレッヂ] 　名知識，学識，学問

L

☑**label** [léibl／レイブル] 　名はり紙，ラベル
　動はり紙をする，分類する
☑**lack** [lǽk／ラァック] 　名欠乏，不足
　動欠く，不足する
☑**lane** [léin／レイン] 　名小道，車線
☑**latter** [lǽtər／ラァタ] 　形後半の，あとの
☑**leisure** [lí:ʒər／リージャ] 　名暇，余暇
☑**length** [léŋkθ／レンクス] 　名長さ，縦
☑**level** [lévl／レヴル] 　名水平（面），水準，標準
　動〜を平らにする
　形平らな
☑**liberty** [líbərti／リバティ] 　名自由
☑**likely** [láikli／ライクリ] 　形〜しそうな，〜らしい，ありそうな
　副たぶん

☐**limit** [límit／リミット]	图限界，限度 動～を制限する
☐**liter** [lí:tər／リータ]	图リットル
☐**lively** [láivli／ライヴリ]	形元気のよい，陽気な， 生き生きした
☐**lock** [lák／ラック]	图錠 動～にかぎをかける，か ぎがかかる
☐**loose** [lú:s／ルース]	形ゆるい，固定していな い，だらしがない
☐**lord** [lɔ́:rd／ロード]	图〔L-〕主，神；君主， 領主
☐**loss** [lɔ́:s／ロース]	图損失(額)，紛失，敗北， 喪失，浪費
☐**luggage** [lʌ́gidʒ／ラゲッヂ]	图〔集合的〕手荷物

M

☐**magnet** [mǽgnit／マァグネット]	图磁石，人を引きつける 人〔物〕
☐**maid** [méid／メイド]	图お手伝いさん
☐**male** [méil／メイル]	图雄，男性 形雄の，男性の
☐**manage** [mǽnidʒ／マァネッヂ]	動管理する，扱う，どう にか～する
☐**marriage** [mǽridʒ／マァリッヂ]	图結婚
☐**material** [mətíriəl／マティリアル]	图材料，原料，資料 形物質的な
☐**measure** [méʒər／メジャ]	图寸法，大きさ，ものさ し 動測る
☐**media** [mí:diə／ミーディア]	图〔medium の複数形〕 手段，機関，媒体
☐**melt** [mélt／メルト]	動溶ける，溶かす
☐**mental** [méntl／メントゥル]	形精神の，知能の，精神 病の
☐**misunderstand** [mìsʌndərstǽnd／ ミスアンダスタァンド]	動誤解する
☐**moonlight** [mú:nlàit／ムーンライト]	图月光
☐**movement** [mú:vmənt／ムーヴメント]	图運動，動き
☐**muddy** [mʌ́di／マディ]	形泥だらけの，ぬかるみ の
☐**muscle** [mʌ́sl／マスル]	图筋肉
☐**mustache** [mʌ́stæʃ／マスタァシ]	图口ひげ

N

☐**nationality** [næʃənǽləti／ ナァショナァリティ]	图国籍
☐**native** [néitiv／ネイティヴ]	图土地の人 形故郷の，生まれつきの
☐**needle** [ní:dl／ニードゥル]	图針，かぎ針
☐**nervous** [nə́:rvəs／ナ～ヴァス]	形神経質な，苦労性の， 神経の
☐**nonsense** [nánsens／ナンセンス]	图無意味なことば，つま らないこと 形ばかな，くだらない
☐**note** [nóut／ノウト]	图覚え書き，メモ，短い 手紙，音符，楽譜，(本 文の)注 動書きとめる，注意する， 気づく

☐**notice** [nóutis／ノウティス]	图通知，予告，注意，掲 示 動気がつく，注意する
☐**novel** [návl／ナヴル]	图小説

O

☐**object** 图[ábdʒikt／アブヂェクト] 動[əbdʒékt／オブヂェクト]	图物，対象，目的 動反対する，抗議する
☐**occasion** [əkéiʒn／オケイジャン]	图場合，行事，機会
☐**odd** [ád／アッド]	形奇数の，変な，臨時の， 片方だけの
☐**officer** [ɔ́:fisər／オーフィサ]	图将校，公務員，警官
☐**official** [əfíʃl／オフィシャル]	图公務員，役人 形公の，公式の
☐**operate** [ápərèit／アペレイト]	動(機械が)動く，作用す る，手術する，操作す る，経営する
☐**operation** [àpəréiʃn／アペレイシャン]	图操作，作用，手術
☐**opinion** [əpínjən／オピニョン]	图意見，世論，見解
☐**opposite** [ápəzit／アポズィット]	图反対の事，逆のもの， 反意語 形向こう側の，反対の 前～に向かいあって
☐**ordinary** [ɔ́:rdənèri／オーディネリ]	形普通の，平凡な
☐**origin** [ɔ́:ridʒin／オーリヂン]	图起源，生まれ
☐**original** [ərídʒənl／オリヂヌル]	图原型，原作 形独創的な，原文の，最 初の
☐**outline** [áutlàin／アウトライン]	图輪郭，略図，大要 動概要をのべる
☐**overcome** [òuvərkʌ́m／オウヴァカム]	動打ち勝つ，克服する， 勝つ
☐**owe** [óu／オウ]	動恩を受けている，借り ている，感じている
☐**owner** [óunər／オウナ]	图所有者

P

☐**pack** [pǽk／パァック]	图包み，束，荷 動荷造りする，包む
☐**pain** [péin／ペイン]	图苦痛
☐**palace** [pǽlis／パァレス]	图宮殿
☐**pale** [péil／ペイル]	形(顔色が)青白い，青ざ めた，(色が)淡い，光 の弱い
☐**pan** [pǽn／パァン]	图平なべ
☐**pants** [pǽnts／パァンツ]	图ズボン，パンツ
☐**particular** [pərtíkjələr／ パティキュラ]	形特定の，格別の，詳し い，特有の
☐**path** [pǽθ／パァス]	图道，小道，方向
☐**patience** [péiʃns／ペイシェンス]	图忍耐(力)，根気
☐**patient** [péiʃnt／ペイシェント]	图患者 形忍耐強い
☐**pattern** [pǽtərn／パァタン]	图模様，図案，模範
☐**peaceful** [pí:sfl／ピースフル]	形平和な，平和的な
☐**per** [pə́:r／パ～]	前～につき
☐**perfect** 動[pərfékt／パ～フェクト] 形[pə́:rfikt／パ～フェクト]	動仕上げる 形完全な，申し分のない
☐**perform** [pərfɔ́:rm／パフォーム]	動行う，果たす，演じる， 演奏する

☑ **permit** 名[pə́:rmit／パミット]
　　　動[pə:rmít／パミット]
名認可，許可(証)
動許す，同意する，許可する

☑ **personal** [pə́:rsənl／パ～ソヌル]
形個人の，一身上の，本人による

☑ **photographer** [fətágrəfər／フォタグラファ]
名カメラマン，写真家

☑ **physical** [fízikl／フィズィクル]
形身体の，物質的な，物理学(上)の

☑ **pillow** [pílou／ピロウ]
名まくら

☑ **plain** [pléin／プレイン]
名平原，平野
形明白な，普通の，質素な，平易な

☑ **pleasure** [pléʒər／プレジャ]
名楽しみ，喜び

☑ **polish** [páliʃ／パリッシ]
名磨き粉，つや，洗練
動磨く，洗練する

☑ **pollution** [pəlú:ʃn／ポルーシャン]
名よごすこと，公害

☑ **population** [pàpjəléiʃn／パピュレイシャン]
名人口

☑ **postage** [póustidʒ／ポウステッヂ]
名郵便料金

☑ **pour** [pɔ́:r／ポーア]
動注ぐ，浴びせる，流れでる，(雨が)激しく降る

☑ **powder** [páudər／パウダ]
名粉，おしろい，火薬

☑ **powerful** [páuərfl／パウアフル]
形力強い，勢力のある，影響力のある

☑ **practical** [prǽktikl／プラァクティクル]
形実際的な，現実的な，実用的な，事実上の

☑ **precious** [préʃəs／プレシャス]
形高価な，貴重な

☑ **prefer** [prifə́:r／プリファ～]
動～のほうを好む

☑ **prepare** [pripéər／プリペア]
動準備をする，調理する，覚悟をする

☑ **press** [prés／プレス]
名〔集合的〕新聞，印刷物，プレス
動押す，アイロンをかける

☑ **pressure** [préʃər／プレシャ]
名押すこと，圧力，圧迫，強制

☑ **prevent** [privént／プリヴェント]
動妨げる，防ぐ，予防する

☑ **principal** [prínsəpl／プリンスィプル]
名校長，長
形最も重要な，主な

☑ **prison** [prízn／プリズン]
名刑務所

☑ **private** [práivit／プライヴェット]
形私有の，私立の，民間の，個人的な，非公開の

☑ **produce** [prədjú:s／プロデュース]
動産出する，生産する，生ずる

☑ **product** [prádəkt／プラダクト]
名産物，製品

☑ **production** [prədʌ́kʃn／プロダクシャン]
名生産，製作

☑ **professional** [prəféʃənl／プロフェショヌル]
名専門家，プロ
形職業の，プロの，本職の

☑ **progress** 名[prágres／プラグレス]
　　　　動[prəgrés／プログレス]
名進歩，発展，発達
動進歩する，進む

☑ **promise** [prámis／プラミス]
名約束，誓約，将来の見込み
動約束する

☑ **proper** [prápər／プラパ]
形ふさわしい，正式の，固有の

☑ **propose** [prəpóuz／プロポウズ]
動提案する，持ち出す，推薦する

☑ **protect** [prətékt／プロテクト]
動保護する

☑ **protection** [prətékʃn／プロテクシャン]
名保護，保護する物〔人〕

☑ **prove** [prú:v／プルーヴ]
動証明する，ためす

☑ **proverb** [právərb／プラヴァ～ブ]
名ことわざ，格言

☑ **public** [pʌ́blik／パブリック]
名一般の人々
形公共の，公衆の

☑ **publish** [pʌ́bliʃ／パブリッシ]
動出版する，発表する

☑ **punctual** [pʌ́ŋktʃuəl／パンクチュアル]
形時間を守る，きちょうめんな

☑ **punish** [pʌ́niʃ／パニッシ]
動罰する

☑ **pure** [pjúər／ピュア]
形純粋な，清い

☑ **purpose** [pə́:rpəs／パ～パス]
名目的，目標

Q

☑ **quality** [kwáləti／クワリティ]
名品質，良質，特質

☑ **quantity** [kwántəti／クワンティティ]
名分量，数量，額，高，定量

☑ **quarrel** [kwɔ́:rəl／クウォーレル]
名口論
動口論する

R

☑ **rare** [réər／レア]
形生焼けの，珍しい

☑ **realize** [rí:əlàiz／リーアライズ]
動悟る，実現する

☑ **receipt** [risí:t／リスィート]
名領収書，受け取ること

☑ **recent** [rí:snt／リースント]
形近ごろの，最近の

☑ **recognize** [rékəgnàiz／レコグナイズ]
動認める

☑ **recover** [rikʌ́vər／リカヴァ]
動取りもどす，健康を回復する，直る

☑ **refuse** [rifjú:z／リフューズ]
動断わる，辞退する

☑ **regard** [rigá:rd／リガード]
名関係，考慮，注意，関心，心づかい
動～とみなす，尊重する，見守る

☑ **relation** [riléiʃn／リレイシャン]
名関係，利害関係，親類

☑ **relative** [rélətiv／レラティヴ]
名親戚
形関係がある，相対的な

☑ **remain** [riméin／リメイン]
動残る，～のままである，とどまる

☑ **remark** [rimá:rk／リマーク]
名感想，批評
動(感想・所見として)言う，～に気づく，批評を述べる

☑ **remarkable** [rimá:rkəbl／リマーカブル]
形注目すべき，著しい

☑ **remind** [rimáind／リマインド]
動思いださせる

☑ **remove** [rimú:v／リムーヴ]
動移す，取り除く，追放する，転居する

☑ **rent** [rént／レント]
名使用料，地代，家賃
動賃貸しする／賃借りする

☑ **repair** [ripéər／リペア]
名修繕，修理
動修繕する，修理する

☑ **require** [rikwáiər／リクワイア]
動要求する，必要とする

☐ **reserve** [rizə́:rv／リザ〜ヴ]　名蓄え，遠慮
　動取っておく，蓄えておく，予約する，保留する

☐ **respect** [rispékt／リスペクト]　名尊敬，尊重，配慮，注意，関心
　動尊敬する，考慮する

☐ **result** [rizʌ́lt／リザルト]　名結果，成り行き
　動～という結果になる

☐ **review** [rivjú:／リヴュー]　名復習，批評
　動復習する，批評する，回想する

☐ **rhythm** [ríðm／リズム]　名リズム，律動，調子

☐ **root** [rú:t／ルート]　名根，根源
　動根づく

☐ **rough** [rʌ́f／ラフ]　形粗い，荒れた，ざらざらの，大ざっぱな，荒れ狂う

☐ **rub** [rʌ́b／ラブ]　動摩擦する，なでる

☐ **rude** [rú:d／ルード]　形不作法な，乱暴な，突然の

S

☐ **safety** [séifti／セイフティ]　名安全，無事

☐ **salary** [sǽləri／サァラリ]　名給料

☐ **salesman** [séilzmən／セイルズマン]　名男子店員，セールスマン

☐ **satisfy** [sǽtisfài／サァティスファイ]　動満足させる，充足する

☐ **save** [séiv／セイヴ]　動救う，貯蓄する，（労力・時間・出費などを）省く

☐ **scarce** [skéərs／スケアス]　形不足して，少なく，まれな

☐ **schedule** [skédʒu:l／スケヂュール]　名予定，計画表，時刻表
　動予定する

☐ **scientific** [sàiəntífik／サイエンティフィック]　形科学的な，科学の

☐ **scold** [skóuld／スコウルド]　動叱る

☐ **screen** [skrí:n／スクリーン]　名画面，スクリーン，目隠し，仕切り
　動さえぎる

☐ **search** [sə́:rtʃ／サ〜チ]　名捜索，探究
　動捜す，捜索する

☐ **secretary** [sékrətèri／セクレットリ]　名秘書，書記

☐ **section** [sékʃn／セクシャン]　名部門，地区，（文章の）節
　動区分する

☐ **seed** [sí:d／スィード]　名種
　動種をまく

☐ **seek** [sí:k／スィーク]　動求める，得ようとする，捜しだす

☐ **selfish** [sélfiʃ／セルフィッシ]　形利己的な，わがままな

☐ **seller** [sélər／セラ]　名売り手，販売人，売れ行きが～のもの

☐ **sense** [séns／センス]　名感覚，分別，意義，正気，センス
　動感じる

☐ **separate** 形[sépərit／セパレット] 動[séparèit／セパレイト]　形分かれた，別々の
　動分ける，離す

☐ **serious** [síriəs／スィリアス]　形まじめな，重大な，真剣な

☐ **settle** [sétl／セトゥル]　動解決する，落着かせる，定住する，移民する

☐ **sew** [sóu／ソウ]　動縫う，縫い物をする

☐ **shake** [ʃéik／シェイク]　名震動，振ること
　動振る，揺れる，震える，震わせる

☐ **share** [ʃéər／シェア]　名分け前，分担，役割，株
　動分け合う，共有する

☐ **shell** [ʃél／シェル]　名貝がら，（卵・木の実などの）から

☐ **shock** [ʃák／シャック]　名衝撃，震動，ショック
　動ショックを与える

☐ **shot** [ʃát／シャット]　名発射，銃声，シュート，写真
　動shoot の過去・過去分詞形

☐ **sight** [sáit／サイト]　名光景，名所，視力，視界，見ること

☐ **silence** [sáiləns／サイレンス]　名沈黙，静けさ

☐ **slice** [sláis／スライス]　名（薄く切った）1切れ
　動薄く切る

☐ **slide** [sláid／スライド]　名滑り台，滑ること，スライド
　動滑る，滑り落ちる

☐ **slight** [sláit／スライト]　形わずかな，軽い

☐ **slope** [slóup／スロウプ]　名坂，斜面，勾配
　動傾斜する

☐ **smooth** [smú:ð／スムーズ]　動平らにする，なめらかにする
　形なめらかな，波立たない，快調の

☐ **society** [səsáiəti／ソサイアティ]　名社会，協会，クラブ，社交界

☐ **solve** [sálv／サルヴ]　動解く，解決する

☐ **somewhere** [sʌ́mhwèər／サム(ホ)ウェア]　副どこかに〔へ〕，およそ～ぐらい

☐ **soul** [sóul／ソウル]　名魂，霊魂，精神

☐ **souvenir** [sù:vəníər／スーヴェニア]　名記念品，みやげ

☐ **spare** [spéər／スペア]　名予備のもの
　動節約する，（労力・費用などを）惜しむ，（時間を）さく
　形予備の，余分の

☐ **specialist** [spéʃəlist／スペシャリスト]　名専門家，専門医

☐ **spirit** [spírit／スピリット]　名精神，霊，勇気

☐ **splendid** [spléndid／スプレンディッド]　形華麗な，輝かしい，すばらしい

☐ **spread** [spréd／スプレッド]　名普及，広がり，展開，掛け布
　動広げる，広める，伸ばす，伝わる

☐ **square** [skwéər／スクウェア]　名正方形，四角，広場，平方
　形公正な，対等の，正方形の，四角の

☐ **standard** [stǽndərd／スタァンダド]　名標準，水準

☐ **statement** [stéitmənt／ステイトメント]　名声明(書)，陳述

☐ **statue** [stǽtʃu:／スタァチュー]　名彫像，像

☑ **steel** [stí:l／スティール]	名鋼鉄，はがね
☑ **sticky** [stíki／スティキ]	形ねばねばする，やっかいな，蒸し暑い
☑ **stiff** [stíf／スティフ]	形堅い，堅苦しい，頑固な
☑ **stir** [stá:r／スタ～]	名混乱，動くこと
	動かき回す，かき立てる，動く
☑ **stomach** [stʌ́mək／スタマック]	名胃，腹
☑ **strength** [stréŋkθ／ストゥレンクス]	名力，体力，知力
☑ **stress** [strés／ストゥレス]	名重圧，ストレス，圧力，強調
	動強調する
☑ **strict** [stríkt／ストゥリクト]	形厳しい，厳密な，完全な
☑ **string** [stríŋ／ストゥリング]	名ひも，弦
☑ **successful** [səksésfl／サクセスフル]	形成功した，上首尾の
☑ **suffer** [sʌ́fər／サファ]	動苦しむ，耐える，損害を受ける
☑ **suggest** [səgdʒést／サ(グ)ヂェスト]	動提案する，暗に示す，思いつかせる
☑ **suit** [sú:t／スート]	名スーツ1着，訴訟
	動適する，似合う
☑ **sunrise** [sʌ́nràiz／サンライズ]	名日の出
☑ **sunset** [sʌ́nsèt／サンセット]	名日没，夕焼け空，日暮れ，晩年
☑ **supply** [səplái／サプライ]	名供給，在庫
	動供給する
☑ **support** [səpɔ́:rt／サポート]	名扶養，支持，生活費
	動支える，扶養する，支持する
☑ **surface** [sə́:rfis／サ～フェス]	名表面，外見
	形地上の，海面の，水面の
☑ **sweat** [swét／スウェット]	名汗
	動汗をかく，苦労する
☑ **switch** [swítʃ／スウィッチ]	名スイッチ，転換
	動変える，スイッチをひねる
☑ **system** [sístəm／スィステム]	名方式，体系，組織

T

☑ **tale** [téil／テイル]	名話，物語
☑ **tax** [tǽks／タァックス]	名税金，重い負担
☑ **telegram** [téləgræm／テレグラァム]	名電報
☑ **temperature** [témpərətʃər／テンペラチャ]	名温度，気温，体温
☑ **term** [tə́:rm／タ～ム]	名期間，学期，任期，学術用語
☑ **thankful** [θǽŋkfl／サァンクフル]	形感謝の気持ちでいっぱいの
☑ **therefore** [ðéərfɔ̀:r／ゼアフォーア]	副だから，それゆえに
☑ **thief** [θí:f／スィーフ]	名どろぼう，盗人
☑ **thread** [θréd／スレッド]	名〔集合的〕糸，縫い糸
	動糸を通す
☑ **thunder** [θʌ́ndər／サンダ]	名雷鳴，雷
	動雷が鳴る，どなる
☑ **tight** [táit／タイト]	形締まった，きつい，厳しい
	副しっかりと，十分に

☑ **tip** [típ／ティップ]	名チップ，耳打ち
	動チップをやる
☑ **tire** [táiər／タイア]	名タイヤ
	動疲れさせる，飽きさせる，疲れる，うんざりする
☑ **title** [táitl／タイトゥル]	名書名，題，肩書き
☑ **toe** [tóu／トウ]	名足の指，つま先
☑ **ton** [tʌ́n／タン]	名(重量単位の)トン，(船の)トン
☑ **tongue** [tʌ́ŋ／タング]	名舌，言語
☑ **total** [tóutl／トウトゥル]	名合計，総計
	動合計する
	形全体の，完全な
☑ **tough** [tʌ́f／タフ]	形困難な，堅い，頑固な，強い
☑ **tourist** [túərist／トゥアリスト]	名観光客，旅行者
☑ **towel** [táuəl／タウエル]	名タオル，手ぬぐい
☑ **trade** [tréid／トゥレイド]	名貿易，商売，商業，職業
	動売買する，貿易する，交換する
☑ **tradition** [trədíʃn／トゥラディシャン]	名伝統，しきたり，伝説
☑ **traditional** [trədíʃənl／トゥラディショヌル]	形伝統的な
☑ **translate** [trænsléit／トゥラァンスレイト]	動翻訳する，解釈する
☑ **treat** [trí:t／トゥリート]	名もてなし，歓待
	動扱う，待遇する，治療する，ごちそうする
☑ **treatment** [trí:tmənt／トゥリートメント]	名取り扱い，論じ方，治療
☑ **triangle** [tráiæŋgl／トゥライアングル]	名三角形，トライアングル
☑ **trick** [t~トrík／トゥリック]	名たくらみ，いたずら，悪ふざけ
☑ **trousers** [tráuzərz／トゥラウザズ]	名(男の)ズボン
☑ **trunk** [trʌ́ŋk／トゥランク]	名(木の)幹，荷物入れ，象の鼻
☑ **trust** [trʌ́st／トゥラスト]	名信頼，委託
	動信頼する，預ける

U

☑ **unable** [ʌnéibl／アンエイブル]	形～することができない
☑ **union** [jú:njən／ユーニョン]	名結合，団結，一致，同盟，連合
☑ **unite** [ju:náit／ユ(ー)ナイト]	動ひとつになる，結合する，合併する
☑ **unless** [ənlés／アンレス]	接～しなければ
☑ **unusual** [ʌnjú:ʒuəl／アンユージュアル]	形普通でない，変な，珍しい，独特の
☑ **upper** [ʌ́pər／アパ]	形上部の，上位の，上流の
☑ **upset** [ʌ́psèt／アプセット]	名転覆，混乱
	動ろうばいさせる，ひっくり返す，だめにする
☑ **useless** [jú:sləs／ユースレス]	形役に立たない

V

☐**vacuum**［vǽkjuəm／**ヴァキュウム**］　图電気掃除機，真空，空白

☐**valuable**［vǽljuəbl／**ヴァリュアブル**］　图〔通例-s〕貴重品　形高価な，貴重な

☐**value**［vǽlju:／**ヴァリュー**］　图価値，価格　動評価する，重んじる

☐**various**［véəriəs／**ヴェアリアス**］　形さまざまな，多彩な，変化にとむ

☐**vitamin**［váitəmin／**ヴァイタミン**］　图ビタミン

W

☐**waken**［wéikn／**ウェイクン**］　動起こす，目をさます

☐**warn**［wɔ́:rn／**ウォーン**］　動警告する，予告する，さとす

☐**waste**［wéist／**ウェイスト**］　图浪費，荒れ地，廃物，くず　動浪費する，無駄にする，荒廃させる　形荒れた，生かされない，不用の

☐**wealth**［wélθ／**ウェルス**］　图富，財産

☐**wealthy**［wélθi／**ウェルスィ**］　形富裕な，金持ちの

☐**wedding**［wédiŋ／**ウェディング**］　图結婚式，結婚記念日

☐**weekly**［wí:kli／**ウィークリ**］　形毎週の　副毎週

☐**weep**［wí:p／**ウィープ**］　動泣く，悲しむ，（涙を）流す

☐**weigh**［wéi／**ウェイ**］　動重さを量る，目方を量る

☐**well-known**［wélnóun／**ウェルノウン**］　形有名な，よく知られている

☐**whatever**［hwὰtévər／**(ホ)ワットエヴァ**］　代～のものは何でも　形どんな～でも

☐**wheat**［hwí:t／**(ホ)ウィート**］　图小麦

☐**whenever**［hwenévər／**(ホ)ウェンエヴァ**］　接～の時はいつでも，～するたびに

☐**wherever**［hweərévər／**(ホ)ウェアエヴァ**］　副～するどんな所ででも

☐**whichever**［hwitʃévər／**(ホ)ウィチエヴァ**］　代どちらでも　形どちらの～でも

☐**whisper**［hwíspər／**(ホ)ウィスパ**］　图ささやき声，ひそひそ話　動ささやく

☐**whoever**［hù:évər／**フーエヴァ**］　代（～する）人はだれでも，だれが～とも

☐**width**［wídθ／**ウィドス**］　图広さ，幅，横

☐**willing**［wíliŋ／**ウィリング**］　形喜んで～する，自発的な

☐**wire**［wáiər／**ワイア**］　图針金，電信，電報　動電報を打つ

☐**worth**［wɔ́:rθ／**ワ～ス**］　图価値　形～の価値がある，～するに足る

☐**wound**［wú:nd／**ウーンド**］　图傷，負傷，けが　動傷つける

☐**wrap**［rǽp／**ラァップ**］　動包む，まとう，隠す

Y

☐**youth**［jú:θ／**ユース**］　图若さ，青年，青春